KB139241

인재구축과 지식경영

마크 L. 렝닉-홀 외 지음 | 권상술 옮김

한 언 HANEON.COM

인재구축과 지식경영

펴 냄	2004년 6월 25일 1판 1쇄 박음 / 2004년 7월 1일 1판 1쇄 펴냄
지은이	마크 L. 렝닉-홀 외
옮긴이	권상술
펴낸이	김철종
펴낸곳	(주)한언
	등록번호 제1-128호 / 등록일자 1983. 9. 30
주 소	서울시 마포구 신수동 63-14 구 프라자 6층 (우 121-854)
	TEL. 02-701-6616 (대) / FAX. 701-4449
책임편집	이은정 ejlee@haneon.com
디자인	이정아, 김희림
홈페이지	**www.haneon.com**
e-mail	haneon@haneon.com

ISBN 89-5596-176-6 03320

인재구축과 지식경영

Human Resource Management in the Knowledge Economy :
New challenges, New roles, New capabilities

이 책이 당신께 혜안을 주기를…

To _____

_____

_____

_____

_____

_____

_____

_____

From _____

CONTENTS

서문

"우리는 적을 만났다. 적은 바로 우리 자신이었다."
— 포고 *Pogo*

조직 내의 인사부서가 과거에 해왔던 일만을 답습하거나 좀더 잘해내는 것만으로 지식기반 경제가 던지는 도전과제를 해결해낼 수 있을지는 의문이다. 그러한 의문에 대해 필자들이 갖고 있는 답은 단연코 '아니오'이다. 미군이 그동안 기술적으로는 막강한 군사력을 보유하게 되었지만, 전통적인 전투방식으로는 테러리스트와의 전쟁에 적절하게 대응할 수 없다는 사실을 깨닫게 된 것처럼, 산업화 시대의 요구에 부응해 발전해온 인사부서가 지식 시대의 요구를 충족시키기에는 부족한 것이 많다.

여러 해에 걸쳐 인사관리 분야를 연구하고 컨설팅해오면서 필자들은 몇 가지 중요한 추세를 관찰하게 되었다. 첫째, 많은 기업에서 인사 분야는 특정한 요구를 충족시키거나 특정한 과업을 완수하는 데 적합하게끔 정교하게 설계된, 별도의 기능*functions* 또는 하위시스템*subsystems*이 결합되어 만들어진 것으로 여겨진다. 충원이라는 하위시스템은 잘만 운영되면 적정 인재를 적정 시간, 적정 장소에 배치시키며, 보상 시스템은 성과에 대한 동기를 부여해주고 직원을 유지하는 데에 도움을 준다. 여타 시스템도 특정한 과업에 초점을 맞춘 일을 하도록 설계되어 있다.

둘째, 20세기 말까지 많은 조직들이 잘 통합된 인사 시스템을 발전시켜왔는데, 이를 통해 전반적인 인적 성과를 향상시킬 수 있었다. 예컨대, 충원·보상·훈련 등의 하위시스템은 서로 지원하면서 시너지를 창출하게끔 되어 있어 기업의 전략적 목표달성 능력을 향상시킨다. 때문에 비용절감이나 혁신과 같은 경쟁우위의 원천을 확장시키거나, 세부전략을 보강하기 위해 특정한 인사관리 기법이 채택되는 일도 있었다.

셋째, 20세기 말에 이르러 많은 조직이 인사관리 하위시스템 중 일부를 아웃소싱하기 시작했다. 외부 전문가를 활용하면 단기적이나마 능률과 효과를 좀더 향상시킬 수 있을 것이라고 가정했기 때문이었다. 인사관리 시스템을 나누어 여러 활동 중 일부를 외부 협력업체에게 위탁하는 것이 장기적으로 어떠한 결과를 가져다줄 것인지는 아직까지 확실하게 검증되지 않았다. 하지만 그렇게 할 경우, 인적자본을 총체적으로 관리하는 데 요구되는 기업의 전문성이 쇠퇴하는, 의도하지 않은 결과가 나타날 수도 있다.

넷째, 인사관리 활동을 평가하는 전통적인 측정기준에서 볼 때, 기술, 특히 정보기술은 조직이 관리자와 직원에게 과거보다 더 나은 인사관리 서비스를 제공할 수 있게 한다. 더 나아가, 대부분의 조직에 있어 기술은 서비스를 저하시키지 않으면서도 인사관리 담당 직원의 수를 줄일 수 있게 해준다.

다섯째, 인적자본이 조직의 경쟁우위 달성을 지원하기만 하는 2차적인 역할에서 벗어나, 경쟁우위를 달성하기 위한 직접적인 도움을 주는 핵심적인 역할을 담당하게 되었다. 사람이야말로 희소하고, 모방할 수 없으며, 유연한 역량을 발휘하는 1차적인 원천이라고 인식하는 기업이 점점 늘어나고 있다. 하지만 인사관리 담당자들이 경쟁에 필요한 인적자원을 적극적으로 활용하는 데 있어 중요한 역할을 담당하고 있다는 사실은 제대로 인식되지 못하고 있다.

이러한 다섯 가지 추세가 한데 모아져 '인사부서의 간소화와 실용화'라는 현상을 가져왔다. 인사부서가 하고 있는 일 중 많은 부분은 20세기 초반 산업체가 생겨났을 때 했던 일과 같다. 다만 오늘날에는 기술은 더 많이 활용하고 사람은 더 적게 쓰면서 일을 하기 때문에, 똑같은 일을 좀더 능률적이고 효과적으로 수행하고 있을 뿐이다.

경제 환경이 앞으로도 과거와 동일한 경로를 따라 전개된다면, 20세기 말까지 발전해온 인사 관행은 21세기 조직의 욕구를 충족시키기에 적합할 것이다. 공룡은 환경을 지배할 수 있는 수준까지만 복잡한 유기체로 진화했다는 점을 떠올려보자. 환경이 바뀌지 않았더라면 오늘날까지도 공룡은 살아 남았을 것이다. 하지만 물리적으로 적응할 수 없는 정도로 환경이 바뀌자 공룡은 멸종되었다. 이처럼 21세기 조직이 당면하고 있는 경제 상황의 변화는 많은 기업 인사부서의 형태를 소멸시키거나 중요성을 저하시킬 것이다.

산업화 시대 기업에 적합했던 인사관리 방침과 프로그램 및 관행(직무기술서 또는 초과근무 방침 등)은 새로운 지식기반 경제가 던져주는 도전과제에 적합하지 않을 것이다. 현재 등장하고 있는 기업 환경이 보여주는 경쟁 양상은 우리에게 익숙하지 않은 특성에 의해 만들어지고 있다. 직무와 역할에 대한 정의가 지속적으로 재정립됨에 따라 의사결정과 행동이 이뤄지는 상황이 변화되었다. 그러한 상황 변화는 산업의 경계가 모호해지고 고객이 더 넓은 선택권을 갖게 됨에 따라 외부의 이해관계 충돌과도 맞물리고 있다.

불완전하고 부정확하며 모순된 정보로 인해 생겨나는 불확실성에 직면해서도, 조직은 효율적으로 운영되어야 한다. 익숙하지 않고 분석도 제대로 되어 있지 않은 자료와 관측 내용이 조직으로 계속해서 쏟아져 들어오고 있으며, 시장은 매우 유동적인 상황에 처해 있다. 기업이 경험하는 사건은 여러 가지 환경요인이 독특하게 뒤섞여 일시적으로 만들어낸 결과라고 할 수 있는데, 그러한 사건은 어떤 특별한 해결방안을 요구하는 경우가 많다. 사건은 그에 선행하는 사소한 일들이 발생했을 때 의사결정자가 내리는 해석, 그리고 그 사건에 대해 조치를 취하려는 기업이 지닌 사명 등에 따라 그 양상이 결정된다.

학습조직은 새로운 것을 배울 뿐만 아니라 배운 것에 맞춰 행동을 바꿔 나가는 조직을 말한다. 지속적인 변화는 즉흥적인 행동을 요구하며, 원래 세웠던 계획에서 벗어날 것을 강요하기도 한다. 이러한 요인이 필연적으로 만들어내는 무질서를 감지해내고 판단을 내려 기틀을 세우는 능력은 기술이나 프로세스에 들어 있는 것이 아니라, 바로 사람에게 있다는 사실을 기업은 인식해야 한다. 때문에 지식경제는 과거에 나타났던 어떠한 시장변화 추이보다도 인간의 재능을 중시한다. 따라서 기업의 인적자원을 관리하는 일은 조직의 궁극적인 성공과 실패를 가르는 결정적 역할을 하게 될 것이며, 이를 위해서는 인사관리가 과거보다 훨씬 폭넓게 정의되어야 한다.

새로운 환경에서 효과적으로 경쟁하려면, 기업은 유연성과 적응력 및 조정능력을 갖추어야 한다. 기업은 유형자산을 관리하는 것과 마찬가지로 지적자본intellectual capital을 주도면밀하고 효과적으로 관리해야 한다. 이를 위해 인사부서는 새로운 역할을 담당하여 새로운 도전과제를 해결해야만 한다.

인적자본과 지식경영이 경쟁에서 성공하는 데에 중요하다는 사실을 인식하는 기업이 늘어나고 있기 때문에, 인사전문가가 조직 리더십의 선두에 서야 한다고 기대하는 것은 어느 정도 타당하다. 그럼에도 불구하고 대다수 기업에서는 인사부서가 수행하는 활동의 중요성이 약화되는 반면, 여타 기능부서(예컨대, 정보기술, 생산, 재무 등)의 영향력은 점점 더 커지고 있다. 기업의 인적자본을 활용하는 능력이 더욱더 필요하고 예전보다도 훨씬 가치 있게 여겨져야 할 이때에, 인사관리는 2차적인 역할만을 수행하고 있는 것처럼 보이는 경우가 많다. 왜 이런 일이 일어나고 있는가? 인사전문가가 전통적으로 수행해온 업무를 외부의 협력업체에게 맡기는 것에 만족하는 기업이 많은 이유는 무엇인가?

인사부서가 운영과 관료적인 절차에만 초점을 맞추고 있으며 환경 변화를 따라가지 못한다는 비판이 그치질 않는다. 여러 가지 시장 요인의 영향으로 직장이 근본적으로 변화되었는데도 불구하고, 인사관리 방침과 프로그램 및 관행은 신속하게 적용하지 못하고, 기업이 기회를 활용할 수 있도록 도와주는 데 있어 선도적인 역할을 하지 못했다. 인사부서는 기업을 위해 완전히 다른 방식으로 기여할 수 있는 방법을 찾아내려고 노력하기보다는, 예전에 했던 일을 좀더 잘해내는 데 필요한 능력을 훈련하는 일에만 관심을 쏟았던 것이 일반적인 추세였다.

이 책은 지식경제 시대에 인사관리 활동이 변화하고 공헌하는 데 필요한 청사진을 제공하기 위한 것이다. 이 책은 우선 지식경제의 중요한 속성과 지식경제의 도전과제를 효과적으로 해결하기 위해 인사전문가가 담당해야 할 네 가지 기본적인 역할에 대해 상세히 설명한다. 또 하나의 목적으로는 인사전문가가 직원의 유인·선발·개발·유지·활용이라는 운영과 관련된 측면에만 초점을 맞추던 것에서 벗어나, 인적자본의 관리와 지식의 관리라는 좀더 전략적인 측면에 초점을 맞추도록 자극하는 데 있다.

이 책이 나오는 데 출판사 관계자 분들의 도움이 컸다. 폴 미첼은 작업을 관리, 조정해주었고, 그레고리 위트록은 원고의 검토와 교정을 맡아주었으며, 고객 서비스 담당자인 수지 예이츠는 필자들이 집필에만 몰입할 수 있게 배려해주었다.

이 책을 집필하는 전 과정에 걸쳐 변함없는 이해와 끊임없는 지원을 보내준 베렛-퀼러 출판사의 스티븐 피어산티와 지반 시바수브라마니암에게도 진심으로 감사드린다. 그들의 관심과 호응은 우리에게 큰 도움이 되었다.

2002년 9월, 텍사스 주 샌안토니오에서
마크 L. 렝닉-홀과 신시아 A. 렝닉-홀

인사관리의 새로운 과제

"사업의 비결은 아무도 모르는 무언가를 아는 것이다."
– 아리스토틀 오나시스 *Aristotle Onassis*

"대대적인 변화가 이뤄지는 시기에는 끊임없이 배우는 사람이 미래를 물려받는다.
반면, 배울 만큼 배웠다고 생각하는 사람은 이미 끝나버린 세상에 적합한 능력만 갖추고 있을 뿐이다.
– 에릭 호퍼 *Eric Hoffer*

어떤 경영 서적이나 잡지에서도 기업의 가장 중요한 자원은 바로 사람이라는 주장을 보게 될 것이다. 대부분의 조직에서는 사람이라는 자원을 활용하는 능력이 인사관리*HRM* 프로그램과 관행 및 방침의 제약을 받는데, 이러한 인사 프로그램과 관행 및 방침은 구체적으로 명시된 과업과 직무를 수행하기 위해 직원을 유인·선발·개발·유지·활용하는 단순한 운영 측면에만 초점을 맞추고 있을 뿐이다. 이처럼 지식경제가 던지는 도전과제를 포용할 수 있도록 인사관리를 재창조하지 않는다면, 인사관리는 경쟁우위의 중요한 원천이 되기보다는 기업 경쟁력을 잠식하는 제한요인이 될 것이다.

오늘날의 시장이 요구하는 경쟁은 선택된 전략과 그에 적합한 직무수행 능력을 연결하는 일에 초점을 맞추기보다는, 인적자본을 구축하고 지식을 관리하는 일에 집중하는 전략적 인사관리를 강조하는 방향으로의 전환을 요구하고 있다. 예컨대, 기업이 제품을 대량 맞춤생산 *mass customization*하는 것과 유사한 방식으로, 기업은 인력의 개인차에 대해서도 대량 맞춤형으로 관리할 수 있는 수단을 강구해야만 한다. 아울러 기업이 공급업체 및 고객과 파트너십을 맺는 경우가 늘어나고 있기 때문에, 인사관리자는 기업의 경계 밖에 있는 사람들과 부분적인 고용관계를 맺을 수 있는 방법을 찾아내야만 한다.

많은 조직에서는 인사부서가 자신의 역할과 21세기 조직에서 자신이 기여할 수 있는 내용을 재정의하는 노력을 기울이기보다는, 익숙한 일을 좀더 잘, 그리고 좀더 능률적으로 하는 것에만 근시안적인 노력을 집중해왔던 것 같다. 하지만 경쟁환경이 글로벌화하고, 정보 중심적으로 바뀌고, 기술이 개발되고, 빠르게 변화함에 따라 인사관리자는 사람이 대단히 중요하다는 인식을 갖고 있어야만 한다.

21세기의 인사부서는 다음과 같은 새로운 과제를 해결해야 한다.

- 전략적 역량 구축
- 경계 확장
- 새로운 역할 관리

인사관리 활동은 이제 운영 측면에만 편협하게 초점을 맞춘다거나, 조직 경계의 내부에만 한정된 것으로 본다거나, 전통적인 인사 책임을 수행하는 것에만 국한해서 보는 것만으로는 충분치 않다. 인사부서가 과거의 방식만을 답습한다면 미래의 조직에서 설 땅은 점점 좁아질 것이다. 또한 인사관리는 아웃소싱 대상이 될 것이다. 우리에게 익숙한 여러 인사관리 활동이 필요하기는 하지만, 기업의 직접적인 가치창출 과정과는 점점 멀어지고 있다. 인사부서가 전략적 역량을 창출해내는 방식과 고객에게 가치를 제공할 수 있는 방식에 대해 새로운 관점을 가질 때, 21세기 조직에서 인사부서의 중요성은 증대될 것이다.

전략적 역량 구축

새롭게 등장하는 지식경제에서 활동하는 조직은 전략적 역량을 구축해야만 할 것이다. 전략적 역량이란 기업의 무형자산을 기반으로 가치를 창출해낼 수 있는 역량을 말한다(이 부분은 허버트 세인트온지의 연구에서 많은 부분을 빌려 왔다. 웹사이트 http://www.knowinc.com/saint-onge/library/strategic.html을 참조하라). 사람들은 기업의 유형자산에 대해서는 많은 것을 알고 있다. 즉 유형자산은 눈으로 볼 수 있으며 엄격하게 계량화할 수 있고, 대차대조표의 핵심이 되며, 쉽게 모방할 수 있고, 사용할수록 가치가 떨어진다. 유형자산의 예로는 제조공장, 장비, 건물, 기타 물리적 하부구조infrastructure의 구성요소 등을 들 수 있다. 반면, 기업의 무형자산에 대해서는 별로 아는 바가 없다. 무형자산은 눈으로 볼 수 없으며, 계량화하기 어렵고, 회계를 통해 추적하기 힘들며, 장기간에 걸쳐 경로의존적인 방식으로 개발되고(필요하다고 해서 즉시 얻거나 구입하거나 모방할 수 있는 것이 아니다), 신중하게 사용할 경우 쓰면 쓸수록 가치가 커진다. 무형자산의 예로는 기술적 노하우, 고객의 충성도, 상표, 비즈니스 프로세스 등을 들 수 있다. 지식경제에서 유형자산은 경쟁우위를 확보하는 필요조건이기는 하지만 충분조건은 아니다. 그 이유는 대부분의 유형자산이 시장을 통해 모방되거나 취득될 수 있기 때문이다. 어떤 기업이 성공하고 어떤 기업이 실패할지를 가르는 것은 바로 무형자산이다.

기업이 전략적 역량을 보유하고 있는지 여부를 파악하려면, 다음과 같은 특성을 지니고 있는지를 살펴보자. 즉 높은 수준의 사업능력, (고객의 취향이 빠르게 변화하는) 시장에서 벌어지는 일을 감지하고 이해하고 방향을 잡아가는 능력, 조직 내에서 기술을 신속하고 정확하게 이전시키는 능력, 폭발적인 시장수요 증가에 맞춰 생산을 조절하고 시장을 확장시키는 능력, 시장 내의 다른 업체보다 먼저 새로운 기회를 만들어내는 능력 등을 갖추고 있다면 전략적 역량을 보유하고 있는 것이다. 전략적 역량은 현재에 대한 즉응력readiness과 미래에 대한 적응력adaptability이라고 할 수 있다.

전략적 역량은 관계relationship를 통해 획득되는데, 지식의 창출과 교환 그리고 수확이 개인 역량과 조직 역량을 구축시켜 고객에게 높은 가치를 만들어주는 관계를 통해서 획득된다. 전략적 역량은 인사와 직접적으로 관련된 세 가지 구성 요소, 즉 인적자본과 구조자본 그리고 관계자본으로 이뤄져 있다(http://intellectualcapital.org/evolution/main.html/6/2/01). 인적자본human capital은 조직 내의 개인이 갖고 있는 노하우와 숙련기술 및 역량을 말한다. 인적자본은 사람들이 직장에 들어올 때 가지고 오는 역량을 의미한다. 인적자본의 예로는 기술력, 혁신성, 리더십 등을 들 수 있다. 구조자본structural capital은 인적자본이 시장가치를 창출하게 만들어주는 조직 구성체계organizational architecture와 관리 프로세스를 말한다. 구조자본의 예로는 모듈형 생산구조나 셀

방식 생산구조, 정보 시스템, 조직문화, 의사결정 과정 등을 들 수 있다. 관계자본*relationship capital*은 기업 내부 구성원 사이의 인간관계 연결망과 공급업체 · 고객 · 타기업 등과의 관계를 말하는데, 이러한 관계는 협력과 협업의 토대가 된다. 관계자본의 예에는 신뢰, 고객충성도, 공동생산 활동, 라이선싱 협약 등이 포함된다(표 1-1 참조). 인적자본과 구조자본 그리고 관계자본이라는 세 가지 요소는 상호작용하여 가치를 창출해낸다. 인사부서는 전략적 역량을 구성하는 이러한 세 가지 요소 모두를 창출하고 유지시키는 데 중심적인 역할을 담당함으로써 기업의 경쟁력 향상에 더 크게 기여할 수 있다. 이는 인사부서가 인력개발, 조직설계, 조직 내부 및 외부와의 관계설정 등에 관련된 프로그램과 관행, 방침, 범례 등을 만들어내는 것을 통해 가능해진다.

경계 확장

사람들이 인사관리를 떠올릴 때면, 대부분 채용, 해고, 승진, 훈련 등 (운영 측면에 초점을 맞춘 전통적 방식)에 대해 생각하며, 단일 조직 내에서만 생각한다. 다시 말해서 인사관리를 기업 내부의 기능으로만 생각한다. 한 회사의 인사관리 프로그램과 관행 및 방침을 외부 공급업체나 유통업체에 적용시키는 것을 떠올리는 사람은 거의 없다. 또한 인사관리 프로그램과 관행 및 방침을 고객에게 적용하는 것을 떠올리는 사람은 더더욱 드물다. 하지만 일부 기업에서는 그러한 가능성이 현실로 나타나고 있으며, 현재 성장 중인 지식경제에서는 그렇게 하는 것이 많은 기업의 과제가 될 것이다. 더욱이 인사관리의 경계를 외부의 공급업체 ·

[표 1-1] 전략적 역량의 구성요소

전략적 역량의 구성요소	정의	예	지표
인적자본	• 회사 직원들의 지식과 숙련기술 및 경험의 집합체 – 회사 직원들의 실력과 역량의 집합체 • 직원이 퇴근할 때 집으로 가지고 돌아가는 것	• 노하우 • 교육 • 직업의 자격요건 • 업무 관련 지식 • 직업평가 결과 • 심리측정 결과 • 업무 관련 역량 • 기업가적 열정, 혁신성, 예측력과 대응력, 변화 가능성	• 회사 직원들에 대해 헤드헌터들이 평가하는 명성 • 직업 경험 년수 • 신입직원 비율(입사 2년 미만 직원의 비율) • 직원 만족도 • 새로운 아이디어를 제안하는 직원의 비율(제안된 아이디어의 실행 비율) • 직원 1인당 부가가치 • 급여 1달러당 부가가치
구조자본	• 시장의 요구를 충족시킬 수 있는 기업의 조직 역량. 예컨대 직원이 최적의 지적 성과를 달성하는 것을 지원해줌으로써 전반적인 사업성과를 높여주는 조직 내의 관례와 구조 • 직원이 퇴근할 때 회사에 남겨두고 가는 것	지적재산 • 특허 • 저작권 • 의장권 • 영업비밀 • 상표 • 서비스 마크 하부구조 자산 • 경영철학 • 기업문화 • 관리 프로세스 • 정보 시스템 • 네트워크 시스템 • 재무관계	• 지출 대비 수입 • 특허 유지비 • 매출액 1달러당 프로젝트 수명주기 비용 • 데이터베이스에 연결된 개별 컴퓨터의 수 • 데이터베이스 참조 횟수 • 사람들이 데이터베이스에 올리는 자료 • 데이터베이스 업그레이드 • 정보시스템의 활용과 연결 • 정보시스템에 지출하는 비용 1달러당 매출액 • 정보시스템에 지출하는 비용에 대한 만족도 • 정보시스템 서비스에 대한 만족도 • 새롭게 창출되는 아이디어의 실행 비율 • 신제품 출시 횟수 • 5년간에 걸친 제품수명주기 추세 • 제품의 설계에 소요되는 평균기간

		• 새로운 아이디어의 가치(비용절감액, 매출증가액)
관계자본	• 협업 행동과 협력 행동의 토대를 제공해주는 강력하고 광범위한 개인적 관계망 • 외부의 조직이나 개인과 맺고 있는 조직의 관계망과 외부 조직이나 개인이 조직에 대해 지니고 있는 만족도와 충성도-유통채널에 대한 지식, 고객 및 공급업체와의 관계, 산업단체 가입, 정부 공공정책에 대한 건전한 이해 등이 포함됨. • 조직이 운영하는 프랜차이즈의 침투 정도와 도달 범위 및 수익성	**고객자본** • 상표 • 고객 • 고객충성도 • 회사명 • 미처리 주문량 • 유통채널 • 사업협력 • 라이선싱 협약 • 우호적인 계약 • 프랜차이즈 계약 **사회자본** • 긴밀한 연계 • 사람 및 부서간의 연결 • 계층과 서열 • 네트워크 연계 • 개인적·정서적 유대 • 규범과 제재 • 의무와 기대 • 조직정체성 • 해석 • 공유 언어와 코드 • 신화와 의식 **공급자 자본** • 가격인하를 유도하는 협상력 • 해결방안 개발을 위한 협력 • 적시(JIT) 재고관리	• 사업규모의 성장성 • 매출액 중 단골고객 매출이 차지하는 비율 • 상표 충성도 • 고객 만족 • 고객 불만 • 매출량 중 반품 비율 • 제휴를 맺은 공급업체 및 고객의 수와 공급업체 및 고객이 차지하는 가치 • (화폐 가치로 볼 때) 고객의 사업에서 자사의 제품(서비스)이 차지하는 비중 및 공급업체의 사업에서 자사의 제품(서비스)이 차지하는 비중 • 공동체 의식 • 허심탄회한 의사소통 • 신뢰 • 협업 • 비공식적 조정 • 자기조직화 • 기회주의적 행동의 감소

출처 : Jacobs(1965); Stewart(1997); Strategic Policy Branch, Industry Canada
(http://strategis.ic.gc.ca/SSG/pi00009e.html.) 6/2/01.

유통업체·고객에게까지 확장시킨다면 인사부서는 훨씬 더 중요한 영향을 미칠 수 있다. 다시 말해서 인사부서는 훨씬 더 희소하고, 중요하며, 대체하거나 모방하기가 어려우면서, 강력한 효과를 낼 수 있는 전략적 자원을 제공해줄 수 있다. 기초적인 수준에서 볼 때, 인사관리의 경계를 확장시킨다는 것은 인사전문가가 자신의 전문적인 식견을 활용하여 고객의 행동과 공급업체 직원의 행동에 영향을 미치고, 자사의 활동을 보완하거나 규제하는 조직에 소속된 직원들의 행동에도 영향을 미칠 수 있도록 도와준다는 것을 의미한다.

가치사슬

인사관리의 역할을 기업 외부로 확장시키려면 가치사슬이라는 개념의 중요성을 인식해야 한다. 가치사슬 *value chain*이란 기업이 원재료를 투입물로 보고, 다양한 프로세스를 거쳐 원재료에 가치를 부가한 뒤, 고객에게 완제품 형태로 판매하는 과정을 개념화한 모델이다. 가치사슬 분석은 원재료에서 최종 사용자에 이르는 동안 기업이 거치게 되는 모

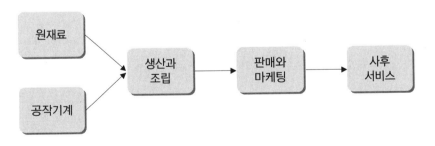

단순화시킨 가치사슬의 예

든 단계를 검토한다. 그 목적은 가능한 한 최소의 총비용으로 최단시간 내에 최대의 가치를 고객에게 전달하는 데에 있다.

공급업체와 생산업체 그리고 유통업체가 형성하는 네트워크는 매우 다양하며, 가치사슬 전체의 유효성은 그러한 네트워크 내에서의 조정과 효율성에 의해 좌우된다. 고객에게 부가가치를 창출시키는 정도는 사업 파트너들이 맺고 있는 관계의 질에 의해 결정될 것이다. 따라서 공급망 이나 생산과정 또는 유통망 안에서 연계가 약화되면 파트너 관계를 맺 고 있는 조직의 일부 또는 전체가 약화될 수 있다. 예컨대, 신제품에 대 한 기술지원 전화상담을 수행할 외주업체의 전문성이 떨어지거나 불친 절할 경우, 그런 평판이 시장에 널리 알려지게 되면 제품이 아무리 기술 적으로 뛰어나다 해도 시장에서 외면당할 수밖에 없다.

전통적으로 인사관리는 가치사슬 상에서 자기 회사에 해당되는 부분 에만 관심을 맞추었다. 즉 공급을 담당하는 업체의 인사관리는 제품이 나 서비스를 생산하는 업체의 인사관리와 별개였고, 유통업체나 협력업 체에서 실행되는 인사관리는 공급업체, 생산업체의 인사관리와는 아무 런 관계도 없었다. 좀더 높은 곳에서 가치사슬 전체를 바라보면, 해당 조직의 유효성과 가치사슬 자체의 유효성을 향상시키는 데 있어, 인사 관리가 가치사슬의 처음부터 끝까지 훨씬 더 중요한 영향을 미칠 수 있 는 가능성이 분명해진다. 가치사슬 전체에 걸쳐 전문성과 지식을 공유 하고 효과적인 인사관리 관행을 확산시키면, 가치사슬에 참여하는 업체 들의 유효성과 효율성을 제고시킬 수 있으며, 이에 따라 가치사슬 전체 가 하나의 시스템으로서 고유의 경쟁력을 창출하게끔 만들 수 있는 것 이다.

예를 들어, 쉘 그룹*Royal Dutch/Shell* 그룹 소속 사업부인 쉘 서비스 인터내셔널*SSI*은 전 세계에 퍼져 있는 자사 사업부와 외부 고객에게 서비스를 공급하고 있다. 서비스 공급 관계는 고객 입장에서 본 비용 대 가치 간의 상쇄관계에 맞춰 구체적인 서비스 수준을 계약하는 서비스 수준 협약을 통해 유지되고 있다. 그러한 거래관계를 통해 최대의 효과를 얻어내려면, 협약 당사자 양측 직원들이 충분한 정보를 바탕으로 의사결정을 내리고, 효과적인 피드백을 제공하며, 성과를 개선시킬 수 있는 방법을 이해해야만 한다. 인사관리 부문이 업적평가와 협상과정 그리고 의사결정 도구에 대해 전문성을 보유하고 있기 때문에 SSI와 고객 양측 모두에게 편익을 제공할 수 있는 것이다.

과거에는 정보나 지식 또는 전문성을 다른 조직과 공유하지 않는 기업문화가 일반적이었기 때문에 인사관리의 경계를 좀더 넓게 바라봄으로써 얻어지는 편익을 누리기 힘들었다. '우리 회사의 인사부서 직원에게는 우리 회사의 인사를 담당하라고 월급을 주는 것이다. 당신 회사 일은 당신이 알아서 하라'는 식의 태도가 과거의 편협한 의식구조였다. 변화관리 컨설팅업체인 스미드 도워드 램버트*Smythe-Dorward-Lambert*의 사장인 프레드 어대어*Fred Adair*는 다음과 같이 말한다. "공급사슬 안에서 서로 연결되어 있는 기업들이 상대방이 공정하게 행동할 것이라 가정하고 자료와 신뢰를 공유하는 일은 매우 어렵다고 판명되었다. 공유와 협력을 통해 큰 이득을 얻을 수 있으리라는 것이 확실해도, 사람들은 상대방이 자기보다 더 많이 가져간다고 의심한다. 하지만 협력하는 데에 성공한 업체는 굉장한 탄력을 받을 수 있다. 왜냐하면 효율성이 향상되었다는 좋은 소식은 공급사슬 전체로 급속히 퍼져나가기 때문이다"(Fahrenwald, Wise & Glynn, 2001).

조직의 경계를 편협한 시각으로 바라보거나 관계를 맺는 기업에 대해

본능적으로 불신하는 태도를 취하는 것은 바람직하지도 않을 뿐더러 실효성도 없다. 실상 공급업체와 경쟁업체 그리고 고객 사이의 경계가 희미해졌기 때문이다. 예를 들어, 모토로라*Motorola*의 중역들은 자사가 인텔*Intel*과 맺은 여러 제휴관계 중 어떤 관계에서는 자사가 공급업체였고, 다른 관계에서는 자사가 경쟁업체였으며, 또 다른 관계에 있어서는 고객이었다는 사실을 깨닫게 되었다(Ulrich, 1997). 이와 관련된 또 다른 예를 살펴보자. 협업 설계*collaborative design*라는 프로세스에서는 여러 기업의 다른 부서에 소속된 사람들로 이뤄진 제품개발 팀이 인터넷을 활용하여 동일한 설계도면을 동시에 보면서 다른 사람이 볼 수 있도록 설계도를 수정한다. 이렇게 하면 설계도면이 수정될 때마다 도면을 각 회사로 팩스나 우편으로 보내는 시간과 비용이 절감된다. 인터넷은 이러한 방식으로 조직의 경계를 침투 가능한 것으로 만들었다(Totty, 2001). 조직의 경계가 침투 가능해졌다는 사실은 인사관리에 직·간접으로 시사하는 바가 크다. 다른 회사의 직원들이 서로 인터넷을 통해 동일한 제품을 만들고 있을 때, 그들을 어떻게 관리해야 하며, 그 사람들의 관계는 어떤 회사의 인사방침에 준해서 규정할 것인가? 다양한 여러 회사가 지적知的으로 기여한 부분에 대해 상대적인 가치를 어떻게 평가할 것인가? 참여한 모든 기업이 투여한 노력을 모두에게 유익한 방향으로 조정하는 능력을 촉진시키는 방법은 무엇인가? 참여한 모든 기업의 사업상의 기밀을 보장해줄 수 있는 방법은 무엇인가?

고객을 포함시킨 인사관리

인사관리에서 고객 지향적인 태도를 취할 때에는 내부 고객을 강조하는 것이 일반적이다. 여기서 내부 고객이란 외부 고객에게 가치를 창출시켜 조직의 성과와 수익성을 개선시켜주는 자사 직원을 말한다. 하지만 인사관행을 통하여 외부 고객 – 회사의 제품 또는 서비스를 구입하는 개인이나 기관 – 이 자사의 활동과 과정에 직접적으로 기여하게 만듦으로써, 자사의 경쟁우위와 조직성과를 향상시킬 수도 있다(Lengnick-Hall & Lengnick-Hall, 1999). 이러한 목표는 다음과 같은 몇 가지 방식을 통해 달성될 수 있다. 그것은 (1) 인사관리를 통해 자사와 고객 모두에게 이득이 되도록 고객의 행동을 이끄는 방식, (2) 인사관리를 통해 제품과 서비스를 생산하고 유통하는 데 고객이 참여하도록 유도하는 방식, (3) 조직에 대한 감사監査를 고객에게 맡김으로써 어떠한 관행을 새로 만들거나 중단하거나 유지해야 할 것인지에 대하여 피드백을 받는 방식, (4) 고객을 자사의 준準인사관리자로 활용하여 직원관리에 직접 참여하게 하는 방식 등이다.

첫째, 인사관리는 자사와 고객 모두에게 이익이 되는 방향으로 고객의 행동을 이끌 수 있다. 가령 어떤 스케이트장이 안전하고 신중한 행동에 대한 명확한 규칙을 제공한다면(이는 고객에게 성과 기대치나 직무기술서를 제공하는 것과 유사하다), 그곳을 찾는 고객은 규칙을 지켜 행동할 가능성이 커지고 이에 따라 다른 고객도 즐거운 분위기에서 스케이트를 즐길 수 있게 될 것이다. 또 다른 예를 들면, 패스트푸드점이 고객에게 쓰레기를 직접 버리게끔 요구하고 고객이 그러한 규칙을 따르기 쉽게 만들어주면, 그곳을 찾는 모든 고객이 즐겁고 편하게 식사를 즐길 수 있을 것이다. 이처럼 고객에게 효과적인 훈련과 업무 프로세스에 관한 정보를 제공해주면, 고객이 직접 그 회사의 유효성을 향상시켜준다. 그 결과, 정중하게 행동하는 고객이 더 많은 고객을 불러들이고 이에 따라 회사의 수입은 증대된다.

둘째, 고객이 팀원으로 참여하여 특정한 제품이나 서비스를 생산·전달하는 일을 실제로 도울 수 있다. 예컨대, 인터넷을 통해 컴퓨터를 구입하는 고객은 '일부 직접 조립이 필요함'이라는 표시가 붙은 제품을 받는다. 이 경우 고객이 공동생산자 역할을 하려면 컴퓨터를 조립하여 사용할 수 있는 법을 알아야만 한다. 따라서 컴퓨터 회사는 고객에게 훈련과 기술개발 기회(안내 인쇄물, 비디오, 온라인 도우미 등)를 제공함으로써 제품을 제대로 완성할 수 있게 해주어야 한다. 이에 따라 인사부서는 자사 직원에게 전통적으로 제공했던 교육훈련 자료에 버금가는 고객용 훈련 매뉴얼과 성과평가 체크리스트 같은 도구를 개발하는 데 도움을 줄 수 있다. 고객을 위한 효과적인 인사관리는 고객이 자사의 제품이나 서비스를 훨씬 더 유용하게 활용하도록 만들어줌과 동시에 그러한 제품이나 서비스에 대한 만족도를 향상시켜주는 것이다.

셋째, 자사가 생산한 제품 또는 서비스의 가치가 제대로 인식되고 있는가를 판단하는 감사로 고객을 활용할 수 있다. 여러 식당과 서비스업체들은 어떠한 일이 효과가 있고 어떠한 일에 더 많은 관심을 쏟아야 할 것인지에 관련된 정보를 얻기 위해 고객 피드백 제도를 활용한다. 레이시온사 *Raytheon Aircraft*는 그와 유사하지만 훨씬 더 정교한 방법인 공장 견학 프로그램을 활용하여 고객에게 접근하고 있다. 레이시온사는 개인용 항공기를 구입하는 고객 대부분이 생산품질에 대해 큰 관심을 갖고는 있으나, 품질을 직접적으로 평가할 만한 기술적인 전문성을 갖추고 있지 못하다는 점을 인식하고, 자사의 비치크래프트 *Beechcraft* 비행기를 구입하고자 하는 고객이 공장을 방문하여 제조공정을 관찰하도록 독려하고 있다. 이에 따라 생산직 직원들이 자신감과 전문성 그리고 세밀한 관심과 프로정신을 갖추고 있다는 사실이 분명하게 비쳐지도록 회사 내부의 인사관리 프로그램과 관행 그리고 방침에 초점을 맞춰왔다. 레이시온사는 생산현장에서 일하는 직원의 우수성을 고객이 직접 확인하면 경쟁업체의 비행기 대신에 자사의 비행기를 구입할 가능성이 크다고 믿고 있다. 그 결과, 고객은 감사로서 레이시온사의 제품의 명성이 긍정적으로 유지되는 데 도움을 주고 있다. 고객이 공장견학을 하면서 회사에 주는 피드백을 통해 고객만족을 확보하기 위해서는 어떠한 관행이 유지되어야 하고, 어떠한 관행은 중단되어야 하며, 어떠한 관행을 새로 시작해야 하는지에 대해 필요한 정보를 얻고 있는 것이다.

넷째, 고객은 인사관리자에 준하는 역할을 하면서 자신의 구체적인 욕구에 맞춘 대접을 받을 수 있다. 예를 들면, 리츠칼튼Ritz-Carlton 호텔은 손님에게 생긴 문제를 해결하고 그러한 문제가 다시는 발생하지 않도록 예방할 수 있는 권한을 직원들에게 부여하는 방침을 운영하고 있다(Berry, 1995). 따라서 고객은 이 호텔의 어떠한 직원에게 요구해서라도 자신의 욕구를 신속하고 만족스럽게 해결할 수 있다. 많은 고객의 욕구는 독특한 것이어서, 고객은 자신에게 필요한 일을 처리해주는 임시직원을 수하에 두고 관리하는 인사관리자와 다름없다.

요컨대, 경계를 확장시킨다는 것은 인사관리가 이뤄지는 장소와 대상을 조직 내부로 한정시키는 전통적인 방식을 뛰어넘어 바라보는 것을 의미한다. 가치사슬 전체를 고려하게 되면 시스템 전체의 효율성과 효과를 향상시키는 방식으로 인사관리 프로그램과 관행 및 방침을 적용시킬 수 있는 새로운 가능성이 열린다. 공급업체와 생산업체 그리고 유통업체로 구성된 전체 시스템을 하나의 거대한 준準조직으로 여길 때, 시스템 전체를 향상시켜 개별 기업 모두에게 이익이 돌아가게 만들 수 있다. 더 나아가 경계를 확장시켜 직원뿐만 아니라 고객까지 포용할 경우, 전통적인 관점에서는 기업의 인적자원으로 여겨지지 않던 사람까지도 활용할 수 있는 새로운 기회가 창출된다. 인사관리를 새롭고 창의적인 방식으로 적용할 수 있는 기회를 활용하는 것은 새로운 지식경제에서 인적자원을 효과적으로 관리하는 핵심적인 역량이 될 것이다.

새로운 역할 관리

조직 내의 인사부서의 역할에 대한 제한적인 가정과 편협한 시각 중 많은 부분은 인사관리의 기원이라 할 수 있는 고용 관료조직*employment bureaucracy*의 유산이다(Jacoby, 1985). 인사부서는 1900년대 초반 고용주가 고용을 안정화시키기 위해 노력을 기울이는 과정에서 관료조직으로 발달했다. 당시에는 고용주와 근로자 사이의 적대감이 커져서 파업과 폭력행위로 이어지는 경우가 많았다. 더욱이 낭비와 비능률은 용인하기 힘든 수준에 달했다. 근로자에 대한 처우를 규제하기 위해 사사로운 감정을 배제시킨, 규칙 중심의 많은 절차를 만들어냄으로써, 고용주는 인사부서를 활용하여 노사간의 갈등을 완화시키고 능률을 극대화시키는 방향으로 종업원을 관리하고자 하였다(Kaufman, 2000).

1900년대 초반에 고용주는 자신을 규제하는 수단으로 이러한 관료적 절차를 채택하기도 했다. 그 후 1930년대에 기존질서의 유지와 노동조합의 보호에 편향된 입법이 이뤄지자, 고용주는 인사관리 기능을 더욱더 관료화시켰다. 1960년대부터 1990년대까지 고용관계 입법(1964년의 민권법 등)이 추가로 이뤄졌고, 이에 따라 인사관리 기능을 관료화시켜야 할 필요성은 더욱더 커졌다. 20세기 말에 이르자 양식을 만들고 서류를 작성하고 검토하는 것 등이 인사부서의 활동시간 중 많은 부분을 차지하게 되었다.

인사전문가 자신이나 외부 사람 중에는 오늘날에도 관료적인 시각을 갖고 있는 경우가 있다. 이러한 시각은 인사관리를 몇 가지 구체적인 기능을 중심으로 구성된 별개 관행의 집합체로 간주한다. 이러한 시각에서 볼 때 인사부서의 역할이란 적절한 자격요건을 갖춘 직무 지원자를 유인하여 선발하고, 종업원의 행동을 조직의 목표에 일치시키는 성과관리 및 보상제도를 개발하고, 현재와 미래의 조직에 요구되는 사항을 충족시킬 수 있도록 다양한 인력을 개발·유지하는 데 도움을 주는 것이다(Huselid, 1997). 인사부서의 구체적인 책임 영역은 직무설계와 조직설계, 채용과 선발, 성과관리, 보상과 복리후생, 종업원 개발과 훈련, 인력계획 수립, 노사관계, 다양성 관리, 법률 및 정부 규제 준수 등을 포괄하고 있다(Huselid, 1997). 실제로 공인 인사전문가가 되기 위해서는 앞서 언급한 모든 분야에 대해 미국 인사관리협회*SHRM*가 요구하는 역량평가와 직무경험을 충족시켜야만 한다. 이에 따라 인사부서는 명확하게 규정된 지식체계와 일반적으로 받아들여지는 관행이 갖추어진, 매우 능률적인 고용 관료조직으로 변모되었다.

산업화 시대에는 인사관리에 대한 편협하고 기능주의적인 시각이 잘 맞았을지 몰라도, 지식경제 시대에는 그러한 시각이 제 구실을 하지 못할 것이다. 이는 조직이 전통적인 인사관리의 기능적 활동을 더 이상 수행하지 않을 것이라는 말이 아니다. 전통적인 인사관리 활동은 앞으로도 계속해서 수행될 것이다. 하지만 미래의 인적자원을 관리하려면 인사부서는 새로운 도전과제를 해결할 수 있는 새로운 역할도 아울러 담당해야 할 것이다.

인사부서가 그동안 스스로 만들어온 기능 중심적인 관료적 틀에만 머문다면 조직의 유효성에 영향을 미칠 수 있는 가치를 스스로 깎아 내리는 것이다. 신경제의 요구에 맞춰 변화하지 못한다면 공식적인 인사부서는 중요성이 감소되고, 지식경영과 인적자본 관리와 같은 새로운 도전과제는 조직 내의 다른 기능부서로 흡수되어 버릴 것이다(Saint-Onge, 2001). 인사부문이 새로운 도전과제에 대한 해결책을 제공하는 원천이 되어야 하는 것은 당연하지만, 인사부서가 경쟁력을 저해하지 않고 새로운 도전과제 해결에 일익을 담당하기 위해서는 과거의 관료적 관행을 타파해야만 한다. 이를 위해서는 인사관리의 패러다임을 기능과 프로세스 중심에서 역할 중심으로 전환시켜야만 한다.

역할이란 무엇인가? 역할*role*이란 책임과 관계 그리고 공헌 영역을 나타낸다. 또한 기대의 집합*set of expectations*이라고 할 수 있다. 역할은 수단이나 활동을 명시하지 않는 구성개념이다. 이런 점에서 역할은 조직의 비전 선언문과 유사하다. 조직의 비전 선언문은 조직이 추구해야 할 전체적인 방향을 나타내준다. 예컨대, 마이크로소프트사의 비전은 '언제 어디서나 어떠한 도구에라도 장착시킬 수 있는 소프트웨어를 통해 사람들에게 힘을 실어준다' 는 것이다. 여기서 비전을 달성하는 수단이 명시되어 있지 않다는 점을 주목하라. 비전 선언문은 조직구성원이 바람직한 목표를 향해 매진할 수 있도록 방향을 잡아줄 뿐이다. 어떠한 일을 해야 하고 어떠한 방법으로 그 일을 해야 할지에 대해서는 조직구성원이 직접 결정하게 하면서, 상황이 바뀜에 따라 구성원이 스스로 알아서 행동을 변화시킬 수 있도록 해주고 있다. 인사부서의 역할을 규정하는 일은 조직이 비전 선언문을 작성하는 것과 유사한 목적을 갖고 있다. 인사부서의 역할을 규정함으로써 인사전문가들이 세부적인 방법과 기법에 얽매이지 않고 바람직한 방향으로 나아갈 수 있도록, 아울러 그들의 책임, 관계, 공헌 영역 그리고 기대되는 사항을 파악하도록 유도하는 것이다.

역할을 관리하는 이유는 무엇인가? 그 답은 간단하다. 역할을 관리함으로써 인사관리는 과거의 기능 중심적인 굴레에서 벗어나 조직의 성공에 공헌하는 부가가치를 창출해낼 수 있기 때문이다. 그로 인해 인사관리의 패러다임은 기능과 프로세스 중심에서 결과물과 수행물 중심으로 바뀌게 된다. 예를 들면, '지식 촉진자'와 같은 역할(이에 대해서는 4장에서 좀더 자세히 설명된다)을 관리한다는 것은 전통적인 인사부서가 훈련과 개발을 바라보던 시각을 뛰어넘는 것을 의미한다. 지식 촉진자는 학습에 초점을 맞추는 조직 내의 역할을 말한다. 즉 기업 전체가 새로운 지식을 습득하고 그러한 지식을 활용하여 변화하는 환경에 지속적으로 적용할 수 있도록 도와주는 역할을 말하는 것이다. 인사관리를 관리해야 할 역할(예컨대, 지식 촉진자 역할)로 여기면, 인사전문가는 훈련 및 개발에만 국한하지 않고 여러 가지 방법을 활용하여 조직의 학습역량을 확보하는 노력을 기울일 것이다. 그러면 지식 촉진자로서의 인사관리자는, 예컨대 조직의 정보기술 시스템을 개발하고 관리하는 일에서 적극적인 역할을 담당할 수 있으며, 개별 직원이 학습하는 내용을 축적·저장·전파시키는 데 필요한 응용프로그램을 개발하는 작업에도 참여할 수 있을 것이다.

경계를 확장시키는 것은 '기업 생태계' 내의 다른 조직에게 인사관리가 영향을 미칠 수 있는 새로운 기회를 열어주어, 기업의 성공에 기여하는 더 많은 부가가치를 창출해낸다. 이와 마찬가지로, 역할을 관리하는 것은 인사부서가 새로운 도전과제에 대처하는 데 활용할 수 있는 방법 및 프로세스의 범위를 확장시켜준다. 결과적으로, 역할이라는 렌즈를 통해 인사관리를 바라보는 것은 조직의 이익을 위해 동원할 수 있는 무기를 인사관리자가 훨씬 더 많이 확보한다는 것을 의미한다.

지식경제에서 인사부서는 어떤 역할을 수행해야 하는가? 이러한 질문에 제대로 답하려면 새로운 경제환경의 특성을 검토해보아야 한다. 다음 장에서는 그러한 특성을 검토하고 인사부서의 새로운 역할 네 가지를 제시할 것이다. 그 뒤에 이어지는 네 개 장에서는 네 가지 역할에 대해 상세하게 설명할 것이다.

요약

20세기 말에 이르러 일부 사람들이 인사관리가 조직에 공헌하는 부가가치를 조금이라도 창출해낼 수 있느냐 하는 의문을 제기했다. 전통적인 행정적 인사기능 중 많은 부분은 특화된 전문성을 지니고 있는 업체에 아웃소싱하면 가장 능률적으로 처리될 수 있는데, 이는 대부분 자동화의 대상이 된다. 인사관리에 대한 그러한 시각은 경영 전문 저술가인 토머스 스튜어트 *Thomas Stewart*가 1997년 〈포춘〉지에 기고한 글에서 아주 신랄하게 드러나 있다. "클레오파트라의 가슴에 안겨 있는 독사처럼, 회사 안의 따스한 곳에 자리잡고 태평하게 졸고 있는 부서가 있다. 이 부서 직원은 근무시간의 80퍼센트를 판에 박힌 행정적 업무에 할애한다. 이 부서가 하는 모든 일은 다른 곳에 맡기면 더 적은 인원으로 훨씬 더 전문성 있게 처리될 수 있다. 이 부서의 책임자에게 자기 부서가 공헌하는 바를 말해보라고 하면, 유행하는 용어를 쓰면서 둘러대거나 계량화하기 힘든 결과를 말하거나 '앞으로 이렇게 하고 싶다' 는 식으로 말하는 것 말고는 제대로 대답하지 못할 것이다. 그럼에도 불구하고, 제 몸에 있는 독에 아무런 영향을 받지 않는 독사처럼 이 부서는 부가가치를 창출하지 못하는 업무를 제거할 수 있는 방법을 다른 부서에게 조언하고 있다"(Stewart, 1997).

인사관리는 발전단계에서 갈림길에 놓여 있다. 인사관리는 20세기의 산업조직에 도움이 되는 매우 능률적인 프로그램과 관행 그리고 방침을 발전시켰다. 하지만 지식경제는 인사부서가 효율적인 고용 관료조직에 머무는 것에서 벗어날 것을 요구하고 있다. 신경제에서 조직에 공헌하며 살아남으려면 인사부서는 철저한 자기반성을 하고 방향을 다시 설정해야만 한다. 이를 위해서는 새로운 초점이 필요하다. 새로운 초점은 전략적 역량(현재에 대한 즉응력과 미래에 대한 적응력)을 구축하는 일과 인사관리의 경계를 가치사슬 전체(공급업체, 유통업체, 고객 등을 모두 포함)로 확장시키는 일, 그리고 새로운 역할－인사관리의 방법과 프로세스를 확장시키는 역할－에 맞춰져야 한다. 이러한 도전과제는 결코 만만치 않은 것이다.

지식경제 시대의 인사관리

> "지식은 권력의 가장 민주적인 원천이다."
>
> — 앨빈 토플러 *Alvin Toffler*

> "나는 적자생존適者生存이 진화를 설명해준다고 믿지 않는다.
> 진화는 유용자생존有用者生存을 통해 설명될 수 있다고 나는 믿는다."
>
> — 존 우즈 *John Woods*

지식경제란 무엇인가? 지식경제란 기계나 기술상의 능력이 경쟁우위를 결정하는 것이 아니라 사람이 보유하고 있는 지식과 역량이 경쟁우위를 결정하는 모든 직무와 기업 그리고 회사를 포괄하는 개념이다. 1998년에서 2008년까지 미국에서 창출될 것으로 추산되는 1,950만 개의 일자리 중 1,910만 개가 서비스 부문에서 창출될 것으로 예측되고 있다(Hecker, 2001). 소매업에서 컴퓨터와 생명공학에 이르기까지 창출될 일자리는 근로자와 조직에게 훨씬 더 지식집약적으로 바뀌도록 요구할 것이다. 업무가 훨씬 더 지식집약적으로 바뀔 것이 가장 분명한 곳은 서비스 부문이지만, 마이크로프로세서와 컴퓨터가 업무의 모든 측면에 관여하고 있기 때문에 제조업 부문도 지식에 의존하는 정도가 훨씬 더 커질 것이다.

지식경제는 정보기술*information technology*(IT)로 총칭되는 정보 및 커뮤니케이션 기술이 상용화된 결과 등장했다(Burton-Jones, 1999). 컴퓨터와 마이크로프로세서의 신속한 발전은 과거 어느 때보다도 훨씬 더 다양한 통로에서 엄청난 양의 정보를 더 통합적이고 쌍방향적으로 수집하고 활용할 수 있게 만들었다. 인터넷의 발전과 함께 네트워크를 통한 연결이 가능해짐에 따라, 전 세계적으로 정보를 습득하고 공유하는 일이 가능해졌으며, 그 결과 사람들이 협력해서 일하는 능력이 지리적 근접성에 제약을 받지 않게 된 것이다. 이 모든 요인이 융합되어 기업의 활동과 개인의 일상생활을 전혀 다르게 바꿔놓았다.

이러한 정보집약적인 경제에서는 경쟁우위가 주로 지식의 응용을 토대로 생겨나며, 글로벌 기업이 경쟁하는 데 필요한 데이터와 지능 그리고 지혜 모두를 어느 한 곳에서 찾아낼 수 없다(Doz, Santos & Williamson, 2001). 지식은 전 세계로 점점 더 광범위하게 흩어지고 있다. 또한 자본과 제품 그리고 정보 등 상품의 이동성이 증대함에 따라 물리적 거리를 극복하는 비용은 빠르게 줄어들고 있다. 그 결과, 과거에는 지리적 위치 때문에 상품의 이용에 제약을 받았던 기업들이 이제는 상품을 즉시 활용하고 있다.

경제활동의 특성은 제품이나 서비스의 구체적인 특성 또는 생산공정 기술에 의해 규정되기보다는 지식에 의해 규정되고 있다. 지식은 '신경제' 뿐만 아니라 '구경제'에도 광범위한 파급효과를 미치고 있다. 따라서 인간의 노하우가 거의 모든 생산물에 대해 결정적인 요소로 작용하고 있으며, 가치 있는 제품과 서비스를 생산하는 방식을 결정하고 있다. 돈 탭스콧(Don Tapscott, 1996)이 주장하듯이, 더 큰 부가가치를 만들어내는 것은 육체노동이 아니라 두뇌인 것이다.

농업과 공업이 제공하는 일자리의 많은 부분이 지식업무로 바뀌고 있다. 미국의 총 근로자 중 60퍼센트 가량이 지식근로자이며 새로 창출되는 일자리 중 80퍼센트는 정보집약적인 경제 부문에서 만들어진다. 구경제 시대의 공장이 그보다 앞서 존재했던 가내수공업 공장과 달랐던 만큼이나, 오늘날의 공장도 구경제 시대의 공장과 다르다. 농장은 수많은 컴퓨터 칩이 장착되어 있는 농기계를 사용하여 경작된다. 화물은 컴퓨터로 제어되는 초대형 크레인을 활용하여 컨테이너에 선적되거나 소프트웨어가 장착된 점보 제트기에 선적된다.

지식경제는 제품에 아이디어를 부가시키고 새로운 아이디어를 신제품으로 변환시키는 것과 관련이 있다. 탭스콧은 그 생생한 사례를 보여주고 있다.

옷깃에 컴퓨터 칩이 장착된 지능형 의복, 매년 수백 가지 새로운 일을 해낼 수 있는 마이크로프로세서가 수없이 많이 장착된 지능형 차량, 운전자에게 위치를 알려주는 지능형 지도가 장착되어 있고 날씨와 도로사정에 따라 타이어 공기압이 조절되는 트럭, 교통상황 방송 가운데에 자신이 원하는 부분만을 따로 저장하게 되어 있는 지능형 라디오, 에너지를 관리하고 침입자를 방어하며 집에 도착하기 전에 목욕물을 받아두는 지능형 주택, 고장이 생기면 자동으로 전화를 거는 지능형 엘리베이터, 노래를 들려주는 지능형 축하카드 등이 있다.

탭스콧이 설명하는 것과 같은 상품은 과거에 이용했던 제품과 뚜렷이 구분되는 여섯 가지 주요한 속성을 갖고 있다. 그러한 속성은 다음과 같다(Botkin, 1999).

1. **학습한다.** 상품을 사용하면 할수록 상품이 더 똑똑해진다. 상품을 사용하면 할수록 사용자도 더 똑똑해진다. 가령 일부 워드프로세싱 프로그램은 사용자 맞춤형 사전을 가지고 있어 철자가 틀리면 자동으로 수정해준다.

2. **사용할수록 기능이 더 향상된다.** 상품을 사용할수록 없어지기보다는 기능이 향상된다. 즉 상품을 사용할수록 소모되기보다는 더 좋아지는 것이다. 예를 들어, 인터넷 뱅킹은 시간이 가면서 고객의 거래 패턴에 맞춰 맞춤형으로 바뀐다.

3. **예상하고 대응한다.** 사용자가 원하는 바를 상품이 알고 있기 때문에 사용자가 다음 단계에서 원할 수 있는 것을 추천해준다. 식료품점에서 사용하는 바코드 스캐너는 고객의 장바구니에 현재 들어 있는 상품을 검색해서 영수증 뒷면에 할인쿠폰을 인쇄하여 이후에도 구매하도록 유도한다.

4. **쌍방향적이다.** 상품과 사용자 사이에 쌍방향으로 의사소통이 이뤄진다. 하드콥스 스포츠 *Hardcorps Sports* 는 아웃래스트사 *Outlast Inc.* 가 유전자 설계를 통해 개발한 '위상 변화 물질*phase change material*' 을 이용하여 만든 스키 재킷을 판매하고 있는데, 이 재킷은 스키를 타는 사람이 추위를 느끼면 따뜻해지고 스키장에 햇볕이 쨍쨍 내리쬐면 자동으로 시원해진다.

5. **기억한다.** 상품이 사용자의 과거 행동을 기록하고 재생하여 프로필을 만들어낸다. 대부분의 인터넷 판매회사는 관련 상품의 구매를 유도하기 위해 정교한 고객 프로필 시스템을 운영하고 있다.

6. **맞춤형이다.** 상품의 추가비용 부담 없이 실시간으로 고객의 개인적인 요구사항을 일일이 충족시켜준다. 당뇨병 환자에게 인슐린을

투여하는 도구는 환자의 혈당치와 운동량에 맞춰 투여되는 인슐린 양을 조절해준다.

지식경제는 새로운 유형의 글로벌 지식기반 조직을 만들어냈는데, 이를 '초국가기업metanationals'이라고 한다(Doz, Santos & Williamson, 2001). 세계를 단일하고 비교적 동질적인 시장으로 보는 글로벌 기업이나 모든 국가를 개별 시장으로 보는 다국적 기업과는 대조적으로, 초국가기업은 세계를 기술과 시장정보 그리고 역량 등이 여기저기 흩어져 있는 캔버스로 본다. 따라서 초국가기업은 범세계적으로 시너지를 창출해냄과 동시에 현지의 역량을 활용하여 만들어진 특수한 기회에 적용하는 능력을 지니고 있다. 초국가기업은 전세계에 흩어져 있는 전문지식군群 안에 아직까지 활용되지 않은 무궁무진한 잠재력이 있다고 본다. 이처럼 흩어져 있는 지식을 감지해내고 동원함으로써 초국가기업은 경쟁업체보다 더 효과적으로 혁신할 수 있다. 초국가기업은 세계적 경쟁력을 가진 보편적인 제품군을 판매하기 위해 노력하기보다는 여러 지역별로 특화된 역량을 한데 묶어서 특정한 지역에 맞춤형 제품과 서비스를 제공하는 전략을 전세계적으로 실행한다.

이러한 유형의 조직은 매우 복잡하기 때문에 조직 내의 모든 계층에서 광범위한 지식경영이 이뤄져 소위 '분산된 기업가정신distributed entrepreneurship'이 가능할 정도의 수준이 되어야 한다(Bartlett & Ghoshal, 1993). 바트렛과 고샬 Bartlett and Ghoshal은 전자기술 회사인 아세아 브라운 보베리Asea Brown Boveri(ABB)가 전통적인 방식으로 설계된 자사의 인사관리 활동을 완전히 바꾸어 밖으로 내보내 대대적으로 분권화시킨 이유를 설명하고 있다. ABB에서 일선관리자는 기회를 만들어내고 활용하는 책임을 진다. 중간관리자는 지원활동을 점검하고 개발하는 책임을 지며, 최고경영자는 전략적 사명과 기본이 되는 표준을 만들어내는 책임을 진다. 따라서 본사에서 인사를 담당하는 직원은 관리자 단 한 명뿐이다. 왜냐하면 현업 일선 수준에서 직원의 채용과 개발이 이뤄지고, 사업단위를 관리하는 관리자가 투철한 기업가정신을 갖고 인사활동의 규모와 범위 그리고 배분을 결정하기 때문이다.

요컨대, 지식이 거의 모든 제품과 서비스 그리고 업무활동의 주요 구성요소가 되고 있다. 지식을 효과적으로 생산 · 축적 · 관리하는 일이 기업과 산업 그리고 국가를 구분짓는 경쟁우위의 주요 원천이 되고 있는 것이다. 이제는 지식경제가 기업의 운영방식을 어떻게 바꾸었는가에 대해 살펴보자.

지식경제는 무엇이 다른가?

수많은 학자와 컨설턴트 그리고 저술가가 지식경제를 구분짓는 핵심요소를 파악하려고 시도했다. 하지만 지식기반 경쟁을 다른 경제활동 형태와 구분짓는 구체적인 특성에 대해서는 보편적인 합의가 이뤄지지 않고 있기 때문에 그러한 시도는 매우 어려운 도전과제이다. 더 나아가, 용어에 대해서도 보편적인 합의가 이뤄지지 않고 있다. 새로운 개념은 필연적으로 새로운 용어를 만들어냈고, 새로운 용어 중 일부는 다른 것보다 설명력이 뛰어나서 더 많이 사용되고 있다. [표 2-1]은 신경제라는 주제를 선도하고 있는 사상가들이 내놓은 주장을 종합하여 지식경제의 11가지 특성을 요약해놓은 것이다.

첫째, 지식경제는 기술을 활용하여 부호화된 상품을 만들어낸다 (Burton-Jones, 1999). 은행거래와 같은 사업상 거래를 할 때 우리가 알아야 할 정보는 전자부호에 의해 표시된다. 이러한 전자부호는 0과 1로 이뤄져 있는데, 사람들의 의사소통, 정부가 운영하는 프로그램의 시행, 의료행위, 사업상의 거래 등이 디지털화된다(Tapscott, 1996). 더 나아가, 전자부호는 즉시 전세계 어디서나 주고받을 수 있다. 따라서 기업의 지식자원에는 이러한 전자부호를 만들어내고 관리하는 능력이 포함되어야 한다.

둘째, 지식경제에서는 노동과 자재와 돈을 물리적으로 집중시키거나 집결시켜야 할 필요성이 상대적으로 작다. 예전에는 제품과 서비스를 생산하려면 그러한 자원을 같은 곳에 모아야만 했다. 이제는 '탈대량화 *demassification*'(Burton-Jones, 1999)를 통해 예전과 동일한 수준의 효율성이 확보되고 있어, 전세계에 흩어져 있는 노동과 자재 그리고 돈이 한 곳으로 모아져 결합될 수 있다. 그래서 인도와 캘리포니아에 있는 프로그래머들이 동일한 소프트웨어 프로그램을 동시에 개발할 수 있다. 이는 기업이 여기저기 흩어져 있는 작업장을 관리할 수 있는 능력을 보유해야 한다는 것을 의미하는데, 그러한 작업장의 구조는 산업화 시대에 일반적으로 볼 수 있었던 것처럼 물리적으로 근접하게 배치된 고정적인 공장 구조와는 완전히 다른 것이다.

셋째, 지식경제는 정해진 경계를 갖고 있지 않다(Burton-Jones, 1999; Tapscott, 1996). 지식은 기업의 경계와 산업의 경계, 심지어는 국가의 경계까지도 초월한다. 필요한 지식은 한 곳에만 있지 않다. 조직은 시간과 공간의 독립성을 동시에 갖기 때문에, 업무가 여러 장소에서 수행될 수 있다. PDA와 노트북 그리고 기타 연결 기술이 급속히 발전함에 따라 공항에서 식당과 자동차 안에 이르기까지 모든 곳으로 업무가 이동 가능

[표 2-1] 지식 경제의 11가지 특성

지식 경제의 특성	정의
부호화된 상품/ 디지털화	거래를 하기 위해 알아야 할 물리적 상품에 관한 정보(예컨대, 은행거래의 세부 내역)를 전자부호를 통해 표시한다. 사람들의 의사소통, 정부가 운영하는 프로그램의 시행, 의료행위, 사업상 거래 등이 0과 1로 표시된다.
탈대량화	노동과 물자 및 돈을 물리적으로 집중하거나 집합시켜야 할 필요성이 줄어든다.
무경계기업/ 범세계화	지식이 기업과 산업 및 국가의 경계를 초월한다. 조직은 시간적 독립성과 공간적 독립성을 확보한다. 업무는 다양한 장소에서 수행될 수 있다.
가상화	기업, 팀, 경매소 등 물리적인 사물이 가상화된다.
연결성/유례 없는 파트너 관계/통합 과 상호연결	조직과 기관의 내부 및 외부의 상호연결성이 증대된다. 기업과 고객 간의 상호연결성이 증대된다. 한 조직이 필요한 지식을 전부 가질 수 없으므로 파트너 관계가 필수적이 된다.
탈중개화	경제활동에 있어서 중개인이 제거된다. 즉, 생산자와 소비자 중간에 있는 존재가 사라지게 된다.
융합	상이한 경제부문을 한데 모아 새로운 제품과 서비스를 만들어낸다 (예컨대, 통신산업).
개인화/ 대량 맞춤화/ 소비자 생산참여	개별 고객의 독특한 욕구에 정확히 맞추어 제품과 서비스를 맞춤형으로 제공한다. 소비자의 지식과 정보 및 아이디어가 제품명세를 만드는 과정에 반영됨에 따라 소비자가 실제 생산공정에 참여하게 된다.
동태적 가격책정	제품과 서비스가 끊임없이 최신화되고 변화함에 따라 시간과 장소에 따라 가격책정이 달라진다.
즉시성	사업상 거래가 실시간으로 이뤄진다. 기업은 변화하는 사업환경에 맞추어 지속적으로 조절해나간다. 제품수명 주기가 계속해서 단축된다.
고객 공동체	고객은 해당 지역과 전 세계에 있는 다른 고객과 대화를 나눈다 (예컨대, 아마존닷컴).

출처 : Tapscott(1996); Burton-Jones(1999); Baird & Henderson(2001)

해졌다. 이는 기업이 1년 12달 365일 24시간 내내 수행되는 업무의 흐름을 관리할 수 있는 능력을 보유해야 한다는 것을 의미한다.

넷째, 기술의 발전으로 물리적인 실체를 가상적 개체로 변환시키는 것이 가능해졌다. 가상 기업은 경계도 없고 정규직원도 없는 기업을 말한다. 가상 기업은 공급업체 및 유통업체와의 계약관계에 따라 상황에 맞게 인력을 구성한다(Cortada & Woods, 1999). 전세계로부터 팀이 구성되고 같은 시간 같은 장소에서 일해야 할 필요가 없이 업무를 수행한다. 가상화는 유연성 증대와 자원의 확장이라는 잇점을 갖지만, 조정과 일관된 목표의식 유지라는 복잡한 과제를 던져주기도 한다.

다섯째, 컴퓨터와 인터넷의 발전으로 조직체와 기관의 상호연결성이 점점 증대하고 있다. 정보가 공유되고 상황의 요구에 맞춰 임시적인 파트너 관계가 생겼다 없어진다. 이처럼 '전례 없는 파트너 관계'가 형성되는 것은 어떠한 기업도 성공적으로 경쟁하는 데 필요한 지식을 전부 다 보유하고 있지 못하기 때문에 나타나는 필연적 결과이다(Botkin, 1999). 따라서 기업은 지식경영 활동에 필요한 능력을 갖추어 활동범위가 확대되는 것을 최대한 활용할 수 있어야 한다. 기업과 고객 간의 상호연결성은 과거에는 불가능했던 방식으로, 점차 커지고 있다. 관계 마케팅과 개별 고객을 타깃으로 한 광고를 통해, 개인에 대한 배려를 해주지 못했던 과거의 관계가 독특한 '개인의 취향에 맞춘' 관계로 바뀌었다. 예컨대, 오늘날에는 고객의 이메일 주소를 묻지 않고서 카탈로그를 통한 상품판매가 이뤄지는 경우는 아주 드문 일이 되었다. 왜냐하면 이메일을 통해 고객에게 특별상품이나 신상품을 지속적으로 소개해주기 때문이다. 상호연결성의 증대는 조직의 인재 풀*talent pool*에 자사의 인적자원뿐만 아니라 고객과 원자재 공급 회사의 직원도 포함시켜야 할 가능성이 크다는 것을 보여준다.

여섯째, 조직과 직원 사이의 관계뿐만 아니라 조직과 고객 사이의 거래에 있어서도 중개자가 거의 사라진다. 탭스콧은 이러한 요소를 '탈중개화disintermediation'라고 부른다. 이는 생산자와 소비자 사이에 있는 모든 것이 제거되는 것을 말한다. 여행사, 각종 서비스를 제공하는 주유소, 금융서비스 중개회사 그리고 이와 유사한 역할을 담당하던 회사들의 퇴조는 탈중개화 추세를 보여주는 것이다. 이러한 현상은 델컴퓨터 Dell Computer Corporation 같은 컴퓨터와 정보기술을 활용한 인사관리 활동을 채택하는 기업의 수가 늘어나는 것만 봐도 잘 알 수 있다. 컴퓨터와 정보기술을 활용한 인사관리 시스템은 관리자와 직원이 인사관리 담당자라는 중개자를 거치지 않고서도 필요한 것을 필요할 때 얻을 수 있게 해준다. 정보를 단순히 전달만 해주거나 무언가를 다른 곳으로 옮겨주는 일만 하는 이들은 특히 큰 타격을 입을 것이다. 탈중개화가 강조하는 사항은 현재 등장하고 있는 지식경제에서 살아남기 위해서는 상당히 큰 부가가치를 창출해내야 하고, 그러한 공헌을 충분히 인정받을 필요가 있다는 점이다.

일곱째, 지식경제는 과거에는 별개로 운영되었던 여러 경제 부문들을 한데 모은다. 산업간, 조직간, 부서간, 기술간 경계는 희미해진다. 예컨대, 통신산업은 과거의 유선전화 사업에 텔레비전과 컴퓨터 그리고 컨텐츠 공급업체 등이 결합된 것이다. 이 같은 융합은 '지능형 전화기'를 출현시켰는데, 이런 전화기는 통화를 하고 이메일을 읽고 인터넷 서핑을 하는 일 등에 사용된다. 이처럼 경계가 유동화됨에 따라 조직의 모든 계층에서 지속적으로 배우고, 배운 것을 버리고, 또다시 새로운 것을 배우는 능력이 매우 중시되고 있다. 지식경제는 또한 경제 부문간에 새로운 경쟁영역을 만들어내고 있다. 경쟁관계는 상품의 기능성에만 국한된 것이 아니라, 제공되는 솔루션의 기본적인 성격에 초점을 맞춘 경쟁이 이뤄지는 식으로 전개되고 있다. 그 예로서, 개인용 컴퓨터와 마이크로프로세서 제휴업체(IBM과 컴팩 등)와 인터페이스 업체(오러클과 선 마이크로시스템즈 등) 사이에서 현재 벌어지고 있는 각축전을 생각해보라. 전자는 컴퓨터의 연산능력을 데스크톱 컴퓨터에만 저장해 두려고 노력하고 있으나, 후자는 컴퓨터의 연산능력을 네트워크에 올리기 위해 노력하고 있다. 솔루션이 재정의된다는 말은 기업이 새로운 역량을 신속하고 능률적으로 개발할 수 있는 능력을 갖추어야 한다는 것을 의미한다.

여덟째, 지식경제는 개별 고객마다 독특한 욕구를 충족시켜주는 제품과 서비스를 맞춤형으로 제공하려고 노력한다. '개인화*personalization*'나 '대량 맞춤화 *mass customization*' 또는 '소비자 생산참여*prosumption*' 같은 용어는 소비자의 지식과 정보 및 아이디어가 제품명세를 만드는 과정에 반영됨에 따라 소비자가 생산과정에서 적극적인 역할을 담당하는 것을 지칭한다(Baird & Henderson, 2001; Botkin, 1999; Tapscott, 1996). 적절한 예를 하나 들면, 델컴퓨터사는 개인용 컴퓨터 제조업에서 대량 맞춤형 생산의 선두주자가 되었다. 아울러 기업이 자사의 유형적인 상품에 무형적인 서비스를 통합시켜 판매하는 경우(예컨대, 요리 책에서 의류와 가전제품 및 컴퓨터에 이르기까지 전화상담 서비스를 제공한다)가 늘고 있다. 또한 서비스업체가 서비스를 제공하면서 일정한 형태의 유형적 제품을 함께 제공하는 경우(예컨대, 금융 포트폴리오 책자와 여러 소매점에서 제공하는 단골고객 카드 등)도 늘어남에 따라, 제품과 서비스의 구분도 점점 더 애매해지고 있다. 따라서 기업은 자사의 창조역량과 혁신역량을 지속적으로 향상시킬 수 있는 능력을 보유해야 한다.

아홉째, 지식경제에서는 가격 책정이 동태적으로 이뤄진다(Baird & Henderson, 2001). 제품과 서비스가 끊임없이 최신화하고 변화됨에 따라 시간과 장소에 따라 가격 책정이 달라진다. 가격은 제품과 마찬가지로 개별 고객에 맞춰 바뀐다. 게다가 기술진보로 인해 가상공간의 쇼핑몰에서 편리하고 신속하고 저렴하게 상품을 비교해볼 수 있게 되었다. 더 나아가, 제품과 서비스가 비교되는 기업이 그러한 비교과정에 행사할 수 있는 통제력은 그 어느 때보다도 약해졌다. 그 결과, 기업은 전통적인 광고와 특별가격 책정 방침에 의존해 소비자의 행동에 영향을 미치기보다는, 느슨한 관계를 구축함으로써 소비자 행동에 영향을 미치는 새로운 방법을 개발해야만 한다.

열째, 지식경제에서는 사업거래가 실시간으로 이뤄진다. 다시 말해서 거래과정의 각 단계마다 시간이 지연되지 않는다. 성공적인 기업은 변화하는 사업환경에 맞춰 지속적으로 조절해나가는데, 그것도 즉시 조절해나간다. 예를 들어, 전사적 자원관리enterprise resource planning (ERP) 시스템을 설치한 항공기 제조업체는 항공기 한 대를 주문받으면 자동적으로 공급업체의 공장에 그 항공기 부품 생산을 발주시킨다. 더욱이 제품수명 주기는 훨씬 더 짧아졌다. 인텔 같은 회사는 수요에 맞춰 생산량을 조절하는 제조능력 확보에 투자함과 동시에 차세대 마이크로프로세서를 만들어내는 획기적인 기술진보를 이루기 위해서도 노력하고 있다. 앞으로 빨리감기 버튼이 눌려진 비디오테이프처럼 기업이 운영된다는 느낌을 받는 경우가 종종 있다. 지식경제에서 신속하게 행동해야 한다는 것은 기업이 '재빠르게' 사태를 분석하고 환경을 감지해내는 일에 있어 민첩하고 영리하고 숙달되어 있어야 한다는 것을 뜻한다.

마지막으로, 지식경제는 고객 공동체를 탄생시켰다. 고객은 다른 고객과 해당 지역에서 그리고 전세계에 걸쳐 이야기를 나눌 수 있다. 고객은 실시간으로 이야기를 나누고 정보를 공유한다. 다른 소비자의 반응을 즉시 얻어낼 수 있는 제품과 서비스의 종류는 비디오와 영화, 국립공원, 식당, 자동차 등 매우 광범위하다. 따라서 조직들 사이뿐만 아니라 고객들 사이에서도 지식의 공유가 이뤄진다. 이는 기업이 환경 내에 존재하는 개인과 아이디어에 영향을 미치는 방법을, 그 어느 때보다도 훨씬 더 숙달되고 정교한 방식을 통하여 배워야 한다는 사실을 의미한다.

이 모든 것을 종합하면, 지식경제는 기업에 새로운 도전을 던져주는 여러 가지 특성을 지니고 있다. 기업 내부에서 프로세스를 옮겨다니는 동안이나 기업 외부에서 거래 단계를 옮겨다니는 동안 발생하는 '여분 *slack*'이 존재하던 시대는 이제 지나갔다. 여분은 예측 불가능한 수요변동에 대처하기 위해 원자재 및 완제품 재고를 대량으로 보유함으로써 확보되었다. 또한 (자동차의 종류가 전부 동일하기만 하다면) 자동차의 능률적인 대량생산을 가능하게 해주었던 헨리 포드의 대량생산기술은 대량 맞춤형 생산기술로 대체되었다. 대량 맞춤형 생산기술은 제품과 서비스를 개별 맞춤형으로 공급하면서도, 표준화된 생산공정을 통과했을 때와 비슷하거나 더 높은 수준의 능률을 유지할 수 있다. 이제는 범세계화라는 표현이 더 이상 무의미한 전문용어가 아니다. 제품 및 서비스 시장과 노동시장은 진정으로 국제화되었다. 사람들은 집에서도 일을 할 수 있고, 조직은 가상현실로 존재할 수 있으며, 여러 산업은 과거에 꿈도 꾸지 못했던 방식으로 융합될 수 있다. 변화의 속도는 너무도 빨라졌다.

지식경제에서 조직은 어떻게 경쟁하는가?

지식경제에서 승자가 되려는 기업은 세 가지 서로 다른 국면에서 경쟁자를 앞서 나가야 한다(Doz, Santos & Williamson, 2001).

1. 감지 *sensing* 단계에서의 경쟁
2. 동원 *mobilizing* 단계에서의 경쟁
3. 운영 *operating* 단계에서의 경쟁

첫 번째 단계에서, 기업은 새로운 제품과 서비스의 개발을 가능하게 해주는 지식을 끊임없이 탐색해야만 한다. 이러한 일은 기업이 자사와 관련 있는 기술과 역량 그리고 최첨단 고객에 대한 이해 등의 근원을 확인함으로써 가능하다. 물론, 다른 기업도 똑같은 일을 할 수 있기 때문에 다른 기업이 발견하지 못하는 지식을 찾아내는 능력을 갖추거나, 수많은 가용 데이터를 다른 기업보다 더 정확하고 더 통찰력 있고 더 신속하게 분석하는 능력을 갖출 때 온전한 우위를 점할 수 있다. 기업은 아이스하키 최고의 스타 선수인 웨인 그렛츠키 *Wayne Gretzky* 가 지녔던 것과 같은 능력을 갖추어야 한다. 즉 하키 퍽이 있는 곳으로 스케이트를 타고 가는 것이 아니라 하키 퍽이 갈 곳으로 달려갈 수 있는 능력이 필요한 것이다(Huang, 1998). 이러한 수준의 경쟁은 '감지 단계에서의 경쟁' 이라고 불리는데, 이는 미리 예상하는 것과 관계가 있다. 감지 단계에서 경쟁하려면 정찰하고 발견해내는 역량이 필요한 것이다. 감지 단계에서의 경쟁은 조직이 미래를 창조하게 만들어준다.

유용한 지식이 발견되면, 그것을 동원하여 제품이나 서비스를 만들어내야 한다. 도즈와 산토스, 윌리엄슨은 기업이 '자석 구조*magnets*'를 만들어내라고 제안하고 있는데, 기업이 여러 다른 부문에서 지식을 끌어다가 (경우에 따라서는 고객의 도움을 받아) 중앙에 모은 뒤 이를 통합시켜 응용할 수 있는 조직구조를 만들라는 것이다(Doz, Santos & Williamson, 2001). 그러한 구조를 만들어내려면 기업이 직원을 선발하고 동화시키는 토대가 되는 핵심 역량(조직 내에 존재하는 통합된 지식의 집합체로서, 해당 조직을 경쟁자와 구분시켜주며 고객에게 가치를 전달해주는 것)을 반드시 보유하고 있어야만 한다(Bohlander, Snell & Sherman, 2001).

새로운 제품과 서비스를 개척해 나가려면 혁신이 필요하다. 고객이 원하는 경쟁력 있는 가격 수준으로 제품과 프로세스 그리고 서비스를 신속하게 개발하기 위해, 과거의 문제를 해결하는 새로운 해결책을 찾아내기 위해, 그리고 이미 알려진 해결책을 변화하는 환경에 적응시키기 위해서는 창조적 역량이 필요한 것이다(Huang, 1998). 이러한 수준에서의 경쟁은 '동원 단계에서의 경쟁'이라고 부르는데, 무엇보다도 기업가적 역량과 동원 역량이 필요하다.

끝으로, 구경제와 마찬가지로 지식경제에서도 제품이나 서비스를 만들어내고 유통시키려면 지식의 조작이 필요하다. 이러한 단계의 경쟁은 좀더 전통적인 형태라고 할 수 있는데, 기업이 가치사슬 전체에 걸쳐 효율성을 확보하기 위해 노력하기 때문에 그러한 경쟁은 과거보다도 훨씬 더 극심해지고 있다. 공급업체, 유통업체, 고객, 그리고 기타 기관과의 연계는 부가가치를 창출하지 못하는 절차를 제거하는 데 있어 매우 중요하다. 이러한 수준에서의 경쟁은 '운영 단계에서의 경쟁'이라고 부르는데, 무엇보다도 효율성과 융통성을 확보하는 역량이 요구된다.

지식경제에서 효과적으로 경쟁하는 데 필요한 역량을 종합해보면, 데이브 얼리치가 '조직 역량organizational capabilities'이라고 부르는 것이 필요하다(Ulrich, 1997). 조직 역량은 '경쟁력의 DNA'라고 할 수 있다. 지능이나 운동신경이 우수한 DNA를 갖고 태어난 사람은 살아가는 데 있어 잠재적인 우위를 가질 수는 있으나, 그러한 우위는 개발과 응용 그리고 기회 등을 통해 실현된다. 조직 역량도 마찬가지다. 조직 역량을 지니고 있는 것이 성공의 필요조건이기는 하지만 충분조건은 아닌 것이다. 기업은 조직 역량을 개발하고, 응용하고, 기회에 맞춰 활용해야만 한다.

요컨대, 지식경제에서 경쟁에 성공하려면 감지 단계와 동원 단계 그리고 운영 단계, 이 세 가지 수준에서 성공을 거두어야만 한다. 경쟁의 수준에 따라 요구되는 역량은 서로 다른데, 세 가지 수준 전체에서 성공을 거둘 수 있는 모든 역량을 결합하면 그것이 바로 조직 역량이 된다. 인사관리는 기업이 지식경제에서 경쟁하는 데 필요한 조직 역량을 창출하고 개발하는 데 있어 매우 중요한 역할을 담당한다.

지식경제가 인사관리에 주는 기회

돈 탭스콧은 "일반적으로 볼 때에는 인사부서가, 구체적으로 볼 때는 인사전문가가 기업의 변혁을 이끄는 리더십을 제공해주는 독보적 위치에 서야만 한다"고 주장한다(Tapscott, 1996:260). 그럼에도 불구하고, 인사부서는 너무 늦게 반응함으로써 변화와 적응을 주도하지 못하고 있다. 탭스콧은 다음과 같이 지적한다. "그러한 도전에 맞서는 인사전문가도 일부 있기는 하지만, 대다수는 그렇게 하지 못한다. 기본적인 문제는 산업화 시대에는 인사전문가가 충원이나 보상계획 수립 등과 같은 인사 기능을 단지 공급만 했다는 데 있다. 그러한 활동은 안정적이고 지속적인 성장이 보장되는 시기에는 상당한 의미가 있었다. 하지만 이제는 디지털 경제로 접어들었기 때문에, 인사관리를 담당하는 사람은 자신을 재창조하고 조직 내의 다른 사람들과 파트너십을 맺어 기업을 변혁시켜야만 한다."

인사관리는 지식경제에 어떻게 적응할 수 있는가? 이 물음에 대답하는 데 있어서 얼리치가 던진 질문(Ulrich, 1999)은 유용하다.

- 인사관리는 어떤 일을 하는가?
- 인사관리를 누가 하는가?
- 기술이 인사관리 기능을 어떻게 변화시킬 것인가?

인사관리는 어떤 일을 하는가?

지식경제에서는 인사관리가 하는 일이 충원, 훈련 및 개발, 성과관리 등 전통적으로 수행해왔던 기능에만 국한되지 않는다. 지식경제의 인사관리에는 기업의 여타 전통적 기능(예컨대, 재무, 마케팅, 기획)과 겹치는 활동과 비전통적인 기능(예컨대, 지식경영)과 관련된 활동이 포함된다. 이러한 이유 때문에 인사관리가 전통적인 의미에서 본 '사람의 관리'에만 초점을 맞춰서는 안 된다. 인사관리는 이제 사람들이 창출해내는 역량을 관리하고, 사람들이 구축해야 하는 관계를 관리하는 책임을 맡아야 한다.

인사관리를 누가 하는가?

전통적인 인사업무 중 일부는 아웃소싱의 대상이 되거나(충원과 복리후생 등) 디지털화되었음에도(예컨대, 컴퓨터를 활용한 인사관리), 인사전문가는 전통적인 인사업무 중 많은 부분을 여전히 수행하고 있다. 또한 전통적인 인사관리 업무의 상당 부분이 현업 관리자와 정보기술 등의 여타 분야의 전문가에 의해 수행되거나, 앞서 살펴보았던 ABB의 기업가정신이 투철한 사업단위와 같은 조직 내의 다른 부문에 의해 수행되고 있다. 지식경제에서는 인사관리 업무가 확장되기 때문에 인사관리 책임이 인사관리자와 직원 그리고 외부 협력업체와 진정한 의미에서 공유된다.

기술이 인사관리 기능을 어떻게 변화시킬 것인가?

기술은 행정상의 능률을 제고시켜 인사부서가 더 적은 인원으로 조직에 더 큰 부가가치를 창출하게 해준다. 컴퓨터를 활용한 인사관리 실행 시스템이 빠르게 발전하여 훨씬 더 많은 정보가 사용하기 편한 형태로 바뀌어 제공됨에 따라, 직원과 관리자는 자신의 조직에 이득이 되는 방향으로 그러한 정보를 활용할 수 있게 되었다. 전통적인 업무처리 관점에서 볼 때, 인사부서의 중개 기능은 사라지고 있다. 그렇지만 기술은 인사부서의 행정처리 업무를 단순히 자동화시키는 것 이상으로 인사부서에 큰 영향을 미치게 될 것이다.

21명의 인사 시스템 전문가가 인사에 영향을 미치고 있는 기술발전 추세를 파악했는데, 이러한 기술발전 추세는 여러 단계에서 현실화되고 있다(Boyett et al., 2001).

1. 정확한 실시간 인사 정보에 신속하고 경제적으로 접근할 수 있다. 정보에 접근하여 효과적으로 분석 · 평가 · 해석 · 조작 · 활용 · 공유할 수 있는 능력은 조직의 경쟁우위를 확보해주는 핵심 요소이다. 데이터 웨어하우스 *data warehouse* (기업의 각 부문에서 수집된 모든 데이터나 중요한 데이터를 저장하는 중앙창고라 할 수 있으며, 일반적으로 기업의 메인프레임 서버에 구축된다 – 옮긴이 주)의 활용을 통해 확보한 내부 정보와 외부 정보를 강력한 분석도구와 결합시킬 수 있는 성공적인 데이터 마이닝 *data mining* (전통적인 통계분석과 인공지능이나 신경망 도구 등을 활용하여 데이터들간의 상호관계를 분석하는 것 – 옮긴이 주)이 가능해질 것이다.

2. 어느 곳에서라도 직원들의 효과와 능률을 향상시킬 수 있는 정보에 접근할 수 있다. 이는 언제 어디서라도 업무를 볼 수 있다는 것을 의미한다. 기술 산출물의 용량과 형식 그리고 하드웨어/소프트웨어가 차지하는 공간의 크기 등은 사용자가 소속된 조직의 완전한 통제 하에 운영되는 데스크톱에 의해 결정되기보다는, 집중화된 처리 및 데이터 저장 장치에 실시간으로 접속하게 해주는 휴대형 기기와 소형 기기, 통합 기기 그리고 무선접속 기기 등이 혼합된 도구에 의해 결정될 것이다. 필요한 모든 정보와 의미 있는 기본 정보에 즉시 접속하는 능력은 성공적인 기업의 중추가 될 것이다.

3. 다양한 분석 도구와 의사결정 도구를 활용할 수 있다. 이러한 전문가 시스템 *expert system* (특정 분야의 지식과 경험을 지닌 전문가 또는 조직의 판단과 행동을 포착하거나 모방하여 정형화된 규칙으로 전환시킨 컴

퓨터 프로그램-옮긴이 주)은 관리자가 사람에 관련된 의사결정을 하는 모든 단계를 하나 하나 '밟아나가며' 도와줄 것이다. 의사결정 과정의 각 단계마다 관리자가 받아들이는 정보는 자신이 그 이전 단계의 문제에 답했던 내용에 의해 결정될 것이며, 모든 대안마다 내재되어 있는 리스크에 대한 예측 자료도 함께 제공해줄 것이다. 익숙하고 안정적인 환경에서는, 개별 직원 수준에서 발생할 수 있는 이직, 채용, 급여, 노사관계 등에 관련된 문제점을 예상하고 예견하는 데 도움이 되는 '예측' 알고리즘을 분석도구를 통해 제공받을 수 있을 것이다. 좀더 혼란스러운 환경에서는, '만약 이렇다면 어떻게 될 것인가' 하는 가정에 근거한 시나리오를 통해, 관리자가 새로운 아이디어를 시도해보고 서로 다른 행동경로를 택해보는 가상현실 시뮬레이션을 수행해봄으로써, 사람에 관련된 의사결정을 개선시킬 수 있게 될 것이다.

4. **지능형 셀프서비스가 가능해진다.** 이는 셀프서비스가 지능형 전화기와 휴대형 PDA를 통한 커뮤니케이션으로 확장되는 것을 말한다. 새로운 웹 셀프서비스는 콜센터의 필요성을 감소시킬 것이며, 직원용 셀프서비스는 웹에 기반한 것으로 바뀔 것이다. 또한 자연언어 인식 기술의 발전은 직관력을 갖춘 응용프로그램 구축을 가능하게 할 것이다. 언어인식 기술이 아직 초기에 머무르고는 있으나 21세기 셀프서비스에 있어서는 매우 중요한 요인이 될 것이다. 더군다나 셀프서비스는 직원과 관리자 모두에 대해 훨씬 더 직관적인 서비스를 제공하게 될 것이다. 여기에는 푸시 방식 및 풀 방식 기술 *push and pull technology* (푸시 방식이란 사용자의 요청 없이도 서

버가 웹 상의 정보를 배달해주는 형태를 말하며, 풀 방식이란 웹페이지를 그때 그때 끌어내어 볼 수 있게 해주는 형태를 말한다 – 옮긴이 주)이 포함될 것이며, 사용자가 수행하는 역할에 맞춰 컨텐츠를 여과시켜 적절한 정보만을 제공해줄 뿐만 아니라, 이벤트 구동*event-driven* (이벤트란 프로그램에 의해 감지되는 어떤 행동이나 발생된 사건, 예컨대 마우스 단추나 키보드의 키를 누르는 행동 등과 같이 사용자에 의해 발생하는 행위를 가리키는데, 이벤트 구동 방식은 사용자의 이벤트, 즉 사용자의 동작에 따라 반응하도록 설계되어 있는 방식을 말한다 – 옮긴이 주) 방식으로 운영될 것이다.

5. **맞춤형 컨텐츠를 제공한다.** 21세기 인사관리 시스템은 직원들이 담당하는 역할에 따라 여과시킨 지식 컨텐츠를 제공함으로써 그들이 업무를 가장 잘 수행할 수 있게 만들어주어야 할 것이다. 더 뛰어나고, 더 빠르며, 더 저렴한 기술지원이 일반화됨에 따라 미래의 컨텐츠 공급업자는 이러한 하부구조 구축에 필요한 거래 시스템을 공급할 뿐만 아니라, 고객을 위해 컨텐츠를 '종합하여' 광범위한 서비스를 제공하게 될 것이다.

인사관리의 새로운 역할과 새로운 도전과제

인사관리에 대한 최근의 사조는 인사관행이 공통 테마를 중심으로 통합되어야 한다는 것이다(Ulrich, 1999). 인사관리의 역할을 규정하는 것이야말로 지식경제의 요구에 대한 조직의 적응력을 지탱하는 논리적 토대가 될 것이다. 더 나아가, 인사관리의 역할이 인사관리 관행 이상의 것을 포괄해야 한다. 실제로 전통적인 인사관리 활동을 벗어난 일이라 할지라도, 조직의 유효성 향상에 기여할 수 있는 일은 전부 다 해야 한다. 역할은 기능보다 훨씬 더 융통성이 있으며, 또한 엄격한 기능간 경계를 완화시키고 적응과 조정을 촉진하는 것이다. 지식경제에서 인사관리는 어떠한 역할을 담당해야 하는가? 지금부터는 향후 필요한 인사관리의 역할에 대해 논의하기로 한다.

지식경제에서 효과적으로 경쟁하려면, 조직의 인사부서는 과거처럼 구체적인 기능적 책임에만 얽매이지 말고 역할에 기반해야 하며, 조직의 역량 창출에 직접적으로 기여해야만 한다. 지식경제에 필요한 역량을 창출하게 해주는 역할은 인적자본 스튜어드, 지식 촉진자, 관계 구축자, 신속 인력운용 전문가 등 네 가지이다(표 2-2] 참조).

인적자본 스튜어드 *Human Capital Steward*

얼마 전 〈비지니스위크〉에 다음과 같은 기사가 실렸다. "새천년으로의 진입은 햄버거의 시대에서 소프트웨어의 시대로의 전환을 의미한다. 소프트웨어는 아이디어를 통해 만들어지고, 햄버거는 쇠고기로 만들어진다. 물론 21세기에도 햄버거 장사가 있을 것이다. 하지만 권력과 명예와 돈은 필수적인 지적재산을 보유한 기업으로 돌아갈 것이다"(Coy, 2000). 이 기사의 후반부에는 다음과 같은 주장이 실려 있다.

창의력이 지배하는 경제에서 가장 중요한 지적재산은 소프트웨어도 음악도 영화도 아니다. 지적재산은 바로 종업원의 머릿속에 있다. 탄

광과 같은 유형적인 것이 자산이었던 시대에는, 주주들이 그러한 자산을 실제로 소유했었다. 하지만 가장 중요한 자산이 사람인 시대에는 진정한 소유권이란 존재하지 않는다(개별 직원만이 소유권을 갖는다). 때문에 기업이 할 수 있는 최선의 일이란 최고의 인재가 계속해서 일하길 원하는 환경을 조성해주는 것이다.

인적자본이란 개별 직원이 고유하게 보유하고 있는 지식, 숙련기술, 능력, 경험 등을 말한다. 한 조직에 속한 모든 직원의 인적자본을 모두 합하면 그 조직을 다른 조직과 구분시켜주는 독특한 자원이 되고, 이러한 자원은 기타 형태의 경쟁우위의 토대가 된다. 인적자본 스튜어드라는 새로운 역할은 조직 내에 존재하는 지식 · 숙련기술 · 능력의 총체를 축적 · 집중 · 보전 · 보완 · 회수하는 것을 필요로 한다(Hamel & Prahalad, 1993). 조직이 지식경제 내에서 생존하려면 직원과 자유계약 직원 속에서 인재를 찾아내 보유해야 하는 것이다. 인사전문가는 직원의 역량과 헌신을 개발시키고, 최고의 마인드와 능력을 갖춘 인재가 조직에 헌신하도록 하는 데 인사관리의 초점을 맞춰야 할 것이다.

인적자본 스튜어드 *steward* (스튜어드란 원래 여객선이나 항공기에서 손님을 시중드는 '남자 승무원'이나 재산이나 집안 살림을 돌보는 '청지기' 또는 '집사' 등을 뜻하는 말이다. 이 책에서 말하는 인적자본 스튜어드를 우리말로 옮기면 '인적자본 보호관리자'나 '인적자본 관리책임자' 또는 '인적자본 보호육성자' 정도로 옮겨질 수 있겠지만, '관리'라는 말에 '통제'라는 뉘앙스를 주고 그 어느 것도 스튜어드에 담겨 있는 복합적이고 다양한 의미를 정확하게 전달하기 어려워 굳이 우리말로 옮기지 않았다 -옮긴이 주) 역할을 담당한다는 것은 조직이 직원을 지배하지 않으면서 이끌고, 통제하지 않으

[표 2-2] 지식 경제 인사관리의 새로운 역할과 새로운 도전과제

인사관리의 새로운 역할	인사관리의 새로운 도전과제
인적자본 스튜어드	• 지적자본은 고용주가 소유하는 것이 아니라 인적자본 시장에서 매매된다. • 근로자는 자원봉사자 또는 자유계약선수나 마찬가지이다. • 대부분의 고용계약을 시장계약이 대체한다. • 인사관리는 조직의 인적자본이 활용가능하고, 경쟁력 있으며, 효과적이고, 가치가 커질 수 있게 만들어야 한다. • 인사관리는 인재확보와 학습 등과 같은 인사 서비스를 중개해야 한다. • 인사관리는 인적자본을 최대한 활용해야 한다(즉 올바른 일을 하고 주어진 투입물로 최대의 산출물을 얻어내는 데 초점을 맞추어야 한다). • 핵심 지식근로자에 대한 의존성은 점점 더 커지며, 그들을 유인하고 유지하는 것의 중요성도 더 커진다. • 입사수준에서 요구되는 고용요건이 강화된다. • 경력이 직무를 대체한다.
지식 촉진자	• 배우는 것과 지속적으로 배우도록 사람들을 독려하는 것이 점점 더 강조된다. • 지식을 관리(획득과 전파 등)해야 할 필요성이 커진다. • 조직은 모든 직원의 지식을 혁신의 원천으로 활용해야만 한다. • 인사관리는 직원들이 습득한 지식을 공유하도록 촉진시켜야 한다. • 인사관리는 지식의 습득과 공유를 보상할 수 있는 방법을 결정해야 한다. • 직원들이 정보에 접근할 수 있고 활용할 수 있게 만들어주어야만 한다. • 기업은 지식과 직관을 토대로 행동해야 하며, 진부한 행동은 폐기해야 한다.
관계 구축자	• 다기능팀을 구성하여 조직을 운영해야 할 필요성이 점점 더 강조된다. • 기술은 정보에 대한 접근성을 증대시킬 것이며, 예전과는 다른 방식으로 사람들을 한데 모아 참여시킬 수 있게 해줄 것이다. • 인사관리는 기업이 경쟁력을 확보할 수 있도록 전략적 목표를 중심으로 네트워크를 구축하고 공동체를 구성해야만 한다. • 인사부서는 생산 부서처럼 활동하면서 기업의 내부와 외부에 초점을 맞추어 협력업체를 다루고 공급망을 관리해야만 한다.

신속 인력운용 전문가	• 인사부서의 새로운 목표는 시장을 관리하는 것이 될 것이며, 관리하는 시장 중 일부는 매우 신속하게 변화할 것이다. 인사부서는 신속하게 변화하는 제품시장과 사업전략이 어떠한 인적역량을 필요로 할 것인지를 예상하고 확보해야만 할 것이다. • 업무 배분은 유동적으로 이뤄져 과업에 대한 책임을 부여하기보다는 결과에 대한 책임을 부여하게 될 것이다. • 미래는 다양한 대처능력을 보유하고 있으며 끊임없이 진화하고 융통성이 있는 인사관리 구성체계(HRM architecture)를 설계하는 능력을 갖춘 조직의 차지가 될 것이다. 조직의 하부구조는 그 구성형태가 바뀔 수 있도록 되어 있어야 한다. 즉, 조직의 정보와 비즈니스 프로세스 및 조직설계 등의 구성요소가 상황의 요구에 맞추어 상이한 방식으로 결합될 수 있도록 설계되어야 한다. • 공통의 목적과 핵심 가치관이 엄격한 관리통제 시스템과 직무기술서를 대체시킨다. • 조직의 정보를 광범위하게 공유하는 것은 필수적이다.

면서 도와주는 관계가 조직과 직원 사이에 형성되도록 하는 것을 말한다. 스튜어드십*stewardship*은 조직과 피고용인 사이에 서로가 조직의 성공을 위해 의미 있고 책임감 있게 공헌하는 관계가 성립되도록 만들어준다(Daft, 1999).

인사부서가 인적자본 스튜어드로서의 역할을 담당하면서 접하게 될 도전과제를 일부 살펴보면 다음과 같다.

• 지적자본은 고용주가 소유하는 것이 아니라 인적자본 시장에서 매매되는 것이다. 지적자본을 찾아내어 취득하는 방법은 무엇인가? 지적자본을 빌리거나 구입할 수 있는가?

• 근로자는 자원봉사자 또는 자유계약선수나 마찬가지이다. 자원봉사자를 유인하고, 동기를 유발시키고, 유지해나가는 방법은 무엇

인가? 자원봉사자가 조직과 일체감을 갖도록 고무시키는 방법은 무엇인가? 비영리 조직과 자원봉사 단체는 이러한 문제를 매일마다 다루고 있다. 비영리 조직과 자원봉사 단체에서 활용되고 있는 인사관리 관행을 영리를 추구하는 기업 조직에 적용시킬 수 있는 방법은 무엇인가?

- 대부분의 고용계약을 시장계약*market contract*이 대체한다. 고용계약은 좀더 장기적인 형태로 맺어지지만, 시장계약은 좀더 단기적인 형태로 맺어지며 프로젝트 단위로 맺어진다. 고용계약을 맺은 것이 아니라 시장계약을 맺은 근로자로부터 필요한 수준의 헌신을 이끌어낼 수 있는 방법은 무엇인가?

- 인사부서는 조직의 인적자본이 활용 가능하고, 경쟁력 있으며, 효과적이고, 가치를 높일 수 있게 만들어야 한다. 조직이 계속해서 최고 수준의 역량을 갖출 수 있게 직원들의 흐름(조직으로의 유입과 조직 내에서의 이동 및 조직 외부로의 방출)을 관리할 수 있는 방법은 무엇인가? 최고의 실력을 갖춘 대학 미식축구 팀들은 경험이 풍부한 고참 선수와 신진 선수를 균형 있게 구성하여 지속적으로 승리를 거두는 팀을 만들어내고 있다. 더 나아가, 그러한 대학 미식축구 팀들은 지식경제 기업과 마찬가지로, 핵심 선수를 스카우트해서 대학을 졸업하기 전에 프로선수 수준으로 육성하는 방법에 대해 끊임없이 고민하고 있다.

- 인사부서는 인재 확보와 학습 등과 같은 인사 서비스를 중개해야 한다. 활용 가능하고 조직에 도움이 되는 인사 서비스를 찾아낼 수 있는 방법은 무엇인가? 인사 서비스 공급업체를 어떻게 선택할 것인가? 개별의 인사 서비스 제공업체들을 통합하여 하나의 일관된

전체를 만들 수 있는 방법은 무엇인가?

- 인사부서는 인적자본을 최대한 활용해야 한다. 즉 올바른 일을 하고 주어진 투입물로 최대의 산출물을 얻어내는 데 초점을 맞춰야 한다. 인적자본을 결합시켜 최대의 성과를 낼 수 있는 방법은 무엇인가? 인적자본과 다른 자본을 결합시켜 최대의 성과를 거둘 수 있는 방법은 무엇인가?

- 핵심 지식근로자에 대한 의존도는 점점 더 커지며, 그들을 끌어들이고 지키는 것의 중요성도 더 커진다. 핵심 근로자의 욕구를 충족시키는 방향으로 적응하는 업무환경을 조성할 수 있는 방법은 무엇인가? 핵심 근로자의 욕구를 감지하고 반응할 수 있는 방법은 무엇인가?

- 입사 수준에서 요구되는 고용요건이 강화된다. 지식근로자에게 도전을 주고 동기를 유발시킬 수 있는 방법은 무엇인가? 지식근로자에게 개인적 성장 기회를 마련해줄 수 있는 방법은 무엇인가?

- 경력이 직무를 대체한다. 기업에 대한 동일시와 헌신 그리고 직업에 대한 동일시와 헌신 사이에서 균형을 맞출 수 있는 방법은 무엇인가? 임시직 인재를 쓰는 동안 최대한 활용할 수 있는 방법은 무엇인가? 기업의 욕구와 임시직 인재의 요구를 맞출 수 있는 방법은 무엇인가?

- 기업의 재산권적 정보에 관련된 방침을 설계하기가 더 어려워진다. 일정 기간 동안 경쟁사로 옮기지 않겠다는 계약을 어떤 방침을 통해 운영할 것인가? 재산권적 정보를 어떻게 정의할 것이며, 경계가 없는 조직에서 근무하면서 공유될 수밖에 없는 암묵적 지식과 재산권적 정보를 어떻게 구분할 것인가?

지식 촉진자 *Knowledge Facilitator*

단순히 유능한 인재를 채용하여 배치하는 것만으로는 충분하지 않다. 지식경제에서 조직이 경쟁우위를 확보하려면 직원들 사이에서 지식을 창출하고 확산시킬 수 있는 능력이 있어야 할 뿐만 아니라, 고객과 공급업체 그리고 보완적인 상품을 만드는 기업 사이에서도 지식을 창출하고 확산시킬 수 있어야 한다. 이러한 지식 공유는 컴퓨터에서 흔히 발생하는 문제를 직원이 해결한 방법을 이메일을 통해 공유하는 것에서부터, 하나의 업무 프로세스를 리엔지니어링한 결과를 훈련 프로그램을 통해 확산시키는 것과 한 회사 제품의 작동원리를 완벽하게 활용하여 여러 다른 회사가 제품을 만들어내는 것에 이르기까지 다양하다. 인텔사는 자사 직원이 기술발전을 공유하게 만드는 것도 필요하지만, 자사의 마이크로프로세서를 사용하는 소프트웨어 생산업체와 하드웨어 생산업체도 자사 제품에 새롭게 발전된 개념을 통합시키게 하는 일 또한 매우 중요하다는 사실을 깨달았다. 첨단기술은 조직의 하위직에서 근무하는 직원이 기회를 포착하고 획기적인 아이디어를 시장에 맨 처음 내놓게 하는 데 도움을 준다. 언어 장벽도 무너지고 있다. 직원들과 프리랜서들이 전세계 어디에서나 통역자의 도움 없이 온라인 상에서 여러 언어로 대화를 나누는 것이 곧 가능해지는 것이다.

인사부서는 직원간에, 부서간에, 조직 전체에 걸쳐, 그리고 외부의 협력업체와의 관계 속에서 조직적 학습과 지식 공유를 촉진시키는 새로운 역할을 담당해야 한다. 인사부서가 이러한 역할을 수행하면서 직면하게 될 도전과제는 다음과 같다.

- 배우는 것과 지속적으로 배우도록 직원을 독려하는 것이 점점 더 강조된다. 배우기를 원하는 사람을 어떻게 찾아낼 것인가? 직원이 지속적으로 학습하도록 독려하는 방법은 무엇인가? 지속적인 학습을 독려할 수 있는 방법은 무엇인가? 지속적으로 배우면서도 직장생활과 가정생활의 균형을 유지하게 하는 방법은 무엇인가?
- 지식과 데이터를 적극적이고 직접적으로 관리(획득과 전파 등)해야 할 필요성이 커진다. 직원이 원하는 지식을 그들이 원할 때 습득하고 활용 가능하게 해주는 방법은 무엇인가? 지식은 어떻게 관리되어야 하는가? 조직이 필요로 하는 사항을 가장 잘 충족시켜줄 수 있는 정보 시스템은 어떤 유형인가?
- 조직은 모든 직원의 지식을 혁신의 원천으로 활용해야 한다. 직원이 보유하고 있는 지식의 원천을 파악할 수 있는 방법은 무엇인가? 직원이 보유한 지식을 밖으로 끄집어낼 수 있는 방법은 무엇인가?
- 인사부서는 직원들이 획득한 지식을 공유하도록 촉진시켜야 한다. 지식의 공유를 촉진시키기 위해서는 어떠한 유형의 매개도구를 활용해야 하는가? 지식을 공유할 때 컴퓨터를 매개로 공유해야 할 지식의 양은 어느 정도이고, 직접적으로 공유해야 할 지식의 양은 어느 정도인가?
- 인사부서는 지식의 획득과 공유를 보상할 수 있는 방법을 결정해야 한다. 지식 획득에 대한 보상과 공유에 대한 보상 중에서 지식의 획득을 보상하는 일이 더 쉬울 수 있다. 직원이 지식을 공유함으로써 개인적인 경쟁력을 상실하게 되고 이에 따라 쓸모 없는 사람이 될 수도 있는 위험을 적절히 보상해줄 수 있는 방법은 무엇인가?
- 직원이 정보에 접근할 수 있고 활용할 수 있게 만들어주어야 한다.

직원에게 어느 정도의 정보를 활용하게 해줄 것인가? 직원이 정보를 활용할 수 있게 하는 방법은 무엇인가? 어떠한 형식의 정보를 활용하는 것이 효과적인 의사소통을 촉진시킬 것인가? 광범위한 정보에 접근할 수 있게 허용하면서도 기업의 재산이 되는 기밀사항을 보호할 수 있는 방법은 무엇인가?

• 새로운 지식은 새로운 행동을 이끌어낸다. 데이비드 가빈(David Garvin, 1993)은 기업이 지식에 기반해 기업의 행동과 의사결정 그리고 관계를 조절할 수 없다면 지식은 거의 쓸모가 없다고 설명한다. 기업이 지식을 더 능숙하고 신속하고 창의적으로 활용하는 데 있어 중요한 조직 역량은 무엇인가? 어떠한 프로세스가 신속한 학습과 폐기학습 그리고 재학습을 가능하게 해주는가? 직원이 새로운 아이디어를 지속적으로 받아들이면서도 자기의 중심 활동을 유지하게 하는 방법은 무엇인가?

관계 구축자 Relationship Builder

조직 내부에서 지식의 공유를 촉진시키는 역할과 더불어, 인사부서가 담당해야 할 중요한 역할은 관계를 구축하는 역할이다. 변화속도가 빨라지고 격변하는 환경에서는 조직 내의 직원간에 그리고 조직간에 관계를 만들어내고 유지하는 일이 더욱 중요해진다. 기업은 대차대조표에 나와 있는 자산을 쌓아가기보다는 파트너십을 쌓아가야 하며, 심지어 때로는 자사와 가장 적대적 관계인 경쟁사에도 긴밀한 협력자를 만들어낼 수 있어야 한다.

관계 구축자라는 새로운 역할을 수행하려면 인사부서는 직원이 동료

직원뿐만 아니라 고객, 공급업체, 협력업체, 그리고 심지어 경쟁기업과
도 관계를 구축할 수 있도록 독려·촉진·육성·유지시켜주는 인사 프
로그램과 관행을 만들어야 한다. 관계의 위력은 조직 내부와 시장 안에
서 시너지를 창출해낸다는 데 있다. 관계망을 구축해온 직원들을 기민
하게 결합시키는 것은 개별 근로자들의 기여를 단순히 합해놓은 것보다
조직에 훨씬 더 큰 가치를 창출해낼 수 있다.

복잡적응계 *complex adaptive system*에 대한 연구를 통해 얻은 교훈
(Pascale, 1999) 중 하나는 조직의 기량과 활력을 결정하는 중요 요소가
바로 관계 *relationship*라는 사실이다. 직원들의 보유 역량을 기업이 활용
하는 정도는 그들이 상호작용을 하는 방식에 의해 많은 부분이 결정된
다. 인사부서가 관계 구축자 역할을 수행하면서 직면하는 도전과제에는
다음과 같은 것이 있다.

- 다기능 팀을 구성하여 조직을 운영해야 할 필요성이 점점 더 강조
  된다. 최적의 팀 구조를 만들어낼 수 있는 방법은 무엇인가? 부분의
  합보다 더 큰 전체를 만들어내는 방법은 무엇인가? 개인이 원래 소
  속된 부서에 대해 갖는 충성심과 다기능 팀에 대해 갖는 일체감 사
  이에서 균형을 유지할 수 있는 방법은 무엇인가? 프로젝트 팀을 만
  들었다가 해체시키면서도 높은 성과를 내는 방법은 무엇인가? 이러
  한 질문에 대한 정답은 하나만 있는 게 아니다. W. L. 고어 앤드 어
  소시잇츠사 *W. L. Gore & Associates*는 통합을 강조하는 '격자 구조
  lattice structure (이 회사의 창립자인 빌 고어 *Bill Gore*는 직원을 '종업원
  employee'이라 부르지 않고 '동료'나 '동업자', '회원' 등을 뜻하는 어
  소시이트 *associate*라고 부를 정도로 수평적인 사고를 하는 사람인데, 그

는 명령계통이나 사전에 정해진 의사소통 경로 등이 없고 직함을 떼낸 상태에서 직원이 자신의 판단에 따라 적절한 프로젝트를 선택하고 필요한 자원을 끌어다 쓰면서 서로 협력하는 조직구조를 격자 구조라고 불렀다 - 옮긴이 주)'를 갖추고 있는 반면(Shippper & Manz, 1992), 테크니컬 앤드 컴퓨터 그래픽스 *Technical and Computer Graphics* (TCG)는 유연한 자율성을 강조하는 세포형 조직형태 *cellular form* (TCG는 호주 시드니에 본사를 둔 회사로, 12~15명 정도로 구성된 한 셀이 외부의 큰 고객과 파트너십을 맺어 사업을 운영한다. 하나의 셀에서 사업기회를 발견하면 다른 셀에서 필요한 전문기술 등을 지원받아 그 사업을 이끌어간다. 이 회사의 세포형 구조는 기업가정신과 자기조직화 그리고 구성원의 주인의식을 특징으로 하여 지속적인 학습과 혁신을 가능하게 해주고 있다 - 옮긴이 주)에 의존하고 있다(Miles et al., 1997).

- 기술은 정보에 대한 접근성을 증대시킬 것이며, 예전과는 다른 방식으로 사람들을 한데 모아 참여시킬 수 있게 해줄 것이다. 어떤 기술을 활용하여 사람들을 연결시킬 수 있는가? 그러한 기술의 효과를 극대화하기 위해서는 사람들을 어떻게 훈련시켜야 할 것인가? 의사소통의 실패를 최소화시킬 수 있는 방법은 무엇인가? 기술진보를 경쟁우위로 전환시키려면 어떠한 차원의 사회자본 *social capital*이 필요한가? 다른 형태의 사회자본을 보완시키기 위해서 인사부서는, 예컨대 전사적 자원관리 *ERP* 시스템을 통해 만들어진 구조적인 연결을 활용할 수도 있을 것이다.

- 인사부서는 기업이 경쟁력을 확보할 수 있도록 전략적 목표를 중심으로 네트워크를 구축하고 공동체를 구성해야 한다. 조직의 전략적 목표를 설득력 있게 전달할 수 있는 방법은 무엇인가? 조직구

성원 대부분이 조직과 부분적 관계만을 맺고 있는 상황에서 구성원이 조직의 전략적 목표에 헌신하도록 만드는 방법은 무엇인가? 이와 관련하여 캐플란과 노튼은 인사부서가 개인별 균형성과표 *balanced scorecards*를 만들어 조직의 다양한 이해당사자에게 전략적 주제를 효과적으로 전달하고 헌신하도록 이끌 것을 제시하고 있다(Kaplan & Norton, 2001).

- 인사부서는 생산부서처럼 활동하면서 기업의 내부와 외부에 초점을 맞춰 협력업체를 다루고 공급망을 관리해야만 한다. 공급망 안에 있는 다른 구성원들의 신뢰를 확보할 수 있는 방법은 무엇인가? 공급망 구성원들 사이에서 어떠한 정보를 공유할 것인가? 공급망의 유효성과 효율성을 극대화할 수 있는 방법은 무엇인가?

신속 인력운용 전문가 *Rapid Deployment Specialist*

많은 조직과 산업이 빠른 속도로 끊임없이 변화하는 환경에 직면하고 있기 때문에 인사부서의 또 다른 새로운 도전과제와 역할이 요구되는데, 그것이 바로 신속 인력운용 전문가이다. 경쟁업체보다 앞서 신제품을 출시함으로써 얻어지는 경쟁우위는 곧 사라진다. 기술이 발전하고 가치를 창출하는 다른 새로운 방법이 생겨나기 때문에, 경쟁업체가 그러한 경쟁우위를 거의 즉각적으로 따라잡거나 뛰어넘기 쉽다. 지식경제를 살아가는 많은 기업이 오랜 시간에 걸쳐 방어할 수 있는 장기적인 경쟁우위를 획득하고 유지하기보다는, 단기적으로 치고 빠지는 게릴라식 전술을 선택하는데, 이렇게 함으로써 쏜살같이 지나가버리는 시장기회를 포착하고 활용한다. 이들 기업은 일단 우위를 점하고 나면, 그것을 버리고 다른 기회를 찾아 이동한다. 많은 기업이 새로운 기술이나 제품을 만들어내기 위해 설립되었다가 그러한 임무를 완수하고 나면 후원을 했던 기업에 흡수되거나 사라지는, 하루살이와도 같은 행동을 의도적으로 한다. 그런가 하면 또 다른 기업들은 격변하는 예측 불가능한 시장을 반영이라도 하듯이 기동력을 발휘하는 전략을 설계하게 될 것이다.

이에 따라 인사부서는 특정 임무에 국한된 전략적 목표를 달성하는 데 필요한 구체적인 인적자본 구성체*configurations*를 신속하게 모으고, 짜맞추고, 운용해야만 할 것이다. 그 결과, 조직은 여러 가지 다양한 인사관리 접근방식(훈련, 일부 업무의 해외 이전, 특정 직무의 단순화 등)을 조합시키고, 이와 동시에 사람들에게 다양한 수단을 제공하여 전략적 목표를 달성하는 데 도움을 주게 될 것이다. 다행히도 개선된 정보기술이 이미 활용되거나 개발되고 있기 때문에 그러한 일이 가능하다. 하지만 지식경제의 인사부서가 직면할 도전과제는 20세기의 인사부서와는 본질적인 면에서 중요한 차이를 보인다. 신속 인력운용 전문가 역할을 수행하면서 직면하는 도전과제에는 다음과 같은 것이 포함된다.

- 인사부서의 새로운 목표는 외부의 특정한 시장(이들 중 일부는 신속하게 변화할 것이다)에 대한 개인의 공헌을 관리하는 것이 될 것이다. 또한 인사부서가 기업의 경계 밖에서 발생하는 사건을 강조하고 이해해야 하는 일이 늘어날 것이며, 신속하게 변화하는 제품시장과 사업전략이 어떠한 인적 역량을 필요로 할 것인지를 예상하고 확보해야만 할 것이다. 사업전략을 실행에 옮기는 데 어떠한 인적 역량이 필요할 것인지를 예상하는 방법은 무엇인가? 시장이 신속히 변화할 때 인적 역량을 어떻게 준비시킬 수 있는가? 핵심 근

로자와 임시 근로자를 어떻게 혼합하여 구성하는 것이 유연성과 최대한의 효과를 얻어낼 수 있는가?

- 업무 배분은 유동적으로 이뤄져 과업에 대한 책임을 부여하기보다는 결과에 대한 책임을 부여하게 될 것이다. 사람들이 배치된 업무에서 무슨 일을 해야 할지를 어떻게 규정할 것인가? 업무 배분이 유동적으로 이뤄지는 상황에서 경력을 관리할 수 있는 방법은 무엇인가? 목표가 지속적으로 변화할 때 효과적인 성과관리 시스템을 만드는 방법은 무엇인가?

- 미래는 다양한 대처능력을 보유하고 있으며 끊임없이 발전하고 융통성 있는 인사관리 구성체계 *HRM architecture* 를 설계하는 능력을 갖춘 조직의 차지가 될 것이다. 따라서 조직의 하부구조는 그 구성형태가 바뀔 수 있도록 되어 있어야 한다. 즉 조직의 정보와 비즈니스 프로세스 및 조직설계 등의 구성요소가 상황적 요구에 맞게 다른 방식으로 결합될 수 있도록 설계되어야 한다. 신속한 인력운용을 위해서는 어떠한 유형의 정보가 필요한가? 인력의 재배치가 계속적으로 이뤄지고, 여러 개의 프로젝트에 동시에 참여하며, 자율적으로 조직화되는 시스템의 일원이 되는 직원들을 제대로 활용할 수 있는 방법은 무엇인가?

- 공통의 목적과 핵심 가치관이 엄격한 관리통제 시스템과 직무기술서를 대체시킨다. 필요한 업무가 반드시 수행될 것이라고 어떻게 확신할 수 있는가? 직무간에 그리고 조직 내 부서간에 직무를 어떻게 조정할 것인가? 혼돈 없이 질서를 만드는 방법은 무엇인가?

- 조직의 정보를 광범위하게 공유하는 것이 반드시 필요하다. 정보를 광범위하게 공유하는 방법은 무엇인가? 어떠한 정보에 누가 접

근할 수 있게 해주어야 할 것인가? 기업의 재산권적 정보가 공개되는 것을 방지할 방법은 무엇인가?

결어

한 가지는 확실하다. "인사전문가라는 우리의 직업은 대격변의 진앙지에 놓여 있다. 인사관리자가 오늘날처럼 동네북이 되었던 적은 없었다"(Sartain, 2001). 마차를 쫓아가는 속담 속의 개처럼, 일단 마차를 따라잡고 난 다음 어떻게 해야 할 것인가? 여타 부서들이 인사관리자가 담당해야 할 역할을 자기 것으로 만들고 있을 때, 인사부서는 그러한 기회를 놓쳐 자신의 중요성을 떨어뜨리는 길로 접어들거나, 아니면 새로운 역할을 적극적으로 수행하여 새로운 영역을 개척함으로써 훨씬 더 중요한 영향력을 획득하는 길로 접어드는, 둘 중의 하나를 선택할 수밖에 없다. 지금부터 네 장에 걸쳐 인사관리의 네 가지 역할에 대한 자세한 내용을 짚어보고, 지식경제를 살아가는 조직의 욕구를 충족시키기 위하여 인사부서가 어떻게 변화할 수 있는가에 대해 살펴보기로 한다.

인적자본 스튜어드

"토지나 건물, 기계 따위는 잊어라. 오늘날 부(富)의 진정한 원천은 지능,
특히 제대로 활용된 지능이다. 우리는 '지적재산'이라는 말의 의미를 곰곰이 생각해보지도 않고
너무 쉽게 입에 담는다. 특허권이나 상표명 따위를 지적재산이라고 할 수 없다.
적절한 곳에 쓰이는 두뇌가 지적재산인 것이다."

— 찰스 핸디 *Charles Handy*

인적자본이란 무엇인가?

인적자본 스튜어드 역할을 효과적으로 수행하려면 두 가지 문제를
제대로 이해해야 한다. 첫째로, 인적자본이 무엇을 의미하는지를 명확
하게 이해해야 한다. 둘째로, 스튜어드 관점을 취해야만 하는 이유를
누구나 납득할 수 있게 설명할 수 있어야 한다. 이번 장은 이러한 두 가
지 목적을 달성하기 위한 것이다. 먼저 인적자본에 대한 논의부터 시작
해보자.

인적자본의 정의에 대한 합의가 이뤄지지는 않았지만, 인적자본을 정
의하고자 하는 사람들은 어떤 유사한 요인에 초점을 맞춘다. 즉 경쟁우

위를 가져올 수 있는 잠재역량을 창출해내는 조직의 직원과 관리자가 집단적으로 보유하고 있는 지식, 숙련기술, 능력, 기타 특성(즉 모든 역량이 결합된 것)에 초점을 맞춘다. 인적자본은 숙련기술과 역량을 개발하여 새로운 방식으로 행동하도록 바뀌는, 사람들의 변화에 의해 창출된다(Coleman, 1988). 인적자본이 다양하게 개념화되고 있다는 것을 보여주기 위해 인적자본을 정의한 예를 몇 가지 소개하면 다음과 같다.

- 인적자본은 "개인이 보유하고 있는 지식과 숙련기술 및 역량으로서, 조직에 경제적 가치를 가져다주는 것"이다(Bohlander, Snell & Sherman, 2001).
- 인적자본은 "조직이 보유한 노하우를 전부 합친 가치이다. 인적자본은 회계 시스템에는 대부분 반영되지 않는 가치를 말하는데, 이는 조직이 직원의 지식을 재창출하기 위해 투자를 함으로써 생겨난다"(Cortada & Woods, 1999).
- 인적자본은 "기업의 직원과 관리자가 보유하고 있는 개인별 역량, 지식, 숙련기술, 경험을 모두 합친 것"이다(Edvinsson & Malone, 1997).
- 인적자본은 "개인에 통합되어 있어 개인에게서 분리시킬 수 없는 역량, 지식, 숙련기술, 경험"이다(Dess & Pickens, 1999).
- "인적자본은 사람들이 자기 일을 할 때 갖고 들어가는 모든 무형자산을 말한다. 인적자본은 일을 사고 파는 데 활용하는 통화라고 할 수 있으며, 일하는 사람들이 재정적인 보상이나 기타 보상을 얻기 위해 지불하는 정화正貨(명목 가치와 소재 가치가 같은 본위 화폐. 금 본위국에서는 금화, 은 본위국에서는 은화이며, 환 시세에 상관없이 국제

적인 평가로서 유통된다 - 옮긴이 주)라고 할 수 있다." 인적자본은 지식(사실체계를 자유자재로 활용하는 것), 숙련기술(어떠한 과업을 수행하면서 개발한 능숙한 솜씨), 재능(어떠한 과업을 수행하는 선천적인 재주), 행위(어떠한 과업을 수행하는 데 기여하는 관찰 가능한 행동) 등으로 이뤄져 있다(Davenport, 1999).

이와 같은 인적자본은 몇 가지 요소로 세분될 수 있다. 데스와 피큰스가 인적자본을 분석한 것이 가장 포괄적인 모델 중 하나인데(Dess & Pickens, 1999), 그들은 인적자본이 다음과 같은 구성요소로 이뤄져 있다고 본다.

- **운동 능력** : 잘 조정하여 움직이면서 물체를 포착하고, 위치를 알아내고, 움직이게 하고, 조작하는 능력
- **정보수집(지각) 능력** : 감각 능력과 지각 능력 그리고 해석 능력
- **정보처리(인지) 능력** : 추론하고 분석하고 의사결정하는 능력
- **의사소통 능력** : 상대방의 말을 경청하고, 자신의 의사를 전달하고, 정보와 아이디어를 교환하는 능력
- **경험** : 특정한 과업을 수행함으로써 얻어지는 노하우와 관점
- **지식** : 자기 자신, 직무, 조직, 환경에 대해 아는 것
- **사회적 기술** : 다른 사람과 조화롭게 교류하고, 조정하고, 협동하는 능력
- **가치관, 신념, 태도** : 개인의 지각과 성과 및 태도를 형성하는 가치관

인적자본은 전통적인 직무 중심적 시각에서 본 KSAO(knowledge, skill, abilities, and other characteristics : 지식, 숙련기술, 능력, 기타 특성)와 유사하면서도 다르다. KSAO는 다음과 같이 정의된다(Spector, 1997). 지식은 어떤 사람이 직무에 관련하여 알고 있는 것을 말한다. 숙련기술은 어떤 사람이 직무에서 할 수 있는 것을 뜻한다. 능력(정신적·육체적·정신운동적)은 어떤 숙련기술을 배울 수 있는 수용능력을 말한다. 기타 개인 특성에는 태도, 신념, 성격 특성, 기질, 가치관 등이 포함된다. 앞으로 살펴보겠지만, 인적자본은 이보다 포괄적이고 통합적인 개념이다.

KSAO에 대한 전통적인 견해는 인적자본 요소 가운데 특정한 직무에서 과업을 수행하는 것에 직접적으로 관련된 부분만을 다루고 있다. 이처럼 제한된 시각은 주로 법적 규제 때문에 생겨났다. 가령 미국 장애인법 *Americans with Disabilities Act*은 고용주가 직무와 직접적으로 관련 있는 '필수적인 과업'에만 초점을 맞춰야 한다고 규정하고 있다. 하지만 인적자본 관점은 어떤 사람이 직장으로 가지고 들어오는 다양한 재능, 태도, 역량, 통찰력 등을 전부 포함 – 직무와 무관한 것과 직접 관련되어 있는 것을 모두 포함 – 해서 본다. 직원의 음악 실력은 많은 직무를 효과적으로 수행하는 요건으로 여겨지지 않는 것이 보통이다. 그러나 직원이 직장으로 가지고 들어오는 직무와 무관한 KSAO와 결부시켜 본다면, 직원의 음악 실력은 개인의 가치창출 잠재력에 중요한 역할을 할 수도 있다. 음악 실력을 갈고 닦는 것은, 예컨대 문제에 대해 좀더 창의적인 해결방안을 내놓는 데 도움이 되거나, 규칙적으로 연습하는 습관을 갖게 하거나, 다른 직원과 관계 맺는 토대를 마련하여 사회자본 구축을 촉진시킬 수도 있다. 전통적인 관점에서는 중시되지 않았던 역량이 간접적이기는 하지만 상당히 의미 있는 방식으로 직무성과를 향상시켜줄 수도 있는 것이다.

인적자본은 구조자본 및 관계자본과 함께, 현재에 대한 즉응력과 미래에 대한 적응력이라고 할 수 있는 조직의 전략적 역량을 구성한다. 그 예로서 런던의 택시기사를 생각해보자(Curry & Cavendish, 1998). 대부분 개인택시 형태이기 때문에, 런던 택시기사의 '회사'는 손님(관계자본), 택시(구조자본), 자기 자신(인적자본)으로 구성된다. 택시는 그 자체만으로 부富를 만들어내지 못하지만, 지식을 갖춘 택시기사가 운행한다면 생산적인 조직으로 변모하게 된다. 택시기사가 믿음직하고, 능숙하게 운전을 하며, 도시의 교통상황 흐름을 잘 알고 있고, 손님을 즐겁게 해주는 성격을 가지고 있다면, 충성도가 높은 단골고객을 확보하게 될 것이다. 즉 인적자본과 구조자본 그리고 관계자본이 통합되면 지속적인 경쟁우위의 원천이 되는 것이다. 따라서 고객과 택시 그리고 운전기사가 결합되어 전략적 역량을 만들어내는데, 이러한 전략적 역량은 즉시 편익을 가져다주고 장기적으로도 편익을 가져다줄 잠재력을 지니고 있다.

일부 인적자본은 모든 상황에서 가치를 갖는다. 즉 어느 한 고용주가 취득하여 활용하는 일부 인적자본, 즉 일반기술general skills은 다른 고용주에게도 가치를 갖는다. 예컨대, 독서능력은 거의 모든 업무상황에서 가치가 있다. 그렇기 때문에 독서능력은 일반기술이 된다. 인적자본 이론의 정립 초기(예컨대, Becker, 1964)에, 이론가들은 고용주가 '일반기술 훈련'에 예산을 투입하지 않을 것이라고 예견했다. 왜냐하면 그렇게 할 경우 고용주는 종업원이 다른 고용주에게도 가치 있게 여겨질 것으로 생각할 것이기 때문이었다. 이에 따라, 조직이 종업원의 문제해결 능력을 향상시키는 데 투자를 했지만 종업원이 그러한 능력을 습득하고 난 후 그 회사를 떠나 다른 회사로 가버린다면, 그 회사는 '경쟁업체의 종업원을 훈련시킨 셈'이 된다고 보았던 것이다.

이론상으로 볼 때 일반기술은 공교육과 독학을 통해 습득된다. 하지만 1990년의 경제호황기에 고용주들은 많은 인력이 직무를 적절히 수행하는 데 필요한 일반기술을 보유하고 있지 않다는 사실을 발견했다. 이에 따라 이론이 예견했던 것과는 정반대로, 많은 고용주들은 인력이 가뜩이나 부족한 노동시장에서 미숙한 일반기술을 보완하기 위해 인부들에게 훈련을 제공하기 시작했다. 현재 수행하는 직무와 직접적인 관련이 없는 전공 분야에서 종업원이 학사학위를 취득하는 것에 대해 학자금을 보조해주는 것과 같은 고용주의 교육 지원이 이뤄진 것은 이 연장선에서 해석될 수 있다. 이러한 방식의 일반기술 개발은 지속적인 학습과 자기계발에 대해 바람직한 태도를 지닌 직원을 유인하는 데 활용된다.

인적자본 관점에서 보면, 직무와 무관한 분야에 대한 훈련은 직무에 국한된 훈련만큼이나 중요하다. 왜냐하면 그러한 훈련은 개인의 지식 레퍼토리knowledge repertoires를 확장시키고 이에 따라 조직의 지식 레퍼토리를 확장시키기 때문이다. 위너(Wiener, 1996)는 할리우드의 스턴트맨들과의 인터뷰를 통해 광범위한 숙련기술 레퍼토리skill repertoires가 직무와 조직에 너무도 중요하다는 사실을 보여주고 있다. 스턴트맨은 비행기로 농약을 살포하는 일을 했던 사람에서부터 로데오 선수에 이르기까지 일반적으로 다양하고 색다른 전력을 갖고 있는 경우가 많다. 이로 인해 스턴트맨은 빌딩에서 떨어지는 연기에서부터 차에 치이는 연기에 이르기까지 거의 모든 종류의 스턴트 연기를 할 수 있는 준비가 되어 있다. 조직에 다양한 인적자본 레퍼토리를 갖추는 일은 스턴트맨을 닮아가는 것이라고 할 수 있다. 그렇게 함으로써 조직은 어떠한 돌발상황이 발생하더라도 효과적으로 대처할 수 있는 전략적 역량을 더 많이 보유하게 되는 것이다.

일부 인적자본의 가치는 일정한 상황에서만 통용된다(Lengnick-Hall & Lengnick-Hall, 1988). 그런가 하면 일부 인적자본은 특정 조직에서만 가치를 인정받는다. 이를 특정 기업에만 유용한 숙련기술 *firm-specific skills*이라고 한다. 예컨대, 어떤 기업의 문서분류 체계에 대한 지식은 그 기업에서만 통용된다. 그러한 지식은 특정한 한 회사에만 가치가 있으며, 그것을 보유하고 있는 직원이 다른 조직으로 옮겼을 때는 별로 쓸모가 없어진다. 일부 인적자본은 특정한 산업에서만 통용된다. 이를 특정 산업에만 유용한 숙련기술 *industry-specific skills*이라고 한다. 예컨대, 기술적 전문용어는 특정한 산업 내에서만 통용되는 경우가 많다. 가구 업체에서 마케팅 업무를 담당하던 사람이 비디오게임 업체의 마케팅 업무로 직장을 옮길 경우 완전히 새로운 용어를 익혀야 할 가능성이 크다. 직원의 숙련기술이 어느 한 조직이나 특정 상황에서만 통용되는 정도가 클수록, 그러한 직원의 이동 가능성과 이전 가능성은 줄어들고, 그들이 그 조직에서 인정받는 가치는 커지며, 그들을 교체하는 데 드는 비용도 커진다. 이에 따라 초기 인적자본 이론(예컨대, Becker, 1964)에서는 기업이 자사에 유용한 훈련에만 투자를 할 것이라고 예견했다. 왜냐하면 그러한 훈련은 종업원이 자기 조직에서만 가치 있게끔 만들고 다른 고용주에게는 가치가 없도록 만들기 때문이었다.

일부 저술가와 연구자는 인적자본의 전략적 중요성이 주로 두 가지 요인에 의해 결정된다고 보는데, 독특성(혹은 대체 가능성)과 가치가 그것이다(Stewart, 1998; Lepak & Snell, 1999; Burton-Jones, 1999). 독특성 *uniqueness*이란 인적자본이 특정 맥락에만 유용한 정도 또는 다른 조직으로 이전이 불가능한 정도를 가리킨다. 인적자본이 독특하게 여겨지려면 비교적 희소하고 모방하거나 대체하기가 어려워야 한다. 바니(Barney, 1995)는 모방을 어렵게 만드는 요인으로서 역사와 타이밍, 경로의존성, 보완적 자산에 대한 필요성, 사회적 복잡성, 인과관계의 모호성, 지속적인 투자 등을 들고 있다. 독특성은 인적자본의 활용에서 생겨나는 경쟁우위의 지속 가능성과 밀접하게 연결되어 있는 것이다.

가치value는 인적자본이 비용을 낮춰준다든지, 더 나은 서비스를 제공해준다든지, 고객이 중시하는 제품 속성을 개선시켜준다든지 하는 정도를 말한다. 가치에는 인적자본의 활용을 통해 충족되는 욕구의 중요성과 지속기간이 반영된다. 사람들이 무언가를 매우 잘한다고 해서 그들이 보유한 인적자본이 가치 있게 여겨지는 것만은 아니다. 박薄 슬래브 연속주조 기술(철강 슬래브 두께를 얇게 하여 조업시간을 단축시키고 에너지 소비를 절감할 수 있는 새로운 주조기술 – 옮긴이 주)과 미니밀mini-mill(미니밀이란 고철을 원료로 고로高爐가 아닌 전기로電氣爐를 이용하여 철근, 봉강, 선재 등을 만드는 제철소를 의미한다. 여기서 '미니'란 고로에 의한 일관제철소와 대비되는 의미로 쓰인다 – 옮긴이 주) 기술이 철강업계의 지도를 바꿔놓고 있는 상황에서, 전통적인 철강생산 기술에 대한 광범위한 경험은 가치창출 역량이 되기보다는 경쟁에 부담이 된다. 왜냐하면 기존의 전문성은 새롭고 더욱 능률적인 기술을 포용하기 어렵게 만들기 때문이다. 확고하게 자리 잡힌 기술영역에서 오랜 경험을 통해 입증된 전문성은 사람들이 새롭고 익숙하지 않은 혁신이 가져다줄 편익을 제대로 인식하지 못하게 만든다.

가치는 인적자본이 경쟁에 기여하는 정도와 밀접하게 연결되어 있다. 광범위하게 활용될 수 있는 인적자본은 극도로 전문화된 역량보다도 장기간에 걸쳐 더 큰 가치를 인정받는다. 따라서 대부분의 의사에게는 갈색은둔자거미(강가, 바위 밑, 나무더미 등 비교적 건조하고 응달진 곳에 서식하는 거미-옮긴이 주)에 물린 다양한 환자를 치료한 경험보다는 환자를 대하는 태도가 훨씬 더 큰 가치를 가진다. 그렇지만 화학공장에서 폭발사고가 일어났을 때는 유독물질에 대해 폭넓은 지식을 지니고 있는 과학자가 큰 가치를 갖는 것처럼, 특정한 상황적 요구에 대처하려면 심층적이고 전문적인 지식이 요구되기도 한다.

이러한 독특함과 가치를 조합하면 인적자본이 갖는 전략적 중요성의 크고 작음을 판단할 수 있다.

- **독특성 높음 / 가치 높음** : 조직에 매우 중요한 인적자본을 나타낸다. 이러한 인적자본은 어느 특정 기업에만 유용한 것이며, 기업의 전략에 직접적으로 연결된다. 그 예에는 생명공학 회사의 과학자와 컴퓨터공학자 그리고 제품개발 담당자 등이 포함되는데, 그 이유는 이들이 해당 기업의 역량을 향상시킬 수 있는 토대를 제공해주기 때문이다.
- **독특성 높음 / 가치 낮음** : 기업이 사업을 운영하는 데 필요하기는 하지만(또한 특화되어 있어 모든 기업이 즉시 확보할 수 있는 것이 아니다), 전략과는 간접적으로만 연결된 인적자본을 나타낸다. 이는 특정 기업에 유용하기는 하지만 기업의 전략과는 직접적으로 연결되지 않은 인적자본이다. 그 예로서는 자동차회사의 변호사와 컨설턴트 그리고 정보처리사 등을 들 수 있다. 이들은 사업상의 기본적인 요구사항을 수행하는 데 필요한 전문성을 제공하기는 하지만, 고객가치에 직접적으로 기여하지 못하기 때문에 경쟁우위의 잠재적인

원천이 되지는 못한다.

- **독특성 낮음 / 가치 높음** : 특정 기업에 유용한 정도는 낮으나, 기업의 전략에 직접적으로 연결된 인적자본을 나타낸다. 그 예로서 소매점의 판매사원과 화물운송회사인 UPS의 트럭 운전사를 들 수 있다. 이러한 형태의 인적자본이 만들어내는 경쟁적 가치는, 수행되는 업무의 기본 성격에서 나오기보다는 개인의 스타일과 자질 그리고 뛰어난 성과 등에서 나온다.

- **독특성 낮음 / 가치 낮음** : 특정 기업에 유용한 정도도 낮고, 기업의 전략에 직접적으로 연결되어 있지도 않은 인적자본을 나타낸다. 그 예로서 사무직 사원, 유지보수 담당 사원, 접수계원 등을 들 수 있다. 이러한 형태의 인적자본은 필요하기는 하지만, 경로의존적이고 특화된 숙련기술에 투자하여 생겨나는 것이 아니며, 기업의 경쟁우위의 잠재적인 원천이 되지 못한다.

인적자본을 평가하는 것은 불가능하지는 않으나 매우 어렵다. 회계사들은 인적자본의 재무적 가치를 평가하기 꺼린다. 회계사가 '확실한 숫자'라고 여기고 활용하는 것이 사실은 주관적인 판단을 근거로 하고 있음에도(예컨대, 감가상각) 인적자본의 재무적 가치를 평가하기 주저한다. 하지만 무형자산에 관련하여 거래가 발생하였을 경우(연구개발 비용, 영업허가와 특허 및 라이선스를 획득하는 데 소요된 비용, 지불된 권리금 등)에는 그러한 무형자산을 대차대조표에 포함시킬 수 있도록 허용하고 있다. 이러한 전통적 회계방식의 한계 때문에 캐플란과 노튼(Kaplan & Norton, 2001)은 조직에 대한 더 포괄적이고 균형 잡힌 평가가 필요하다는 주장을 하고 있다. 이들이 제시한 균형 잡힌 성과기록표 *balanced scorecard* (BSC)

에는 전략체계도의 '혁신과 학습' 부분에서 인적자본 개발에 대해 명시적인 목표와 측정치를 설정하고 있다.

일부 회사는 자사의 인적자본 특성을 파악하기 위해 유용한 측정수단을 개발하려는 중요한 노력을 기울였다. 국제적인 금융서비스 회사인 스칸디아사*Skandia*는 인적자본의 측정과 관리의 선구자이다. 이 회사는 몇 가지 유용한 지표를 개발했는데, [표 3-1]에는 스칸디아사가 인적자본을 측정하는 지표가 요약되어 있다(Edvinsson & Malone, 1997).

일부 국가도 국가 전체의 인적자본을 평가하기 위한 새로운 활동을 시작하였다. 이러한 면에 있어 캐나다를 주목할 만하다. 캐나다 통계국은 직장과 종업원 조사*WES*라는 측정도구를 설계했다. 이는 인력 특성과 직무 구성, 보상, 훈련, 인사기능, 조직성과, 사업전략, 혁신, 정부 프로그램의 활용 등에 관한 자료를 수집한다. 또한 이 조사는 모든 기관에서 근무하는 종업원 표본에서 자료를 수집하며, 직무 특성, 교육훈련, 개인 및 가족 지원 프로그램, 보상, 업무이력, 이직 등에 관한 자료도 수집한다. 이러한 정보는 인적자본 개발을 향상시키고 국가의 경쟁우위를 확보하기 위한 인적자본 활용을 증대시키는 방향으로 공공정책을 수립하는 데 도움을 준다.

요컨대, 인적자본은 조직의 직원과 관리자가 보유하고 있는 지식, 숙련기술, 능력, 그리고 기타 특성을 전부 합친 것(즉 모든 역량을 합한 것)으로서, 경쟁우위를 확보할 수 있는 수용능력(실현될 수 있는 잠재력)을 창출해낸다. 그런데 모든 업무 상황에서 가치를 갖는 인적자본이 있는가 하면, 특정한 조직이나 산업이라는 맥락에 국한되어 가치를 갖는 인적자본도 있다. 인적자본이 독특하고 가치 있으며 모방이 불가능할 경우 그것은 당해 조직에 전략적인 중요성을 갖는 것이다. 한편, 인적자본

[표 3-1] 스칸디아의 인적자본 측정치

측정치	해석
상근 직원의 수	핵심인력 집단의 규모를 나타냄
총 직원수에서 상근 정규직 직원이 차지하는 비율	핵심인력과 비핵심인력의 비중을 나타냄 - 핵심인력 비중이 너무 작으면 조직이 영속하기 힘들며, 핵심인력 비중이 너무 크면 노동비 부담이 커짐
상근 정규직 직원의 평균연령	평균 연령이 높으면 더 많은 경험을 보유하고 있어서 일부 산업에서 가치를 인정받을 수 있음. 낮으면 최신 지식을 더 많이 보유하고 있어서 일부 산업에서 가치를 인정받을 수 있음
상근 정규직 직원의 평균 근속년수	평균 근속년수가 길수록 변화에 대한 저항이 클 수 있으며, 짧을수록 변화에 대한 수용력이 큼
상근 정규직 직원의 연간 이직률	이직률이 높다는 것은 조직에 대한 소중한 기억을 상실한다는 것을 나타낼 수 있음
상근 정규직 직원에게 제공하는 훈련 · 의사소통 · 지원 프로그램의 1인당 연간 비용	핵심인력 집단에 대해 조직이 헌신하는 정도를 나타냄
근무시간의 50퍼센트 이상을 외근하는 상근 정규직 직원의 수(또한 이들이 전체 인력 중 차지하는 백분율, 이들이 상근 정규직 직원 중 차지하는 백분율, 이들에게 제공하는 훈련 · 의사소통 · 지원 프로그램의 1인당 연간 비용)	조직의 인사관리 유연성을 나타낼 수 있음. 직원이 고객에게 '밀착된 정도'를 나타낼 수 있음
상근 임시직 직원의 수(또한 이들이 전체 인력 중 차지하는 백분율, 상근 임시직 직원의 평균 근속년수)	조직의 인사관리 유연성을 나타낼 수 있음

상근 임시직 직원에게 제공하는 훈련 및 지원 프로그램의 1인당 연간 비용	상근 임시직 직원에 대해 조직이 헌신하는 정도를 나타냄
파트타임 근로자와 상근 계약직원의 수 (또한 이들이 전체 인력 중 차지하는 백분율, 평균 계약기간)	조직의 인사관리 유연성을 나타낼 수 있음
경영학석사 이상 학위를 보유한 관리자의 백분율(또한 공학석사와 문학석사 학위 이상을 보유한 관리자의 백분율)	관리자가 보유한 지식의 폭을 나타냄
회사의 법인등기가 되어 있는 국가 이외의 국적을 가지고 있는 관리자들의 백분율	관리자의 범세계적 다양성을 나타냄
상근 정규직 직원에게 할당된 관리자의 수	관리자가 다양한 집단에게 할애하는 시간을 나타내거나, 자율관리가 이뤄지는 정도를 나타냄

출처 : Edvinsson, L. & Malone, M. S.(1997). *Intellectual Capital : Realizing Your Company´s Value by Finding Its Hidden Roots*, New York: HarperBusiness

을 측정하는 일이 어렵기는 하지만, 불가능하지는 않다. 노벨 경제학상 수상자인 게리 벡커*Gary S. Becker*는 브룩 맨빌*Brook Manville*과의 인터뷰에서 지식경제에서 최고의 기업은 인적자본 회계제도를 설치하게 될 것이며, 그렇게 함으로써 인적자본 수익률을 추적하고 평가하게 될 것이라고 주장했다(Manville, 2002). 그는 최고의 기업은 인적자본 분야에 지출하고 투자한 내용을 외부에 보고하게 될 것이라고 예견했다.

인적자본 스튜어드 : 인사관리의 새로운 역할

스튜어드십이라는 은유는 일반적으로 토지와 물고기 그리고 숲과 같은 천연자원에 대해 사용된다. 이 은유는 천연자원의 보전·보호·지속·성장·개발에 초점을 맞춘다. 더 나아가, 이 은유는 미래에 천연자원을 지속적으로 활용 가능하게 만드는 일에 초점을 맞추며, 현재뿐만 아니라 미래에도 지속적으로 번영할 수 있게 만드는 데 초점을 맞춘다. 피터 블록(Peter Block, 1993)은 조직이라는 맥락에서 수행되는 스튜어드십을 다음과 같이 정의한다.

> 스튜어드십이란 다른 사람을 위해 무언가를 보전해주는 역할을 하는 것을 말한다. 역사적으로 스튜어드십은 왕이 영토를 떠나 있을 때 왕국을 보호하거나 성년이 되지 않은 왕을 대신하여 왕국을 통치하는 것을 의미했다. 스튜어드십이란 주위에 있는 사람을 통제하기보다는 봉사를 통해 조직 전체의 안녕을 책임지고자 하는 의지라고 정의할 수 있다. 간단히 말해 스튜어드십이란 통제나 복종을 강요하지 않는 책임감이라고 할 수 있다.

스튜어드십은 인사관리의 사조에 획기적 전환을 가져온다. 스튜어드십은 조직과 구성원에 대해 깊은 책임감을 갖는 것과 관련 있는데, 사람을 통제하지 않으면서도 의미와 목적의식을 심어주는 일이나, 사람을 돌봐주는 일에 대해 깊은 책임감을 갖는 것과 관련 있다(Daft, 1999). 스튜어드십은 실제로 업무를 담당하는 사람, 상품을 만드는 사람, 서비스를 제공하는 사람, 또는 고객과 직접 상호작용하는 사람에 초점을 맞춘다. 아래 제시된 원칙은 인사부서가 수행할 수 있는 스튜어드십의 틀을 제시해준다(Daft, 1999; Block, 1993).

1. **동반자 관계로 방향을 전환하라.** 이러한 방향전환은 과거의 인사부
   서가 취했던 가부장적인 경찰 역할에서 탈피하는 것을 의미한다.
   즉 "여기 규칙이 있으니 우리에게 허락을 받아라. 우리가 시키는
   대로 하지 않으면 처벌할 수밖에 없다"는 식의 태도를 벗어나는 것
   을 뜻한다. 이를 위해서는, 동반자들이 서로에게 "아니오"라고 말
   할 수 있는 권리를 가지고 있다는 사실과 때로는 그렇게 말해주어
   야 할 의무도 갖고 있다는 사실을 이해해야만 한다. 동반자는 서로
   에게 정직하다. 그들은 서로에게 정보를 감추지 않으며, 설령 좋지
   않은 소식이라도 마찬가지이다. 인사부서의 역할에 대한 이러한
   방향전환은 동반자가 결과에 대해 공동으로 책임을 지며, 비전과
   목적의 설정에 대해서도 공동 책임을 진다는 신념에 의해 실현된
   다. 동반자 관계로 방향을 전환하려면 인사부서는 규정으로 옭아
   매려고만 했던 습성과 최고경영진이 지침을 내릴 때까지 기다리기
   만 했던 습성을 버려야만 한다.

2. **직접 일을 하는 사람 그리고 고객과 가장 가까이 있는 사람에게 의사
   결정을 맡기고 힘을 실어주어라.** 탈중개화─중간관리자를 제거하는
   것─는 인사부서의 스튜어드십 관점에서 보면 기본이 된다. 직원은
   다른 사람의 일에 대해 단순히 계획을 세우고 관리만 하라고 채용
   된 것은 아니다. 모든 직원은 일정 시간 동안 핵심 업무를 직접 수
   행해야 한다. 이와 마찬가지로, 전략적으로 사고하는 일, 끊임없이
   기회를 탐색하는 일, 문제에 대해 조기에 경고를 하는 일, 상황의

요구에 대응하는 일 등에 대해서는 모든 직원이 책임을 져야 한다. 이는 인사부서가 인적자본 개발에 대해 "우리가 알아서 해주겠다"는 식의 가부장적인 태도에서 벗어나, 직원이 자신의 인적자본 개발에 대해 주인의식과 책임감을 갖도록 독려하는 것 또한 의미한다.

3. **근로자의 가치를 인정하고 보상하라.** 보상은 조직 전체의 성공과 연계된다. 근로자는 고객에게 진정한 가치를 전달함으로써 보상을 받게 된다. 부가가치를 창출하지 못하는 활동은 기업이 그 일을 썩 훌륭하게 수행하거나 능률적으로 수행하는 방법을 배웠다 할지라도 제거되어야만 한다. 기업 내부인과 고객의 실제 욕구를 충족시키는 데 기여하는 업무에 초점이 맞춰져야 한다. 보상은 계층 내의 위치를 근거로 제공되기보다는 기여도를 근거로 제공된다. 이는 인사부서가 자기 회사가 경쟁적 가치를 어떻게 창출하고자 의도하는지에 대해 완전히 이해해야만 하며, 자사가 전개할 전략적 활동을 예상하여 필요한 인적자본을 창출해내는 방법을 고안해내는 능력을 갖추어야 함을 의미한다.

4. **핵심 작업 팀이 조직을 구축하도록 기대하라.** 팀 조직은 목표를 정하고 통제를 유지하며 역량이 육성되는 환경을 조성할 수 있다. 팀은 시장의 변화 또는 업무환경의 변화에 대응하는 방식을 선택해야만 한다. 또한 팀은 선발·보상·평가·훈련 과정을 설계하며, 그러한 과정을 통해 얻어지는 성과물과 결과물에 책임을 진다. 인사부서는 감독자로서의 책임을 갖기보다는 멘토 *mentor* (후배 직원에게

역할모델이 될 수 있는 경험 많은 연장자로서, 후배 직원에게 직장생활에 필요한 여러 가지 조언과 지원을 해주는 사람을 말한다－옮긴이 주)와 교사로서의 책임을 갖는다. 인사부서는 일관성이 유지되는 데 필요한 전체적인 틀만을 설정하며, 기업의 역량을 확장시키는 교육을 통해 전문성을 제공한다. 인사부서는 자기 부서의 "1차적인 기여가 동반자 관계와 자율관리가 이뤄지는 경영체제를 만들어내는 데 있다"고 보아야 한다.

5. 필요한 경우에 한해 필요한 시기에 필요한 곳에서 다양한 공급원으로부터 필요한 인재를 확보하여 핵심인력을 지원하라. 스튜어드십 관점에서 보면, 인사부서는 촉진자 역할을 해야 하고, 인적자본을 확보하고 배분해야 하며, 익숙하지 못한 문제가 발생했을 때 조언과 전문성을 제공해주는 공급원이 되어야 한다. 인사부서가 스튜어드 역할을 할 때에는 상호의존성을 만들어내는 것을 목적으로 해서는 안 된다. 그 대신, 재능이 뛰어나고 도전에 맞설 수 있는 능력을 지닌 직원이 하부구조와 사람 및 유형 자원을 필요로 할 때에는 언제라도 그것을 활용할 수 있다는 확신을 가질 수 있게 만들어주는 것을 목적으로 해야 한다.

인적자본 스튜어드 역할에 기대되는 바를 충족시키려면, 인사부서는 (1) 투자, (2) 유연성, (3) 활용극대화 등 세 가지 중요한 요인에 초점을 맞춰야 한다. 즉 조직 내의 재무부서가 재무적인 투자를 어떻게 해야 할 것인가에 관련된 정보의 1차적인 공급원이 되는 것과 마찬가지로, 인사부서는 인적자본을 언제, 어떻게, 어디에 투자해야 할 것인가에 관한 정보의 1차적인 공급원이 되어야 한다. 또한 인사부서는 인적자본이 최대의 경쟁우위를 달성하게끔 활용될 수 있도록 개인과 조직의 유연성을 개발하는 일을 선도해야 하고, 자원으로부터 최대의 생산성을 낼 수 있도록 조직의 인적자본을 결합하고 통합시켜 시너지를 창출시키는 방법에 대해서도 폭넓은 관점을 제공해야만 한다. 지금부터는 이러한 요인에 대해 논의하기로 한다.

인적자본 투자

인적자본에 대한 투자는 금전 투자*financial investment*와 헌신 투자*commitment investment*라는 두 가지 요소로 구성된다. 인적자본에 대한 금전 투자에는 급여와 복리후생에 관련된 직접 비용뿐만 아니라 교육훈련비와 같은 간접 비용도 포함된다. 헌신 투자는 고용관계의 유지 그리고 직원과 조직간의 심리적 계약*psychological contract*(조직 내에서 개인과 조직 사이에 주관적으로 갖게 되는 권리와 의무에 대한 기대와 신념을 말한다. 즉 조직과 개인이 서로 상대방의 기대를 충족시키기 위해 어떤 기여를 해야 할 의무가 있으며, 이에 대한 교환의 조건으로 어떤 대가를 받을 권리가 있다는 것에 대해 주관적으로 갖는 기대와 신념을 나타내는 개념이다-옮긴이주)을 필요로 한다.

인사부서가 인적자본 스튜어드로서 수행해야 할 역할 중 하나는 조직이 인적자본에 대해 건전한 투자를 하도록 만드는 것이다. 얼리치(Ulrich, 1998)는 기업이 역량과 헌신을 확보하기 위해 선택할 수 있는 인적자본 투자 대안에는 다섯 가지가 있다고 설명한다.

- **구입 *Buy*** : 기업 외부에서 직원을 신규 채용하거나 기업 내부에서 찾아내어 새로운 인재를 확보하는 것
- **구축 *Build*** : 공식적인 직무훈련, 보직순환, 업무배치, 실천학습 *action learning* 등을 통해 인재를 훈련시키거나 개발하는 것
- **임차 *Borrow*** : 새로운 아이디어를 얻기 위하여 기업 외부 사람(예컨대, 컨설턴트, 협력업체, 고객, 공급업체 등)과 동반자 관계를 형성하는 것
- **방출 *Bounce*** : 성과가 낮거나 기준 이하의 성과를 내는 직원을 제거하는 것
- **유지 *Bind*** : 유능한 인재를 조직에 남아 있게 하는 것

앞서 언급했듯이, 특정한 근로자가 보유하고 있는 인적자본의 독특성(특정 기업에 유용한 정도)이 크고, 가치(경쟁전략과 직접적으로 연결되어 있는 정도)가 클수록 그러한 근로자에게 더 많은 투자가 이뤄져야 한다. 지식경제에서는 인적자본을 과거보다 훨씬 더 수월하게 조직 내부나 외부에서 확보할 수 있다. 일반적으로 조직 내부에 있는 인적자본에 대해서는 더 많은 금전 투자와 헌신 투자가 이뤄진다. 조직 외부에서 확보한 인적자본에 대한 금전 투자는 내부에서 확보한 인적자본에 대해 이뤄지는 것과 비슷한 수준이다. 하지만 외부에서 확보한 인적자본에 대한 헌신 투자는 낮은 수준이거나 거의 없다.

금전 투자와 헌신 투자가 가장 많이 이뤄지는 조직 내부의 인적자본은 핵심인력 집단과 전문인력 집단 그리고 외부연결 집단이다(Burton-Jones, 1999) ([표 3-2] 참조).

[표 3-2] 인적자본에 대한 투자

인적자본 공급원	정의	투자 수준
핵심인력 집단	독특성과 가치가 큰 인적자본을 보유한 근로자. 높은 수준의 지식통합 기능에 대해 책임을 지며, 조직의 활동을 기획 · 조정 · 통제하는 책임을 맡음	높음
전문인력 집단	특정 기업에 대한 유용도가 높은 지식을 보유하고 있으면서 주로 전문분야에서 일하는 근로자들을 말함. 재무 · 마케팅 · 생산과 같은 기업의 1차적인 운영기능을 담당함	높음
외부연결 집단	조직의 일상적인 운영에 관련하여 특정 기업에 대한 유용도가 높은 지식을 보유하고 있는 근로자들. 경계를 연결시켜주는 사람으로서 외부 공급업체 및 고객과의 교류관계를 관리하는 책임을 맡음	높음
유연채용 인력	행정 업무와 유지보수업무 그리고 기타 유사한 기능을 책임지면서 주로 외부연결 집단을 지원하는 인력. 독특성과 가치가 낮은 인적자본을 보유하고 있음. 임시직 근로자, 파트타임 근로자, 업무공유 인력 등 세 가지 유형이 있음	낮음
중개 서비스 업체	행정 업무와 유지보수 업무 그리고 기타 유사한 업무를 책임지면서 주로 외부연결 집단을 지원하는 인력. 특정 기업에만 유용한 지식이 덜 필요하므로, 서비스 인력은 독립적인 중개 대행업체가 알선하거나 직접 제공해줌. 충원 서비스와 아웃소싱 등 두 가지 유형이 있음	낮음
전속 계약 업체	특정 기업에 대한 유용도가 중간에서 높은 수준인 지식을 보유하고 있으며, 그 업체를 활용하는 조직이 가치를 크게 인정해주는 인력 집단을 말함. 이들이 수행하는 업무는 계약업체를 활용하는 조직의 전략과 직접적인 관련이 없는 경우가 많음. 또한 해당 조직이 성장에 필요한 재무적 융통성을 확보하기 위해 활용함	중간
독립 계약 업체	특정 기업에 유용도가 낮은 지식을 보유하고 있지만, 그 업체를 활용하는 조직이 가치를 크게 인정해주는 인력 집단을 말함. 이들이 수행하는 업무는 계약업체를 활용하는 조직의 전략과 직접적인 관련이 없는 경우가 많음. 또한 해당 조직이 성장에 필요한 재무적 융통성을 확보하기 위해 활용함	중간

핵심인력 집단core group은 독특성과 가치가 큰 인적자본을 보유한 근로자를 말한다. 이들은 높은 수준의 지식통합 기능에 대해 책임을 지며, 조직의 활동을 기획·조정·통제하는 책임을 진다. 이러한 집단은 스튜어트(Stewart, 1997)가 '전략가strategists'라고 묘사했던 사람과 비슷하다. 하지만 이러한 사람 중 다수는 전통적인 조직 위계상의 고위직에 속하지 않을 수 있다는 점을 명심해야 한다.

전문인력 집단associate group은 특정 기업에 대한 유용도가 높은 지식을 보유하고 있으면서 주로 전문분야에서 일하는 근로자들을 말한다. 이들은 재무·마케팅·생산과 같은 기업의 1차적인 운영기능을 담당하거나, 제품개발이나 주문접수와 같은 핵심 프로세스를 담당한다. 이들 집단은 스튜어트(Stewart, 1997)가 '인재talent'라고 부르는 사람과 같다.

외부연결 집단peripheral group은 조직의 일상적인 운영에 관련하여 특정 기업에 대한 유용도가 높은 지식을 보유하고 있는 근로자들이다. 이들은 경계를 연결시켜주는 사람으로서 외부 공급업체 및 고객과의 교류관계를 관리하는 책임을 맡는다. 이러한 집단은 스튜어트(Stewart, 1997)가 '자원공급자resource providers'라고 부르는 사람과 같다.

조직 외부에서 확보할 수 있는 인적자본 공급원은 유연채용 인력, 중개 서비스업체, 종속 계약업체, 독립 계약업체 등 네 종류이다. 이러한 근로자에 대한 일부 금전 투자는 조직 내부의 인적자본에 대한 투자와 비슷한 수준에서 이뤄지지만, 헌신 투자의 수준은 훨씬 낮다.

유연채용 인력flexhire workers은 독특성과 가치가 낮은 인적자본을 말한다. 이들에게는 특정 기업에게 유용도가 있는 지식이 약간만 요구되기 때문에, 이들을 확보할 때는 충원 서비스를 통하지 않는다. 이들은 행정 업무와 유지보수 업무 그리고 기타 유사한 기능을 책임지면서 주로 외부연결 집단을 지원한다. 이러한 인적자본은 가끔씩 필요하기 때문에 조직이 이들에게 보이는 헌신의 수준은 낮다.

유연채용 인력에는 임시직 근로자, 파트타임 근로자, 업무공유 인력 등 세 가지 유형이 있다. 임시직 근로자는 상근직으로 채용되지만 단기간 고용된다. 파트타임 근로자는 오랜 기간에 걸쳐 고용되기는 하지만, 일반적인 근무시간보다 짧게 일한다. 업무공유 인력은 상근직 업무 하나를 두 사람의 파트타임 직원이 나누어 일하는 식의 고용체계를 적용받는 사람이다.

중개 서비스업체 *mediated services* 는 유연채용 인력과 마찬가지로 외부연결 집단을 지원한다. 이러한 인력은 독특성과 가치가 적은 인적자본을 보유하고 있다. 이러한 서비스를 제공하는 데에는 특정 기업에만 유용성을 갖는 지식이 덜 요구되므로, 그러한 서비스 인력은 독립적인 중개 대행업체가 알선하거나 직접 제공해준다. 조직은 그러한 인력에 대해 실질적인 헌신을 보이지 않는다.

중개 서비스에는 충원 서비스와 아웃소싱 등 두 가지 유형이 있다. 충원 서비스업체(예컨대, 헤드헌터업체나 채용대행업체 등)는 근로자를 채용하여(때로는 훈련을 시켜) 조직에 공급하는 조직을 말한다. 아웃소싱 서비스업체(예컨대, 제3자가 복리후생 집행 업무를 대행하는 경우)는 조직이 외부에 맡기지 않을 경우 직접 수행할 수밖에 없는 기능을 대신 맡아서 처리해준다.

전속 계약업체 *dependent contractors* 는 특정 기업에 대한 유용도가 중간에서 높은 수준인 지식을 보유하고 있으며, 그 업체를 활용하는 조직이 가치를 크게 인정해주는 인력 집단을 말한다. 전속 계약업체는 자사의 사업 대부분을 한 회사 또는 극소수의 회사에 의존하여 영위한다. 보잉 *Boeing*과 같은 항공기 제조회사는 수많은 공급업체 중에서 전속 계약업체를 선정하여 엔진 설치작업과 같은 특수업무 수행을 맡긴다. 이들 업체를 활용하는 조직은 그러한 인력에게 낮은 수준의 헌신을 보인다. 헌신의 수준은 대개 해당 조직의 재무적 성과에 의해 결정된다. 전속 계약업체가 보유하고 있는 인적자본은 계약업체를 활용하는 조직이 내부화하기를 원하지 않는 형태의 인적자본이다. 그 이유는 그러한 인적자본이 계약업체를 활용하는 조직의 전략과 직접적인 관련이 없는 것이거나, 해당 조직이 성장에 필요한 재무적 융통성을 확보하기 위해 인적자본을 직접 보유하기를 원치 않기 때문이다.

독립 계약업체 *independent contractors*는 특정 기업에 유용도가 낮은 지식을 보유하고 있지만, 그 업체를 활용하는 조직이 가치를 크게 인정해주는 인력 집단을 말한다. 독립 계약업체는 자사의 사업운영을 어느 한 기업에만 의존하지 않는 것이 일반적이다. 독립 계약업체의 인적자본은 통상적으로 기술 서비스와 전문 서비스 그리고 특수 서비스를 지원한다. 이들 업체를 활용하는 조직은 그러한 인력에 거의 아무런 헌신도 보이지 않는다.

요컨대, 인사부서는 인적자본 스튜어드로서 조직이 한정된 자원을 현명하게 투자하도록 도움을 주어야 한다. 인사전문가는 인적자원의 다양한 공급원이 갖는 상쇄관계를 판단하는 데 관련된 자신의 전문성을 활용하여 기업이 장·단기적으로 최고의 결과를 낳도록 만들어야 한다. 또한 인사전문가는 자신이 추천하는 인적자본에 대한 투자가 제대로 활용될 수 있는 업무환경을 만들어내야만 한다. 예컨대, 어떤 조직이 유연채용 인력에 의존하고 있다면, 이러한 인력이 빨리 요령을 습득하여 조직 내 여러 과정에 조화롭게 적응할 수 있게끔 만들어주어야 한다. 이와 마찬가지로, 인사부서는 전문인력 집단이 전문성을 활용하고 공유하여 기업의 장기적인 지식 레퍼토리를 개선시키는 일을 효율적이고 매력적으로 느낄 수 있도록 만들어야 한다.

앞서 설명한 대로, 인적자본에 대한 조직의 투자는 금전 투자와 헌신 투자 그리고 금전 및 헌신의 동시 투자 형태로 이뤄질 수 있다. 인적자본의 독특성과 가치가 클수록 금전 투자와 헌신 투자는 커진다. 조직 외부에서 확보된 일부 인적자본에 대해서는 조직 내부에서 찾아낸 인적자본보다 금전 투자는 더 많이 이뤄질 수 있지만 헌신 투자는 더 적게 이뤄질 수 있다. 하지만 이러한 거래적인 접근방식은 외부에서 구입한 지식이나 숙련기술에 대한 필요성이 일시적이라고 가정한다. 조직이 경쟁력을 유지하고 전략적 역량을 창출하려면 인적자본의 다양한 공급원 사이에 적절한 균형을 유지하는 일이 특히 중요하다.

인적자본 유연성

인적자본의 유연성 *human capital flexibility* 은 과정이자 결과물이다. 과정 *process* 의 관점에서 볼 때, 그것은 변화하는 전략적 요구와 환경의 요구를 신속하게 감지하고 반응하는 조직의 능력을 의미한다. 결과물 *outcome* 의 관점에서 볼 때는, 기업이 활용 가능한 인적자본 총체의 다양성 그리고 특정 상황에 대해 적절한 역량을 활용할 수 있는 능력 둘 다를 의미한다. 즉 유연성 *flexibility* 은 여러 도전과제에 대처할 수 있는 인적자본의 즉응력을 의미하는 동시에 보유한 역량의 깊이와 폭을 의미한다.

[표 3-3] 인적자본 유연성

유연성의 유형	정의	전략
자원	인적자본이 잠재적으로 활용될 수 있는 대안의 수	• (규모 면에서) 적은 인력이지만 다양한 역량을 갖추고 있는 인적자본을 유지함-다양한 상황의 요구에 대처하는 데 동일한 인적자본을 활용하며, 전통적인 인사관행 중 이러한 방식으로 자원 유연성을 촉진시키는 것으로는 교차훈련과 보직순환을 들 수 있음 • 범위는 다소 좁더라도 서로 특성이 다른 인적자본을 보유한 직원으로 구성된 인력을 (규모 면에서) 많이 유지함-상이한 상황 하나하나에 맞추어 인력 구성형태를 상이하게 조합·동원·재조합함
조정	다양한 상황에 맞추어 인사관행을 적응시키고 응용할 수 있는 정도	• 인사관행을 다양한 직무와 부서 및 기타 상황에 일반화시킴 • 전반적인 틀만 제시하고 인사관리를 분권화시킴

　　인적자본 스튜어드로서 인사부서가 담당해야 할 역할 중 하나는 인적자본 유연성을 창출하는 것이다. 인적자본 유연성은 조직의 유효성과 생존력을 향상시키며, 주로 두 가지 방식을 통해 창출될 수 있는데, 그것은 다음과 같다(Wright & Snell, 1998). (1) 광범위한 숙련 기술을 지닌 인적자본 풀의 개발 (2) 신속하게 적응이 가능한 인사체계의 개발(표 3-3] 참조).

　　자원 유연성 *resource flexibility* 은 인적자본이 잠재적으로 활용될 수 있는 대안의 수를 말한다. 예컨대, 문제해결을 능숙하게 해내는 직원은 특정한 첨단 기계의 일부분만을 조작할 수 있는 기술을 갖춘 전문가보다 훨씬 더 유연한 숙련기술을 보유하고 있다고 볼 수 있다. 회사 직원에게 자원 유연성을 부여하는 데는 두 가지 상이한 접근방식이 있다. 하나는 (규모 면에서) 적은 인력이지만 다양한 역량을 갖춘 인적자본을 유지하는 방법이다. 이 경우 다양한 상황의 요구에 대처하는 데 동일한 인적자본을 활용할 수 있다. 전국적으로 문서 작성관리 및 각종 비즈니스 서비스를 제공하는 킨코스사*Kinko's*는 이러한 접근방식을 활용하여 자사의 서비스센터에 요청되는 광범위한 비즈니스 서비스 요구를 충족시키고 있다. 전통적인 인사관행 중 이러한 방식으로 자원 유연성을 촉진시키는 것으로는 교차훈련*cross-training*(여러 가지 기술을 동시에 습득시키는 훈련-옮긴이 주)과 보직순환*job rotation* 두 가지를 들 수 있다. 이와 유사하게, 사우스웨스트 항공사에서는 효과적으로 교차훈련을 받은 헌신도가 높은 직원이 필요한 모든 일을 수행한다. 즉 이 회사 직원은 자신의 주된 업무가 조종사이든 승무원이든 수화물담당이든 상관없이 모든 일을 15분 내에 처리한다.

자원 유연성을 확보하는 두 번째 방법은, 범위는 다소 좁더라도 서로 특성이 다른 인적자본을 보유한 직원으로 구성된 인력을 (규모 면에서) 많이 유지하는 것이다. 이러한 접근방식을 취하면, 다른 상황 하나 하나에 맞춰 인력 구성형태를 다르게 조합·동원·재조합할 수 있다. 여러 건축공사에 필요한 다양한 요구조건을 충족시키기 위해 전기공, 목수, 실내장식업자, 배관공, 그리고 기타 다양한 기술자를 모아서 일을 추진하는 건축 하청업자는 일반적으로 이러한 두 번째 접근방식에 의존한다. 전문가가 모여 있는 팀 중심의 업무구조는 이러한 형태의 자원 유연성을 촉진시킨다. 지금까지 살펴본 두 가지 접근방식은 상호 배타적이지 않다. 예컨대, 미군 특수부대 팀은 자원 유연성을 확보하는 두 가지 접근방식을 동시에 활용한다. 즉 소규모 팀 중심의 업무구조를 갖고 있으며, 개별 구성원은 일정한 특수기술을 보유하고 있고, 예상치 못한 돌발상황에 닥쳤을 때 팀이 적절히 대처할 수 있도록 팀원에게 특수기술을 중복시켜 보유하게 하고 있다.

조정 유연성*coordination flexibility*은 다양한 상황에 맞춰 인사관행을 적응시키고 응용할 수 있는 정도를 말한다. 어떠한 인사관행을 여러 직무와 상황에 일반화시켜 응용할 수 있는 정도가 높을수록 그러한 인사관행을 특정한 상황에 맞춰 적응시키기가 쉽다. 예컨대, 목표관리 *management by objectives*(MBO)는 특정한 직무나 상황에 맞춰 신속하게 수정·설계될 수 있다. 그 반면에, 행위기준 고과법*behaviorally anchored rating system*(BARS; 평가를 하고자 하는 요소에 대해 성과 수준을 나타내줄 수 있는 실제 행동사례를 모아 척도로 구성하여 평가하는 방법. 특정한 직무 상황에서 실제로 발휘되는 행동을 기준으로 척도를 구성하기 때문에 일반화 가능성이 떨어진다 – 옮긴이 주)은 일반적으로 특정 상황의 특정 직무를 중심으로 구성되기 때문에 조직 전체에 걸쳐 적용시키는 데 많은 제약이 따른다. 앞서 설명한 것처럼 다양한 공급원이 제공하는 인적자본을 활용하는 경우가 늘어나고 있기 때문에, 조직은 일반화시킬 수 있는 여지가 큰(즉 일반적으로 적용 가능한) 중앙집중적인 인사관행을 개발하든지, 아니면 특정한 상황조건에 맞추되 조직 전체의 일반적인 틀을 벗어나지 않는 분권적인 인사관행을 개발하든지 해야 한다. 더 나아가, 일부 시장에서 변화의 속도가 점점 빨라지고 이에 따라 인적자본을 신속하게 모아서 집중화시켜야 할 필요성이 커지고 있기 때문에, 조직은 오랜 시간이 소요되는 인사관행을 단축시키거나 경우에 따라서는 제거해야만 한다. 적은 수의 핵심인력 집단을 유지하면서 일시적인 특수한 요구에 맞춰 외부에서 인적자본을 획득하여 보완하는 길만이 미래에도 경쟁력을 확보하는 유일한 방법이 될 것이다.

장기간에 걸친 유연성은 인사부서가 학습조직을 창출해내고 직무를 통해 성장하고 변화하고자 하는 의지를 지닌 직원을 개발해낸 정도를 말한다. 기술변화의 속도가 빨라지고 조직이 민활하게 움직여야 할 필요성이 커지고 있기 때문에, 자신이 기업에 처음 들어올 때 갖추고 있던 지식과 숙련기술, 능력 등만 가지고서 장기간에 걸쳐 기업의 성과에 기여할 수 있으리라고 기대할 수는 없다. 이렇게 볼 때, 인적자본 유연성은 직원이 보유하고 있는 다양한 재능과 인적자본을 여러 목적으로 수월하게 활용할 수 있는 것에만 국한되지 않는다. 인적자본 유연성에는 새로운 필요가 발생할 때 직원의 재능을 확장시킬 수 있는 능력도 포함되어야 하며, 더 이상 유용하지 않거나 적절하지 않은 행동과 관점을 폐기시킬 수 있는 능력도 포함되어야 하는 것이다.

요컨대, 인사부서는 인적자본 스튜어드로서 조직이 유연성을 창출하도록 도와야 한다. 환경이 급변하고 사업수행의 속도가 빨라지고 있기 때문에, 조직이 생존·번영하려면 유연성과 적응력 그리고 조정력을 갖춰야 한다. 인적자본에 유연성이 있으면 필요할 때 가용한 인적자본을 적절하게 조합시킬 수 있다. 또한 다양한 상황에서 나타나는 다양한 요구에 맞춰 인적자본을 적응시킬 수도 있다. 인적자본 유연성은 상황이 바뀜에 따라 기업이 인적자본 레퍼토리를 변화시킬 수 있다는 것을 의미한다. 그러므로 인적자본의 유연성 유지는 조직 유연성과 전략적 역량을 창출시키는 데 있어서 중요한 요인으로 작용한다.

인적자본 활용극대화

인적자본 **활용극대화***leveraging*는 정해진 결과로부터 최대의 생산성을 얻어내는 것과 관련되어 있다. 즉 인적자본 활용극대화는 인적자본을 효과적으로(올바른 일을 하는 데 초점을 맞춘다) 그리고 효율적으로(주어진 투입물로 최대의 산출물을 얻어낸다) 활용하는 것과 관계가 있다. 데스와 피큰스(Dess & Pickens, 1999)는 하멜과 프라할라드(Hamel & Prahalad, 1993)의 연구를 토대로 인적자본의 활용을 극대화할 수 있는 다섯 가지 방법을 제시하고 있다.

- 활용극대화는 핵심적인 전략적 목표에 자원을 효과적으로 집중화 시킴으로써 달성될 수 있다. 예컨대, 모빌사*Mobil*의 윤활유 사업부에서 일하는 트럭 운전사는 제품개발부 직원에게 피드백을 제공하기 위하여 트럭 정류장에서 시장조사를 하겠다고 자원했다. 왜냐하면 그들은 효과적인 제품믹스와 재무 성과 사이의 관계를 이해하고 있었기 때문이다(Kaplan & Norton, 2001).
- 활용극대화는 자원을 더 효율적으로 축적함으로써 달성될 수 있다. 자사의 새로운 소프트웨어가 시장에 광범위하게 퍼져나가기 전에 고도의 기술적 지식을 갖춘 사용자에게 베타테스트(하드웨어나 소프트웨어 제품을 정식상품으로 내놓기 전에 오류가 있는지를 발견하기 위해 미리 정해진 사용자 계층이 써보도록 하는 테스트를 말한다-옮긴이 주)를 맡길 경우 자사의 기술인력의 지식을 확대시킬 수 있다.
- 활용극대화는 높은 수준의 가치를 창출하기 위해 한 가지 유형의 자원을 다른 유형의 자원으로 보완함으로써 달성될 수 있다. W. L.

고어 앤드 어소시잇츠사는 직원들이 폴리테트라플루오로에틸렌 *polytetrafluoroethylene* (PTFE)이라는 자사의 특허 물질을 '갖고 놀 수 있도록' 장려하여 외투에서부터 인공혈관과 우주용 케이블에 이르기까지 창의적인 응용제품을 만들어냈다.

- 활용극대화는 가능한 곳에서 자원을 보존함으로써 달성될 수도 있다. 주유소에서 고객이 셀프서비스를 하게 함으로써 고객을 준(準)직원이 되게 하면 생산성과 능률이 향상된다. 소프트웨어 사용자에게 온라인으로 문제해결 가이드를 제공해주면 비용이 많이 드는 서비스요원을 유지할 필요성이 줄어든다.

- 활용극대화는 자원을 빨리 회수하는 것, 즉 지출된 비용이 회수되는 기간을 최소화함으로써 달성될 수 있다. 직원이 훈련과정에서 배운 것을 신속하게 자신의 직무로 이전시킬 수 있는 상황을 조성한다면, 훈련비용 투자가 회수되는 기간이 단축된다.

사람들은 팀을 이뤄 일하며 시너지를 창출할 수 있기 때문에-전체가 부분의 합보다 더 커질 수 있기 때문에-인적자본 활용극대화는 개인 수준과 조직 수준 양쪽에서 보아야 한다([표 3-4] 참조).

인적자본 집중화 *concentrating*는 구체적인 목표와 결과가 달성되도록 개인과 집단의 노력을 인도하는 일을 말한다. 개인 수준에서의 집중화는 성과목표를 설정하는 것과 기업의 우선순위에 노력을 집중시키기 위해 과업과 인센티브 및 통제 시스템을 설계하는 것, 그리고 동기유발과 성과가 향상되는 방향으로 직원의 가치관과 태도를 형성시키는 것 등을 통해서 이뤄질 수 있다. 인사부서가 개인의 인적자본 집중화에 기여할 수 있는 가장 중요한 것 중 하나는 목표를 더욱더 명료하게 만들어 기업의 전략적 의도에 대한 합의를 도출하는 것이다. 조직 수준에서의 인적자본 집중화는 전략적 목표에 대해 합의를 도출하는 것과 조직의 우선순위에 집단의 노력을 집중시키는 인센티브 시스템과 통제 시스템을 활용하는 것 그리고 우선순위가 가장 활동에 자원을 집중시킬 수 있도록 조직을 설계함으로써 이뤄질 수 있다. 조직 수준에서 효과적인 집중화를 이루기 위해, 인사부서는 목적의 일관성을 확보할 수 있는 프로세스를 설계하고, 갈등이 건설적으로 관리되는 메커니즘을 개발할 수 있다.

인적자본 축적*accumulating*은 조직의 필요를 충족시킬 수 있는 적절한 종류의 인적자본을 양적으로 충분히 만들어내는 일을 말한다. 개인 수준에서 볼 때, 이러한 일은 훌륭하게 설계된 선발 및 배치 제도를 활용하여 이뤄질 수 있다. 조직 수준에서 인적자본을 축적하는 일은 고객, 공급업체, 사업파트너 등과 지식·경험·노하우를 공유함으로써 달성된다. 앞 장에서 논의되었듯이, 인사부서는 기업의 경계 밖에 있는 인적자본을 관리함으로써 축적에 기여할 수 있다. 이는 인사부서가 회사의 구성원이 아닌 사람에게 자신이 회사의 업무에 어떠한 기여를 할 수 있을지를 이해하게 만들어주어야 한다는 의미다. 더불어 그들의 행동이 효과를 제대로 내고 있는지에 대해 적절한 피드백을 제공해주어야 하고, 그들이 공동생산 활동에 적극적으로 참여할 수 있도록 동기를 유발시켜야 한다는 사실을 의미한다.

인적자본 보완*complementing*은 다른 자원들을 결합시켜 한 차원 더 높은 역량을 만들어내는 일을 말한다. 개인 수준에서 볼 때 인적자본 보완은 (1) 개인의 역량을 최고로 활용할 수 있도록 과업과 프로젝트를 설계하는 일, (2) 직원의 역량을 과업과 프로젝트의 요구사항에 적합하게 맞추는 일, (3) 개인의 역량을 증대시키고 향상시키기 위해 기술을 활용

[표 3-4] 인적자본 활용극대화

활용 극대화 요인	정의	개인 수준	조직 수준
집중화	개인과 부서 및 조직 전체의 노력에 초점을 제공함	• 성과목표의 설정 • 기업 우선순위에 노력을 집중하도록 과업과 인센티브 및 통제 시스템을 설계 • 동기유발과 성과를 향상시키는 방식으로 직원의 가치관과 태도를 형성	• 전략적 목표에 대한 합의 도출 • 조직 우선순위에 전체적인 노력을 집중시킬 수 있도록 인센티브 및 통제 시스템 설계 • 우선순위가 가장 높은 활동에 자원을 집중시키기 위한 조직구조를 설계
축적	기업의 경험과 전문성의 축적량을 확장시킴	• 훌륭하게 설계된 선발 및 배치제도를 활용함	• 고객과 공급업체 및 사업 파트너와 지식과 경험 및 노하우를 공유
보완	자원이 서로 가치를 향상시킬 수 있도록 혼합시키고 균형을 유지함	• 개인의 역량을 최대한 활용할 수 있도록 과업과 프로젝트를 설계 • 직원이 역량을 과업과 프로젝트의 요구사항에 적합하게 맞춤 • 기술을 활용하여 개인의 역량을 증폭시키고 향상시킴	• 능률적이고 유연하며 대응력 있는 조직 내의 여러 과정에 개인의 과업이 통합될 수 있도록 조직의 구조 및 과정, 의사소통 하부구조, 그리고 지원 시스템을 설계 • 개인의 숙련기술과 조직의 숙련기술을 새로운 방식으로 결합시켜 높은 수준의 조직역량을 창출 • 조직 내의 메커니즘과 커뮤니케이션 기술을 활용하여 내부의 조정과 협동을 개선 • 과정과 시스템 및 기술의 향상을 통해 조직의 역량을 증폭

향상	자원의 개발과 광범위한 적용을 위한 투자를 함으로써 자원을 확장시킴	• 개인의 학습을 독려하고 촉진시키며, 훈련과 기술개발 및 실습을 해볼 수 있는 기회를 제공	• 조직학습을 독려하고 촉진시키며, 지식과 시장 정보를 광범위하게 공유
보존	자원을 재활용, 흡수, 보호함으로써 구모의 경제를 달성해 자원의 가치를 극대화시킴	• 잘 설계된 안전 프로그램과 유지 프로그램을 시행	• 표준 프로세스와 관례를 실행에 옮김으로써 기업이 더 적은 노동을 하더라도 동일한 결과를 완수
회수	편익을 얻어내는 속도를 촉진시킴	• 채용 시점에서 최대의 생산성을 내는 시점까지의 시간차를 최소화	• 새로운 기술(예컨대, ERP 시스템)의 도입·시행 시점으로부터 그러한 기술을 통해 능률이 확보되는 시점까지의 시간차를 최소화

Dess & Pickens(1999)와 Hamel & Prahalad(1993)을 수정·인용함

하는 일 등을 통해 이뤄진다. 조직 수준에서의 인적자본 보완은 (1)능률적이고 유연하며 대응력 있는 조직 내의 여러 과정에 개인의 과업이 통합될 수 있도록 조직의 구조 및 과정, 의사소통 하부구조 그리고 지원 시스템을 설계하는 일, (2)개인의 숙련기술과 조직의 숙련기술을 새로운 방식으로 결합시켜 높은 수준의 조직 역량을 창출해내는 일, (3)조직 내의 메커니즘과 커뮤니케이션 기술을 활용하여 내부의 조정과 협력을 개선시키는 일, (4)과정과 시스템 및 기술의 향상을 통해 조직의 역량을 증대시키는 일 등을 통해 이뤄질 수 있다. 이러한 일을 실행에 옮기려면 인사전문가의 전문성이 필요하다.

인적자본 향상enhancing은 인적자본의 질을 개선하는 일을 말한다. 개인 수준에서의 인적자본 향상은 개인의 학습을 독려하고 촉진시킴으로써 이뤄지며, 훈련과 기술개발 및 실습을 해볼 수 있는 기회를 제공함으로써 이뤄진다. 직원이 학위를 취득하거나 학회에 참석했을 때 금전적인 지원을 해주는 일은 개인의 자기계발 투자를 장려하게 된다. 조직 수준에서의 인적자본 향상은 조직적 학습을 독려하고 촉진시킴으로써, 지식과 시장정보를 광범위하게 공유함으로써 이뤄진다. 내부의 '혁신 박람회'나 '의사결정 공간' 등과 같이, 논란이 많은 문제에 대해 공개적이고 광범위하게 논의할 수 있는 기회를 마련하면 조직적 학습이 촉진된다.

인적자본 보존conserving은 자원의 양과 질을 유지시키는 일을 말한다. 개인 수준에서 인적자본 보존은 잘 설계된 안전 프로그램과 유지 프로그램을 통하여 이뤄질 수 있다. 조직 수준에서의 인적자본 보존은 표준 프로세스와 관례를 실행에 옮김으로써, 기업이 더 적은 노동을 이용하여 동일한 결과를 완수하여 이뤄진다. 예컨대, 핵심적인 활동(시제품 설계도면 작성 등)을 지속적으로 학습하여 습관이 될 정도가 되면, 조직은 익숙하지 않거나 틀이 잡히지 않은 활동이지만 더 중요한 가치를 창출시키는 활동(시제품 개발 등)에 인적자본의 많은 부분을 투여한다. 인적자본 보존에는 기업의 인적자본을 적게 사용하여 주어진 목표를 달성하는 것도 포함되는데, 그 이유는 필요 자원을 외부에서 끌어다 써야 하기 때문이다. 예컨대, A기업이 공급망에 들어 있는 B업체의 인적자원 관리를 도와주면, B업체는 A기업에게 더 큰 가치를 제공하게 되고, 이에 따라 인적자원 보존에 도움을 줄 수 있다. 끝으로, 인적자원을 보존하려면 자유 출퇴근시간제와 재택근무제 및 기타 제도를 활용함으로써 직원이 직장생활과 개인생활의 균형을 유지하도록 하여, 높은 생산성과 지속되는 업무 스트레스에도 자신의 내부 자원을 보호할 수 있게 만들어주어야 한다.

인적자본 회수*recovering*는 투자 지출과 회수 사이의 시간차를 최소화하는 일을 말한다. 개인 수준에서의 인적자본 회수는 채용 시점에서 최대의 생산성을 내는 시점까지의 시간차를 최소화하는 일과 훈련 시점에서 활용 시점까지의 시간차를 최소화하는 일을 통해 이뤄진다. 조직 수준에서의 인적자본 회수는 새로운 기술(예컨대, ERP 시스템)의 도입·시행 시점으로부터 그러한 기술을 통해 능률이 확보되는 시점까지의 시간차를 최소화함으로써 이뤄진다. 조직 수준에서 인적자본에 대한 투자를 제대로 회수할 수 있을지 여부는 기업에 사회자본*social capital*과 구조자본*structural capital*이 형성되어 있는 정도에 의해 좌우되는 경우가 많다. 사회자본과 구조자본은 관계구축에 의해 만들어지는데, 이에 대해서는 5장에서 상세히 살펴보기로 한다.

요약하면, 인사전문가는 인적자본 스튜어드로서 조직이 인적자본 활용을 극대화할 수 있게 만들어야 한다. 인적자본 활용극대화란 개별 직원과 조직 전체의 인적자본으로부터 얻고자 하는 바람직한 결과의 생산성을 극대화하는 것이다. 활용극대화는 개인 수준과 조직 수준에서 인적자본을 집중화, 축적, 보완, 향상, 보존, 회수하는 일을 통해 이뤄진다.

인적자본 스튜어드십은 왜 필요한가?

과거에 인사부서는 조직 내에서 역할 갈등을 겪었다. 한편으로, 인사부서는 최고경영진을 주고객으로 보고 최고경영진의 전략적 의중을 실행에 옮기는 데 초점을 맞추었다. 또 다른 한편으로는, 직원을 주고객으로 보고 그들의 사기와 복지를 돌보는 책임을 맡았다. 때문에 인사부서는 두 이해당사자의 욕구를 동시에 충족시키려고 노력하다가 어느 하나도 제대로 충족시키지 못한 경우가 많았다.

산업혁명 당시 등장한 인사관리 관행은 예전에는 타당했지만, 이제는 그 타당성을 잃어버린 여러 가지 가정에 근거하고 있기 때문에 관점의 변화가 필요하다. 스튜어트(Stewart, 1997)에 따르면, 훈련이나 공식교육을 통해 특정한 직무를 수행하기 위한 준비를 마친 다음에 명확히 정의된 직무기술서를 기준으로 구체적인 직무를 수행한다는 가정도 타당성을 잃은 가정 중 하나였다.

1. 훈련이나 교육을 마치고 나면 어떤 회사에 가서 일할 것인지가 개인이 할 수 있는 가장 중요한 선택이었다. 왜냐하면 경력의 이동성을 결정하는 것은 직업이 아니라 회사였기 때문이었다.
2. 고용주는 잘 정의된 '경력 사다리 *career ladders*'를 통해 종업원의 경력을 '관리'하였다. '경력 사다리'라는 개념에는 경력이란 위로 올라가는 것이며, 정해진 직무경험을 하도록 명확하게 규정된 경로라는 뜻이 담겨 있다.
3. 직무, 특히 멋진 직함과 직위상의 서열이 붙여진 직무는 조직 내 권력의 원천이었다. 직무평가와 같은 인사관행은 직위권력을 강화시

켰다(Lawler, 1986).

4. 종업원은 자신의 직장생활 기간 동안 대부분 한 명 또는 소수의 고용주 아래서 일했다.

5. 대부분의 대규모 조직은 내부 노동시장(즉 조직 외부에서 신입직원을 선발하여 '내부승진 방침' 을 적용하여 승진시키는 관행)을 통해 운영되는 특징이 있었다.

이러한 가정의 대부분은 사업환경이 비교적 정돈되어 있고 예측 가능하다는 관점을 반영하고 있다. 또한 지배적인 경쟁위치에 있는 기업이 산업을 계속해서 선도해 나가는 경향이 있으며, 현재의 강점을 유지하고 현재의 위치를 고수하는 것에서 경쟁우위가 나온다는 관념을 담고 있다. 하지만 앞에서 논의했듯이 지식경제의 사업환경은 매우 다른 조건들을 갖고 있기 때문에, 인사부서는 과거와 다른 전제를 해야만 한다.

지식경제의 인사부서는 과거와는 근본적으로 달라진 변화를 수용해야 한다(Stewart, 1997). 첫째로, 사람들은 단일한 직무를 수행하기보다는 동시에 여러 개의 프로젝트를 수행하거나 일련의 프로젝트를 순차적으로 수행한다. 프로젝트란 다음과 같은 특성을 갖는 일련의 활동과 과업을 말한다. 즉 특정한 조건범위 내에서 완수되어야 하는 구체적인 목표를 지니고 있으며, 시작일과 종료일이 정해져 있고, 자금의 제약이 있으며, 자원(즉 돈과 사람과 장비)을 소비한다(Kerzner, 1989). 특정한 직무를 수행하기 위한 준비와 프로젝트 업무를 수행하기 위한 준비는 판이하게 다르다. 개인이 하나의 경력을 거치는 동안 참여하게 될 프로젝트의 범위는 그 사람이 갖추고 있는 역량과 전문성의 깊이와 넓이에 의해 결정된다. 또한 하나의 프로젝트가 진행되는 동안 책임과 요구가 자연발생적으로 생겨나기 때문에, 업무수행에 필요한 과업 관련 지식과 숙련기술보다도 의사소통, 집단의 행동에 대한 이해, 유연성, 임기응변, 그리고 기타 동태적 대인관계 역량 등이 훨씬 더 중요한 경우가 많다.

둘째, 교육훈련은 평생 동안 계속되고, 경력에 대한 1차적인 선택은 어떤 회사에 가서 일할 것인가가 아니라 제너럴리스트*generalist*가 될 것인지 아니면 스페셜리스트*specialist*가 될 것인지를 결정하는 일이 된다. 제너럴리스트는 넓은 범위의 인적자본을 보유하고 있으나 특정한 영역에 대해서는 스페셜리스트보다 인적자본의 깊이가 얕다. 따라서 제너럴리스트는 특정 기업이나 산업이 쇠퇴할 때 타격을 입을 가능성이 낮기는 하지만, 일부 상황에서는 스페셜리스트가 더 큰 교섭력을 갖곤 한다. 개인이 자신의 인적자본에 투자한다는 것은 자신의 KSAO를 개인적으로 평가하는 일과 위험을 감수하겠다고 하는 의지와 관련이 있다. 스튜어트(Stewart, 1997:79)의 말대로, "스페셜리스트는 자신의 전문영역이 갖는 장기적인 가치에 책임을 지고자 하는 의지가 있어야 하고, 최고가 되기 위해서는 어떤 일이라도 하겠다는 의지가 있어야 하며, 좀더 기업가적인 경력을 택함으로써 돌아오는 위험을 감수하고 보상을 취하겠다는 의지를 가져야 한다". 일자리나 회사에 대해 충성심을 갖기보다는 직업과 자기 자신에 대해 충성심을 가져야 하는 것이다.

셋째, 고용주가 경력을 관리하는 것이 아니라, 직원 개인이 자신의 경력을 관리하고 자신에 대해 책임져야 한다. 직무 책임이 지속적으로 늘어나는 일련의 경력경로를 설계해놓고, 어떤 일을 시켜도 잘해내는 직원을 출세시키는 식으로 경력관리를 했던 가부장적인 인사부서의 시대는 이제 지나갔다. 여러 직장에서 일한 경험이 있는 입사지원자에게 '직장을 옮겨다니는 철새*job hopper*'라는 부끄러운 딱지를 붙이던 시대도 지나갔다. 지식경제에서는 직장을 옮겨다니는 철새가 표준이 된다. 이 때문에, 여러 직장을 옮긴 경력이 기재되어 있는 이력서는 직장에 대한 충성심이 약하다는 표시가 아니라 그 사람에 대한 수요가 많았다는 표시가 된다. 스튜어트(Stewart, 1997:80)는 다음과 같이 말한다. "이력서는 어떤 사람이 직장을 별로 옮기지 않고 직함이 여러 번 바뀌었다는 것을 나타내는 식으로 작성되기보다는, 직장을 여러 차례 옮겼지만 직함은 별로 바뀌지 않았다는 것을 보여주는 식으로 작성될 것이다. 직함은 별로 중요하지 않을 것이다. …… 이력서는 자신이 고객을 위해 어떠한 일을 했는가를 이야기해주는 식으로 작성될 것이다. 어떤 회사에서 무슨 일을 했느냐는 부차적인 것에 불과하다."

넷째, 지식경제에서는 권력이 직위에서 나오기보다는 전문성에서 나온다. 실제로, 어느 한 프로젝트에서는 팀장이었던 사람이 다음 프로젝트에서는 팀원이 될 수도 있다. 특정한 프로젝트에서 어떠한 역할을 담당해야 할 것인지를 결정하는 요소는 그 사람의 근속기간과 직함이 아니라 역량과 전문성인 것이다.

다섯째, 지식경제에서는 인적자본이 내부 또는 외부에서 확보된다. 내부 노동시장은 '내부승진' 철학을 기반으로 운영되는데, 이는 비교적 안정적인 시장에서 활동하는 관료적 조직에 적합했다. 하지만 빠르게 변화하는 지식경제에서는 그러한 제도를 지속하기가 불가능하다. 따라서 인적자본이 필요할 때 빠르게 확보하여 필요로 하는 곳에 신속히 배치해야 한다. 인사부서는 미래의 전개상황을 예상하고 그에 필요한 역량을 구축해야 할 책임 또한 갖고 있다. 사업상의 많은 기회는 쏜살같이 지나가버리기 때문에 특정한 프로젝트가 완수되거나 전략적 행동이 취해진 다음에야 필요한 인적자본을 찾아내거나 개발하는 작업에 착수하는 일은 쓸데없는 짓이 될 것이다. 인사부서는 기업의 전략적 의도를 완벽하고 치밀하게 이해하여 전략적 행동을 수립하는 데 활용할 수 있는 역량 패키지를 설계할 수 있어야 한다.

끝으로, 경력은 내부 노동시장에서 만들어지는 것이 아니라 시장에서 만들어진다. '자유계약선수free agents'라는 개념은 지식경제의 근로자를 지칭하는 적합한 은유이다. 어떠한 조직의 '핵심인력 집단'에 속해서 일하는 사람조차도 공개된 시장에서 확보될 수 있는 대안적인 인적자본 공급원과 경쟁해야만 한다. 내부인이 프로젝트 팀에 발령을 받기 위해서는 다른 내부인뿐만 아니라 외부인과도 경쟁을 벌여야만 한다. 인사부서는 직원이 자신의 역량에 대해 다시 생각하여 개념을 잡아갈 수 있도록 지원해주어야 할 뿐만 아니라, 조직의 중요한 결과물에 직원이 기여할 수 있는 내용을 강조해주는 방식으로 직원이 자신의 역량을 마케팅하는 일도 지원해주어야 한다.

사람과 업무 그리고 업무의 구성 및 완수 방식 등에 대한 가정이 변화되었기 때문에 인사부서의 사고방식도 변화되어야 한다. 전통적인 인사 프로그램과 관행은 지식경제에서 더 이상 충분하지 않다. 장기적으로 효과적인 경쟁을 하고자 하는 조직은 새로운 가정과 조건을 인정하고 그것에 적응하는 새로운 인사관리 접근방식을 필요로 한다.

그렇다면 인사관리가 인적자본 스튜어드십을 포용해야 하는 이유는 무엇인가? 스튜어드는 어떠한 자원을 실제로 '소유'하지는 않는다. 그 대신, 스튜어드는 자신이 어떠한 자원을 관장하고 있는 동안 그러한 자원을 유지·성장·개발하는 책임을 진다. 인적자본은 기타의 원자재나 장비처럼 단순히 구입하여 사용할 수 있는 것이 아니다. 그것은 직원이 자발적으로 내놓아야 하는 것이다. 데스와 피큰스(Dess & Pickens, 1999)

가 설명하듯이, 인적자본의 네 가지 특성은 스튜어드십 관점에 꼭 알맞다. 첫째로, 인적자본은 조직의 재산이 아니다. 건물이나 기계와는 달리 인적자본은 직원에게 매일매일 '임차' 해야 하는 것이다. 둘째로, 전통적인 의미의 가치 측면에서 볼 때, 인적자본의 가치는 감소하지 않는다. 인적자본은 기업이 현재 지니고 있는 목적에 비추어 보았을 때 진부해지거나 타당성을 잃을 수는 있지만, 지속적으로 갱신될 수 있기 때문에 시간이 흐름에 따라 가치가 감소하기보다는 증가한다. 셋째로, 인적자본은 재공품在工品이라고 할 수 있다. 인적자본은 동태적인 것으로서 지식처럼 무한히 확장될 수는 없을지라도, 직원이 일생 동안 개발하고 향상시킬 수 있는 것이다. 그렇기 때문에 인적자본은 직원에 의해서만 일생 동안 소비되고 소모될 수 있다. 넷째로, 인적자본의 개발은 질병이나 연령 또는 피로 등과 같은 요인에 의해서만 제약을 받긴 하지만, 그러한 제약의 성격은 산업화 시대의 근로자가 육체적 역량 중 일부를 상실했을 때 업무를 계속 담당하지 못하게 되었던 것과는 완전히 다르다.

바룩 레브(Baruch Lev, 2002)의 말을 빌리자면, 엔론사Enron가 파산하기 전에 이 회사와 관계를 맺었던 아더 앤더슨Arthur Andersen 회계법인이 경험했던 일련의 문제는 인적자본 스튜어드 역할을 제대로 수행하지 못했던 데서 일부 비롯되었을 수도 있다. 대부분의 대형 회계법인은 지난 10여 년간 비용이 많이 드는 경영학석사MBA의 채용을 줄이는 대신 회계학과 전공 대졸자나 심지어 우수한 인문계 대졸자를 채용했던 경향이 있었다. 이와 동시에 대형 회계법인은 어떤 기준에서 보아도 나이가 많지 않았던 50대의 회계감사들을 퇴직시켰다. 그 결과, 전문성과 경험이 점점 부족해졌고 이로 인해 이들 회계법인의 인적자본을 심각하게 감소시켰다. 대형 회계법인은 뛰어난 자질을 갖춘 사람들을 여전히 많이 보유하고 있지만, 그들이 복잡한 지식경제에서 운영되는 기업을 감사하는 데 필요한 폭넓은 역량을 지니고 있는지에 대해서는 의문이 남는다. 엔론사는 일상적이고 익숙한 것과는 거리가 먼 사업 관행을 갖고 있었다. 아더 앤더슨이 엔론사를 효과적으로 감시하지 못했던 원인 중 하나로, 오랜 기간에 걸쳐 성공과 실패를 관찰해야만 얻어질 수 있는 관점이 부족했다는 점을 들 수 있을 것이다.

토지, 숲, 야생 동식물, 그리고 기타 천연자원에 대해 스튜어드십을 수행하는 것은 두 가지 원칙을 토대로 하고 있는데, 이러한 원칙은 인적자본에도 그대로 적용될 수 있다. 천연자원의 스튜어드 역할을 하려면 모든 사람 – 예컨대, 공원 관리인과 지역 주민 그리고 여러 이해당사자 – 이 힘을 합쳐 현재의 자원을 향유하고 사용해야 하며, 미래 세대에게 물려줄 유산을 만들어두기 위해서도 힘을 합쳐 일해야만 한다. 이와 마찬가지로 인적자원 스튜어드는 자기 조직의 인적자본을 창출·개발·육성하여 조직이 인적자본을 지금 현 시점에서 생산적으로 활용될 수 있게 만들어야 할 뿐만 아니라, 인적자본이 미래의 요구에 대응할 수 있는 역량을 갖출 수 있도록 유도해야만 한다. 천연자원에 대해 스튜어드 역할을 하는 것과 마찬가지로 인적자본 스튜어드 역할을 하려면 모든 사람이 힘을 합쳐 일해야만 할 것이다.

지식 촉진자 CHAPTER 4

　　지식경영(또는 지식관리)은 오늘날 조직에서 유행어로 자리잡았다. 비록 그 역할을 수행하는 사람은 자신의 직함이 무엇을 의미하는지 설명해야 할 경우가 자주 있지만, 지식담당 최고책임자 *Chief Knowledge Officers* (CKOs)라는 직책도 있다. '지식'의 의미가 도대체 무엇이고 그것을 어떻게 '관리'할 것인가를 토의 주제로 삼는 경우도 많다. 이 장에서는 먼저 지식과 지식경영에 대해 정의할 것이다. 그 다음, 인사부서의 새로운 역할, 즉 지식 촉진자 *knowledge facilitator*라는 역할에 대해 설명하고, 그것을 수행하면 어떤 결과를 얻을 수 있는지에 대해서도 살펴볼 것이다. 끝으로, 지식을 관리하는 일과 관련하여 인사부서가 직면하는 도전 과제에 대해 논의할 것이다.

지식경영이라는 용어는 총체적 품질경영*TQM*과 비즈니스 프로세스 리엔지니어링*BPR*의 뒤를 이은 최신 유행의 경영기법인 것처럼 들린다. 하지만 용어 자체는 새롭고 유행의 첨단을 걷는 것처럼 보일지 몰라도 그 개념은 이집트 북부 기자 *Giza* 지역에 피라미드가 건설되었던 시기만큼이나 오래되었다.

로버트 닐슨*Robert E. Neilson* 박사는 기원전 2400년에 피라미드 건설 인부에게 어떤 일이 일어났을지를 상상하여 다음과 같이 묘사한 바 있다(Neilson, 2001 : 35).

> 파피루스 종이로 된 설계도면과 모래판 모형을 보면서 수석 설계사가 말한다. "우린 네 변의 길이가 230미터이고 높이가 146.6미터인 피라미드를 건설하려고 한다. 삼각형 표면의 경사각은 51.5도가 되어야 한다. 바닥의 면적은 약 1만 5,915평이 되어야 하며, 피라미드 건설에는 평균 2.5톤 무게의 가공된 돌덩어리가 230만 개 정도 소요되리라 본다."
>
> 2.5톤에 달하는 사암 덩어리를 사막에서 운반하면서 시행착오를 거듭한 끝에, 돌덩어리 아래에 통나무를 깔고 경사로를 만들어 운반하면 힘을 덜 수 있다는 점을 알게 된다. 이러한 지식은 다른 인부에게 전달된다. 그 인부가 다른 일자리로 옮겨 일하거나 파라오의 군대에 징집되어 근무하면서 그 '노하우'는 피라미드 건설공사와 군대 건설공사에서 일반적으로 받아들여지는 관행이 된다. 수십 년 동안 열심히 일한 결과, 이집트인들은 공기를 단축시켜 예상치보다 낮은 비용으로 피라미드 건설공사를 마무리한다.

이 이야기에서 지식과 지식경영(지식관리)의 의미를 배울 수 있다. 첫째, 지식이란 무엇인가? 앨런 버튼-존스(Alan Burton-Jones, 1999 : 5)는 지식이란 "정보를 활용함으로써 도출된 정보와 숙련기술이 누적된 축적물"이라고 정의한다. 이와 유사하게 레너드와 센시퍼(Leonard & Sensiper, 1998:112)는 "일부는 경험에 근거한, 타당하고 실행 가능한 정보"라고 정의한다. 지식이란 인간이 활용할 수 있어서 실행에 옮길 수 있는 가능성을 지닌 정보라고 할 수 있다. 한편, 데이터는 송신자가 수신자(인간 및 인간 이외의 대상)에게 보낼 수 있는 모든 신호signal를 말하며, 정보는 수신자가 이해할 수 있는 데이터를 말한다. 피라미드의 예에서, 섭씨 49도라는 온도는 데이터에 해당한다. 정보는 데이터에 맥락을 부여한 것이다. 즉 '섭씨 49도는 너무 더워 사람이 쉽게 탈진하게 되는 온도'라는 것은 정보가 된다. 한편, '좀더 선선할 때, 가령 이른 아침에 일찍 운반하거나 오후 늦게 운반하는 편이 생산성을 높일 수 있다'는 것은 지식이 될 것이다.

조직의 '지식자본'은 인적자본(인력)과 고객자본(고객의 요구와 선호) 및 구조자본(시스템, 프로세스, 제품)으로 파악될 수 있다(Burton-Jones, 1999). 피라미드의 예에서, 인부 · 감독관 · 건축사 · 기술자 등은 인적자본을 나타내고, 파라오와 왕족은 고객자본을 나타내며, 피라미드를 건설하면서 돌덩어리 아래에 통나무를 깔고 운반하던 시스템과 프로세스는 구조자본을 나타낸다.

둘째, 지식은 형식지(形式知)explicit knowledge와 암묵지(暗默知)tacit know-ledge라는 두 가지 형태로 존재한다. 형식지는 말로 표현되거나 단어 · 숫자 · 상징 등의 형태로 기록되어 쉽게 전달 또는 의사소통될 수 있는 지식을 말한다(Saint-Onge, 2001). 피라미드 예에서, 형식지는 파피루스 종이로 된 설계도면과 모래판 모형에 들어 있다. 그러한 형식지가 있었기에 피라미드를 여러 곳에 똑같이 건설할 수 있었다. 형식지는 책을 통해 전해지고, 강의를 통해 전달되며, 도표를 이용하여 설명된다.

예컨대, 인터넷은 엄청난 양의 형식지가 이전되는 통로 역할을 하는데, 형식지 이전은 좋은 일(후천성 당뇨병에 걸릴 위험을 감소시키기 위해 환자가 취해야 할 조치에 관한 의학 지식)에 활용되기도 하고, 나쁜 일(폭탄 제조 절차에 관련된 기계적·화학적 지식)에 활용되기도 한다.

암묵지는 개인의 경험을 통해 형성되는 직관·신념·가정·가치관과 아울러 경험에서 추리해낸 지식(타인에게 전달하기가 매우 어려운 지식)을 말한다(Saint-Onge, 1998). 암묵지는 개인의 머릿속에 정신적 창살을 만들어 새로운 경험을 이해하고 해석할 때 걸러내는 작용을 한다. 암묵지에 대해 '사람은 자신이 인식하는 것보다 더 많이 알고 있다'는 말로 설명되는 경우가 종종 있다. 이는 사람들이 매우 다양한 숙련기술과 정보 및 업무수행 방식을 내면화하여 자기 몸에 저장시킨다는 사실을 미처 인식하지 못하기 때문이다(Stewart, 1997). 조직도 역시 직관, 주먹구구식 방법, 의식구조, 세력권과 영역에 대한 불문율, 무의식적 가치관 등의 암묵지를 갖고 있는데, 이들 중 많은 부분이 조직문화를 형성한다. 암묵지는 자동적으로 작용하기 때문에 시간이나 생각을 거의 필요로 하지 않는다. 예컨대, 자판을 두드리거나 자전거를 탈 때, 자신의 동작을 의식하거나 지켜보지 않는 편이 훨씬 더 빠르고, 실수할 가능성이 더 적다.

셋째, 형식지와 암묵지는 모두 관리될 수 있다. 피라미드 건설의 예에서는, 건설 인부가 돌덩어리를 운반하는 방법을 배운 것을 다른 인부에게 알려주도록 장려되었다. 인부가 한데 모여(실행자 공동체의 초기 형태라고 할 수 있음) 경험을 쌓아가면서 지식을 공유하고 행동규범을 개발했던 것이다. 암묵지는 말로 표현하기가 어렵기 때문에 관찰이나 상황 참여를 통해 가장 잘 공유되는 경우가 많다. 예컨대, 아쇽*Ashok*은 힘은 세지만 꼼꼼하지 못하기 때문에 밧줄을 묶는 일보다는 끄는 일에 배치하는 편이 가장 낫고, 제드Zed는 설득력이 뛰어나기 때문에 물을 달라고 요구하는 역할을 맡기는 게 좋다는 사실을 한 인부가 알아냈다고 하자. 이러한 정보는 그 인부가 속한 작업집단 고유의 것이 된다. 또 다른 인부는 돌덩이 앞 땅바닥에 물을 뿌리고 염소가죽을 펼쳐 놓고 밀면 돌덩이가 더 잘 미끄러진다는 사실을 알게 되었다고 하자. 근처에서 일하던 인부들이 이 장면을 목격하고 그 정보를 다른 인부들에게 전달했다면 그것은 마치 연못 위의 파문처럼 번져나갔을 것이다. 지식의 공유는 공기를 단축시켰을 뿐만 아니라 인부의 기대수명을 증가시켰다. 인부가 학습한 교훈이 다른 건설현장에 이전되었는지 여부는 알 수 없지만, 만일 그러한 교훈이 이전되지 않았더라면 이후에 이뤄진 공사에서는 빠른 학습이 이뤄지지 못했을 것이고 인부들의 불필요한 희생은 계속 되었을 것이다.

넷째, 인사부서는 지식경영을 촉진시키는 역할을 할 수 있다. 피라미드의 예에서는, 인부들에게 생산성을 향상시키는 혁신적인 아이디어를 공유하라고 독려했다. 피라미드 건설 인부가 대안적인 일처리 방식을 제안했을 경우 처벌을 가해 그 인부와 그가 낸 의견을 무시했다면 어떤 일이 벌어졌을지 상상해보자. 인부를 한데 모아두었기 때문에 팀 학습의 기회가 생겨났다. 또한 팀이 학습한 내용을 다른 팀과 공유하도록 허락했기 때문에, 최선의 관행best practice이 피라미드 건설 인부 모두에게 빠르게 확산될 수 있었다. 만일 팀을 매일매일 새로 구성하여 인부들의 단합을 막고, 그들이 서로 의사소통하는 것을 금지하여, 지식의 이전을 방해하거나 불가능하게 했더라면 어떠한 일이 벌어졌겠는지 상상해보라. 인사부서는 지식경영의 이러한 측면에 관련된 훈련을 제공하고,

또한 그러한 측면을 직접 촉진시키는 중요한 역할을 수행할 수 있다. 즉 새로운 아이디어를 신속하고 효과적으로 공유하는 것의 중요성을 반복적으로 훈련시켜 입증하고, 지식의 확산을 촉진시키는 구조와 과정을 설계하는 것이다. 인사부서는 동료들과 어느 정도 함께 보냄으로써 친밀성과 집단 응집력이 생기게 되면서도, 새로운 사람들이 제공하는 폭넓은 연결고리와 다양한 경험의 편익을 누릴 수 있을 정도로 적절한 배치전환 일정을 기업이 개발하도록 지원할 수 있다.

지식을 왜 관리하는가?

지식을 '관리' 한다고 말할 때 그 의미는 무엇인가? 관리에 대한 고전적인 정의에는 계획수립 · 조직화 · 충원 · 지휘 · 조정 · 보고 · 예산수립 등이 포함된다. 최근 들어서는 여기에 코칭 *coaching*, 멘토링 *mentoring* (경험이 많은 선배 사원이 후배 직원에게 직장생활에 필요한 여러 가지 조언과 지원 및 지도를 해주는 활동 – 옮긴이 주), 리딩 *leading* 등이 추가되었다. 지식을 다른 자원처럼 관리할 수 있을까? 그 답은 '예' 일 수도 있고 '아니오' 일 수도 있다.

밥 버크만(Bob Buckman, 1997)은 '관리' 라는 말이 '통제' 와 깊은 관련이 있는 산업화 시대의 용어이기 때문에 '지식의 활용극대화 *leveraging knowledge*' 라는 용어를 사용하기 좋아한다. 지식경영을 바라보는 시각 때문에도 용어 사용에 어려움이 따른다(Sveiby, 1997). 지식경영에 대한 시각에는 객체 *object* 로서의 지식이라는 시각과 과정 *process* 으로서의 지식이라는 시각 두 가지가 존재한다. **지식을 객체로 보는 시각은 컴퓨터공**

학이나 정보공학 교육을 받은 사람이 공통적으로 갖고 있다. 이들은 지식을 정보 시스템 내에서 식별되고 다루어질 수 있는 대상으로 본다. 그들은 데이터베이스와 기타 저장장치에 초점을 맞추고, 문서 등과 같은 지식 산출물을 공유하는 메커니즘에 초점을 맞추며, '지식이전 *knowledge transfer*'과 같은 용어를 즐겨 사용한다. 지식을 객체로 보는 사람에게 있어 지식경영(지식관리)은 전자신호와 기타 전자 표현물을 조작하는 것을 의미한다. 그 반면에, **지식을 과정으로 보는 시각**은 철학·심리학·사회학·경영학 등을 전공한 사람이 공통적으로 갖고 있다. 이들은 지식을 학습과정의 산물로 보며, 협업과 학습 및 문제해결을 촉진시킴으로써 인간 개인의 숙련기술과 행위를 평가·변화·개선시키는 작업에 주로 관여하고, '실행자 공동체*community of practice*' 같은 용어를 즐겨 사용한다. 지식을 과정으로 보는 사람에게 있어 지식경영(지식관리)은 사람들의 활동 흐름을 조화롭게 구성하여 이해와 통찰을 만들어내는 일을 의미한다. 그러나 지식을 진정으로 관리하거나 활용극대화하려면 객체와 과정을 동시에 관리해야만 한다. 하지만 그런 일은 하나씩 떼어놓고 봐도 매우 어려운 도전과제이기 때문에, 양자를 동시에 고려하여 관리하는 일은 굉장히 어려울 수밖에 없다.

지식은 왜 관리되어야 하는가? 지식을 관리하여 얻을 수 있는 이득은 무엇인가? 지식이 효과적으로 관리되지 않으면 어떤 손해가 있는가? 그 답은 분명하다. 지식에 관련된 활동이 스스로 알아서 전개되도록 놓아두지 않고 지식을 적극적으로 관리한다면, 조직은 여러 가지 긍정적이고 바람직한 결과를 얻을 수 있다. 예를 들어, 스튜어트(Stewart, 1997)는 지식을 관리하는 이유로 신속한 지식 공유, 집단 지식의 성장, 리드타임 단축, 생산성 향상 등을 제시하고 있다. 펠(Fell, 2001)은 지식을 관리하는 데 따르는 주요 편익을 다섯 가지로 파악했다([표 4-1] 참조).

- 지식을 관리하면 기업과 고객에게 경쟁우위를 창출시킬 수 있다.
  정보와 최선의 관행을 공유함으로써 조직은 시장점유율을 향상시
  키고 재무적 성장의 기회를 확대할 수 있다. 더 나아가, 지식을 관

[표 4-1] 지식을 관리하는 데 따르는 편익

지식관리의 편익	편익이 발생하는 이유
지식을 관리하면 기업의 경쟁우위와 고객에 대한 경쟁우위가 창출됨	• 정보와 최선의 관행을 공유함으로써 조직은 시장점유율을 향상시키고 재무적 성장의 기회를 확대할 수 있음 • 더 나아가, 지식을 관리하면 해당 기업을 경쟁업체와 차별화시키는 수단이 마련됨
지식을 관리하면 진정으로 고객에 초점을 맞추는 문화가 창출됨	• 조직의 적절한 자원을 투입하여 신속하고 효과적으로 고객의 문제를 해결하거나 고객의 욕구를 충족시킬 수 있음
지식의 관리는 촉매로 작용할 수 있음	• 도구와 자원 및 시스템을 통하여 제품 및 서비스 개발 시 창의성과 혁신을 촉발시키는 데 도움을 줌
지식을 관리하면 출시에 소요되는 기간을 단축할 수 있음	• 생산성을 향상시켜주는 최선의 관행과 학습 및 기타 시간절약 수단 등의 활용을 극대화함으로써 제품을 더 빨리 출시하게 만들어줌
지식을 관리하면 기업의 전략적 선택대안의 수를 늘릴 수 있음	• 전반적인 시장전략과 사업전략뿐만 아니라 연구개발에 지적재산의 활용을 극대화함으로써, 가치를 창출하는 새로운 방법을 발견할 수 있음

리하면 해당 기업을 경쟁업체와 차별화하는 수단이 마련된다.

• 지식을 관리하면 진정으로 고객에 초점을 맞춘 문화가 창출된다. 조직의 적절한 자원을 투입하여 신속하고 효과적으로 고객의 문제를 해결하거나 고객의 욕구를 충족시킬 수 있다.

• 지식의 관리는 제품 및 서비스 개발 시 창의성과 혁신을 촉발시키는 데 도움이 되는 도구와 자원 및 시스템을 창출하는 촉매로 작용한다.

• 지식을 관리하면 생산성을 향상시키는 최선의 관행과 학습 및 기타 시간절약 수단의 활용이 극대화되어 출시에 소요되는 기간을 단축시킬 수 있다.

• 지식을 관리하면 전반적인 시장전략과 사업전략뿐만 아니라 연구개발에 지적재산의 활용이 극대화되어 기업의 전략적 선택대안의 수를 늘릴 수 있다.

지식경영은 조직이 시장의 위협과 문제 및 기타 변화에 효과적으로 대응하게 만들어준다. 버크만 랩*Buckman Laboratories*은 프랑스의 어떤 고객이 문제에 대한 해결책을 필요로 했을 때, 미국에 있는 버크만사의 직원이 자사의 K′netix 지식 네트워크에서 예전에 개발된 해결책과 발표자료를 찾아내어 모나코에 있는 버크만사 직원에게 알려주었고, 이 직원이 프랑스 고객에게 해결책을 제공해주었다는 사실을 알게 되었다 (Hackett, 2000). 또 다른 버크만사 직원은 미생물에 대한 통제 문제로 고민하고 있었는데, 그와 비슷한 유기체를 활용하는 소규모 맥주 제조작업을 취미로 가졌던 지구 반대편의 동료직원이 알려준 방법으로 해결할 수 있었다. 두 경우에 있어 신속한 지식 공유 덕택으로 고객의 문제를 신속하게 해결하여 생산성을 높일 수 있었다. 이러한 지식 공유 역량은 회사에 큰 이익을 안겨주었다.

지식경영은 조직이 새로운 시장과 기회를 예상하여 적극적으로 파악할 수 있게 해준다. 성공적인 초국가 기업은 잠재적인 가치가 있는 기술과 시장 지식을 전세계에서 탐색하고 평가한다(Doz, Santos & Williamson, 2001). 음반 회사인 폴리그램 *Polygram*은 지식경영을 통하여 향후 전세계적으로 크게 성공할 수 있는 아티스트 발굴 능력을 갖춘 조직을 구축했다. 이 회사는 상파울로·레이캬비크·나폴리·파리·아테네·홍콩 등여러 도시의 술집과 나이트클럽에서 현지의 재능 있는 아티스트를 찾아냈다. 국제 음악시장에 대한 지식을 활용하여 폴리그램은 세계 최대의 음반 회사가 된 것이다.

지식경영은 조직과 개별 직원이 인적자본의 활용을 극대화하는 데 도움을 준다. 버크만 랩은 지식 네트워크를 가장 성공적으로 활용한 직원을 '파워 유저 *power users*'로 구분하고 있다. 파워 유저는 자신의 의사소통 폭을 넓히는 데 지식경영 도구를 잘 활용하였고, 이로 인해 조직 내에서 미치는 영향력이 더 커진 것이라고 회사는 판단하고 있다. 이는 모두 다 승자가 되는 셈이다. 파워 유저는 조직을 발전시킬 능력을 갖추고 있기 때문에 자신의 가치를 조직에 입증하는 것이고, 이에 따라 새로운 기회가 생기면 더 큰 책임을 맡게 된다(Martinez, 1998).

지식을 적극적으로 관리하지 않을 경우엔, 조직이 당면한 과제를 해결하는 데 적용될 수 있는 방식으로 지식을 포착하지 못한다. 예컨대, 미국 육군은 지식의 관리를 우연에 맡기지 않기 때문에 야전훈련에서 얻은 학습 교훈을 정확하게 해석하고 전파하여 행동을 개선시킬 수 있었다. 이에 따라, 미 육군은 사후검토 *after-action review* (AAR) 과정을 개발하여 야전 경험에서 얻은 통찰력을 즉시 보고하고 문서화해서 공유하게 했다. 이러한 공식적인 과정이 없다면 여러 가지 유용한 관찰 사항과 뛰어난 발상이 사장될 가능성이 큰 것이다. 이처럼 AAR이나 다른 형태의 '실천학습'은 지식이 신속하고 광범위하게 조직의 지적자본으로 편입되게 만들어준다.

전체적으로 볼 때, 지식경영은 조직에 많은 편익을 가져다준다. 조직은 문제와 위협에 더 효과적으로 대처할 수 있고, 기회에 더욱 적극적으로 대응할 수 있다. 지식기반 경제에서는 다른 자원과 함께 지식을 관리하는 일이 선택이 아니라 필수인 것이다.

지식경영이란 무엇인가?

피라미드 건설의 예를 살펴보면 분명히 알겠지만, 지식경영에 이동전화나 컴퓨터, 인터넷, 또는 기타 첨단기술이 필요한 것은 아니다. 하지만 그런 기술을 활용하면 지식을 지금까지는 도저히 상상조차 할 수 없었던 방식으로 관리할 수 있는 가능성이 생겨난다. 오늘날, 지식경영에 대해 생각할 때면 최첨단 인트라넷과 인터넷 응용도구의 이미지를 떠올리는 경우가 대부분이다. 그로 인해 지식경영을 정의할 때 직접적인 언급은 않더라도 으레 기술과 연결시키곤 한다.

지식경영은 여러 방식으로 정의되었다. 지식경영에 대한 정의마다 공통 사항이 포함되어 있긴 하지만, 각각의 정의는 뭔가 다른 내용을 강조하고 있다. 그 예를 살펴보기로 하자.

- 지식경영은 "사람들이 만들어낸 인공물에 암묵지 형태로 담겨 있거나, 아니면 개인이나 공동체가 형식지 형태로 갖고 있는 지적자산을 파악하고, 최적화하며, 적극적으로 관리하는 것"이다 (Snowden, 1998).
- 지식경영은 "대응력과 혁신을 증대시키기 위해 집단의 지혜를 활용극대화하는 것"이다(Cortada & Woods, 1999).
- 지식경영은 "기업의 정보자산을 파악 · 획득 · 검색 · 공유 · 평가하는 데 대한 통합된 접근방법을 촉진하는 학문분야이다. 정보자산에는 데이터베이스 · 문서 · 방침 · 절차 등과 아울러, 개별 근로자가 보유하고 있지만 포착하기 어려운 암묵적인 전문성과 경험이 포함된다"(Neilson, 2001).
- 지식경영은 "조직의 성과를 향상시키고 가치를 창출하기 위해 지식을 창출 · 유지 · 적용 · 공유 · 갱신시키는 과정에 주의를 집중하는 것을 의미한다"(Buckman, 1997).
- 지식경영은 "능률과 혁신 그리고 더 빠르고 효과적인 의사결정을 통하여 경쟁우위와 고객의 헌신을 확보하기 위해 지적자본을 이용하고 활용하는 관행"을 말한다(Barth, 2000).

위의 모든 정의에서는 두 가지 주요 테마가 명백하게 드러난다. 첫 번째 테마는 유용한 지식을 획득하고 전파하는 일과 관계가 있다. 조직은 유용하게 활용될 수 있는 지식을 내부와 외부의 다양한 출처에서 찾아내고 획득한 다음, 정보를 활용할 수 있는 직원(그리고 다른 사람)에게 학습된 지식을 전파시켜야만 한다. 두 번째 테마는 경쟁우위를 창출시키는 방향으로 지식을 적용하는 일과 관계가 있다. 이러한 두 번째 테마는 새로운 제품과 서비스를 만들어내고, 고객에 대한 서비스의 능률을 개선하며, 새로운 가치창출의 원천을 만들어내는 역량을 개발하기 위해 지식을 활용하고 공유하는 데 초점을 맞춘다. 이러한 두 가지 테마는 버크만사 직원인 마이크 앤슬리*Mike Ansley*가 다음과 같이 했던 말에 가장 잘 요약되어 있다(Cohen, 1997 : 8).

> 그것은 고객에게 긍정적인 결과를 안겨주기 위해 가능한 한 많은 사람이, 가능한 한 최선의 방법으로, 가능한 한 많은 지식을 창출하고 이전하는 방법을 이해하고 있느냐의 문제이다. 그것은 고객이 요구하는 사항을 이행하기 위해 하드웨어와 소프트웨어 및 인간의 두뇌(사람)에 들어 있는 지식을, 타당성 있고 유용한 방법으로, 최대한 끄집어내는 일이다.

지식경영의 성격을 이해하는 한 가지 유용한 방법은 지식을 축적물 *stocks*과 흐름*flows*이라는 두 가지 주요 구성요소로 나누는 것이다 (Stewart, 1997). **지식 축적물**이란 조직이 수집한 노하우와 경험 및 지혜의 저장물을 말한다. 동료의 지식을 손쉽게 활용할 수 있게 만들어주는 데이터베이스 그리고 혁신을 자극하거나 문제를 해결해줄 수 있는 방대한 정보는 지식 축적물이 된다. 지식 축적물은 조직이 범세계적으로 더 효과적으로 일할 수 있도록 해주며 전문지식을 즉시 전달해준다. 스튜어트(Stewart, 1997)는 지식 축적물에 저장되어야 할 세 가지 주요 항목을 제시하고 있는데, 그것은 기업 인명부와 학습 교훈 그리고 경쟁업체 동향 정보이다. 기업 인명부*corporate yellow pages*는 조직 내에서 전문지식 공급원을 찾아주는 수단이 된다. 그 이름이 의미하듯이, 마치 전화번호부를 펼쳤을 때처럼 '손가락만 놀리면' 적절한 지식을 갖추고 있는 적정한 사람을 적정 시기에 찾아낼 수 있게 해주는 수단이다. 학습 교훈 *lessons learned*이란 어떠한 과업이나 프로젝트를 완료한 시점에서 잘된 일은 무엇이고, 잘못된 일은 무엇인지를 성찰한 다음, 그 내용과 아울러 향후 비슷한 일을 맡았을 때 참고할 수 있는 지침도 함께 기록해놓은 문 서를 말한다. 제너럴 모터스에서는 현장 정비사에게 음성으로 작동되는 소형 컴퓨터를 지급하여, 작업 중에 벨트에 착용하고 정비절차를 큰 소 리로 말해 녹음시키고 있다(Burton-Jones, 1999). 그렇게 하면 녹음된 음 성은 즉시 문장으로 변환된다. 이 회사는 새로운 학습 교훈이 입수되면 인트라넷을 통해 정비사로부터 그 정보를 수집한 다음, 본사에서 평가하 여 서비스 절차와 훈련 매뉴얼을 개정하고 있다. 경쟁업체 동향 정보 *competitor intelligence*에는 경쟁업체의 제품·프로세스·재무·고용활 동 등에 관한 지식이 포함된다. 이러한 지식 중 많은 부분은 인터넷과 연 차보고서, 사보, 기타 공개 문서 등에서 신속하고 능률적으로 입수된다. 예컨대, 실리콘밸리의 일부 기업은 경쟁업체가 구하고 있는 인재의 종류 로부터 그 회사의 제품개발 방향에 대한 단서를 얻기 위해 지방신문과 〈월스트리트저널〉의 구인란을 일상적으로 검토한다. 하지만 경쟁업체 동향 정보를 입수하고 활용할 때 주의해야 할 점이 있는데(Warren, 2002), 그것은 데이터에 대한 해석뿐만 아니라 데이터 자체의 정확성을 판단하기가 어렵다는 사실이다. 기업 인명부와 학습 교훈 및 경쟁업체 동향 정보는 핵심적인 지식 축적물이긴 하지만, 기업에 따라 자사에 유 용한 지식 축적물을 추가적으로 보완할 수도 있다.

지식 흐름이란 개인들간에, 부서 및 기능 간에, 공급업체와 유통업체 간에 이뤄지는 지식의 움직임을 가리킨다. 서류 중심으로 움직이던 20 세기 기업에서는 지식을 이동시키는 메커니즘이 느리고 답답하게 작동

하는 경우가 많았다. 지식이 담겨 있는 보고서와 양식 그리고 기타 유형
有形의 기록물은 규칙에 얽매여 있는 위계구조를 통해 흘러 다녔기 때문
에, 적절한 사람에게 적절하지 않은 시간에 전달되는 경우가 종종 있었
다. 하지만 기술발전에 힘입어 지식의 흐름은 즉시 이뤄지게 되었으며,
이에 따라 정보를 필요로 하는 사람은 자신이 필요로 할 때 그리고 사용
할 수 있을 때 그것을 입수할 수 있게 되었다. 기술이 지식 흐름을 가속
화시켰음에도 불구하고, 지식의 전파에 로우테크 *low-tech* 접근방식을
채택한 기업도 상당수 있다. 예컨대, 제록스사는 '팀워크의 날'을 개최
하여 구매 · 제조 · 영업 · 설계 · 고객서비스 등의 팀이 대회의장에서
함께 만나 부스를 설치하고 현재 하고 있는 일과 학습한 내용을 공유한
다(Stewart, 2000). 인트라넷과 인터넷 그리고 '인간망 *peoplenet*'이 지식
흐름의 동맥이 되는 것이다.

하지만 기술진보에 따른 지식 흐름의 증가와 확산이 항상 편익을 가
져다주는 것만은 아니라는 점에 주의해야 한다. 산업화 시대에는 제대
로 의사결정을 내리기에 충분한 정보가 없다는 불평이 주로 들렸지만,
지식경제에서는 정보 과부하가 주요 문제로 대두되고 있다. 과도하게
쇄도해 들어오는 데이터를 분류하여 타당성과 신뢰성이 있는 정보를 추
려내는 일이 가장 시급한 문제인 것이다. 미국의 9.11 테러 사태에 대해
사후적으로 분석한 결과에 따르면, 엄청난 양의 정보를 입수할 수는 있
었으나 그것을 시의적절하게 분류하고 분석하기가 어려워 결국 그러한
재앙을 맞이할 수밖에 없었다고 한다. 이러한 정보 과부하로 말미암아
인적자본의 비판적 사고와 의사결정 인식틀 설정 그리고 기타 분석력
및 판단력이 효과적 지식경영에 있어 지극히 중요한 역할을 수행한다.

데이븐포트와 프루삭(Davenport & Prusak, 1998)은 지식 축적물을 구

축함과 동시에 지식 흐름을 촉진시키는 지식경영의 4단계 과정을 파악해냈다. 그들은 이러한 과정을 순차적인 단계로 설명하고 있으나, 그 과정이 실제로는 유동적이며 개방적이라는 점을 인정하고 있다. 지식경영의 4단계 과정은 다음과 같다.

1. **창출과 획득**creation and acquisition : 이 단계에서 조직은 필요한 지식을 습득한다. 지식은 세 가지 주요 경로를 통해 획득된다. 첫째로, 조직은 필요한 지식을 구입할 수 있다. 기업이 다른 기업을 인수할 때에는 인적자본과 구조자본 및 고객자본을 사들이는 것이다. 구조자본을 구입하려면 프로세스 및 업무관행에 관련된 지식을 입수하거나 노하우가 담겨 있는 기술 시스템을 공급업체로부터 사들이면 된다. 하지만 인적자본은 직원이 보유하고 있고, 고객자본은 조직과 고객과의 관계 속에 존재한다. 따라서 필수적인 지식을 보유하고 있는 핵심 직원이 누구인지를 파악하는 일이 효과적인 지식경영의 필수 구성요소가 된다. 그러한 핵심 직원에게는 회사에 계속 남아서 자신의 지식을 공유해달라고 설득해야 한다. 또한 핵심 고객을 파악하여 거래를 계속해달라고 설득할 수도 있다. 둘째로, 조직은 필요한 지식을 임차할 수 있다. 이는 앞에서 논의한 바 있는 얼리치(Ulrich, 1998)나 하멜과 프라할라드(Hamel & Prahalad, 1993)가 제시한 임차 전략과 관련이 있다. 컨설턴트나 교수를 활용하는 일은 지식을 임차하는 한 가지 방법이 된다. 만일 조직이 지식이전 메커니즘을 제대로 설치 · 운영한다면 임차한 지식을 '자기 것' 으로 만들 수 있다. 셋째로, 조직은 필요한 지식을 스스로 개발할 수 있다. 예컨대, 채퍼랠 스틸사Chaparral Steel는 모든 직원이 뭔

가를 새롭게 하는 방법과 업무를 새롭게 수행하는 방법을 생각해 내도록 독려하고 있다. 이 회사는 또한 직원에게 교육 안식년을 제공해 지식습득에 집중하고 평생학습의 개념을 강화하도록 하고 있다. 채퍼랠 스틸은 자사의 독특한 경쟁우위를 보호하기 위해 자체적으로 지식을 개발하고자 하는 의도를 가지고 있는 것이다.

2. **기록** *codification* : 기록의 목적은 한정된 곳에만 존재하며 종종 암묵지 성격을 띠는 지식을 형식지로 바꾸고 활용 가능한 형태로 만들어 널리 배포하는 데 있다. 스노든(Snowden, 1998)은 이에 대해 개인이 형식지를 공동체로 이전시키고, 암묵지를 형식지로 변화시킨 다음 예전에는 암묵지 상태로 있었던 지식을 개인이 공동체로 이전시키는 과정이라고 설명한다. 지식을 기록하는 작업은 여러 가지 형태로 이뤄질 수 있다. 예컨대, 작업자가 자신이 활용했던 절차를 문서화하여 그러한 내용을 지식 데이터베이스에 올릴 수 있다. 회사는 ERP 시스템과 같은 정보기술에 투자하여 업무 프로세스와 정보 흐름이 맞물려 돌아가게 만들 수도 있다. 기록될 수 있는 정보의 유형은 매우 다양한데, 개인이 보유하고 있는 지식, 조직 네트워크, 실행자 공동체가 개발한 알고리즘, 프로젝트 팀에 활용할 수 있는 휴리스틱 *heuristics* (추론과 경험을 통한 탐색 방법 – 옮긴이 주), 실력과 역량, 프로세스, 사건 등이 모두 기록될 수 있다.

3. **배포** *distribution* : 배포의 목적은 지식을 필요로 하고 그것을 활용할 수 있는 사람이 지식을 입수할 수 있게 만들어주는 데 있다. 지식배포에 가장 일반적으로 활용되는 방법은 그룹웨어와 지식베이스 그

리고 인트라넷 등이다. 지식활용을 수월하게 만들려면 지식에 쉽게 접근할 수 있어야 할 뿐만 아니라 편리하고 이해하기 쉽게 지식이 정리되어야 한다. 따라서 지식을 효과적으로 배포하려면 데이터를 목록과 범주에 따라 정리하는 메커니즘을 가동시켜 타당성 있는 정보가 시의적절하게 식별될 수 있게 만드는 작업도 수행해야 한다. 이러한 과정은 필요한 것을 편리하게 찾을 수 있게 만들어 주는 도서목록 분류 작업이나 전화번호부 색인 작업과 유사하다. 인사부서는 사람에 민감한 시스템을 설계하는 작업과 그러한 시스템을 활용하는 데 필요한 훈련을 실시하는 작업에 기여할 수 있는 것이다.

4. **활용** *use* : 지식이 기업의 경쟁력에 영향을 미치려면 문제해결과 새로운 아이디어 창출에 지식이 적용되어야만 한다. 창출·기록·배포되었지만 활용되지 않는 지식은 읽지 않은 책으로 가득 찬 도서관과 다를 바 없다. 지식을 단지 활용 가능하게 만들어주는 일만으로는 충분치 않다. 말을 물가로 끌고 갈 수는 있지만 물을 마시게 할 수는 없는 것이다. 지식에 대한 관심을 이끌어내야 하며, 지식을 획득하고 공유하고자 하는 욕구를 만들어내야만 한다. 사람들이 자신에게 어떤 정보가 유용할 것 같으며 그런 정보를 어떻게 적용해야 할 것인지를 이해하도록 유도해야 한다. 잠자고 있는 지식은 아무런 차이도 만들어내지 못한다. 지식을 능숙하게 활용하는 직원을 채용하는 일은 조직의 목적 달성에 기여하는 방향으로 지식이 활용되게 하는 한 가지 방법이 된다. 프로젝트에 적절한 지식을 투입하는 일을 전담하는 역할을 만들 수도 있다. 다른 모든 자원을

활용하는 것과 마찬가지로, 인사부서는 직원이 활용 가능한 조직의 자산을 충분히 활용하도록 유도하는 방법을 개발해내야만 한다. 여기에는 조직의 역량을 향상시키기 위해 지식을 활용하는 데 필요한 동기, 실력, 가치관, 기업의 전략적 의도에 대한 지식 등을 개발하는 일이 포함된다.

최근에 개최되었던 전문가 학회에서 지식경영에 관해 참석자들이 보고했던 내용을 요약하면 다음과 같다(Cohen, 1997 : 5). 첫째, "지식은 체계적으로 가치가 인정되어야 하고, 육성되어야 하며, 공유되어야 하고, 활용되어야 하는 조직의 자산이다". 효과적인 지식경영은 오늘날 글로벌 경제에서 경쟁하는 데 대단히 중요하다. 둘째, "지식은 인간의 경험과 사회적 맥락에 근거하고 있기 때문에, 지식을 관리하는 일은 대규모 조직에서 지식을 공유하고 활용하는 데 필수 요소가 되는 기술뿐만 아니라, 사람과 문화 그리고 조직구조에 관심을 쏟는다는 것을 의미한다". 셋째, "성공적인 지식경영은 조직의 내부 운영방식과 고객 및 파트너와의 사업방식이 근본적이고 지속적으로 변화될 것을 요구할 수도 있다". 이러한 세 가지 결론을 살펴보면 조직 내의 지식경영에서 인사부서가 중요한 역할을 수행할 기회가 있다는 사실을 분명히 알 수 있다(표 4-2 참조).

[표 4-2] 인사부서와 지식경영 과정

지식경영의 단계	정의	인사부서의 활동
창출과 획득	구입, 임차, 또는 개발을 통해서 조직이 필요한 지식을 획득함	• 지식의 원천을 파악함 • 지식획득의 중개자 역할을 수행함 • 지식개발의 촉진자 역할을 수행함
기록	한정된 곳에만 존재하며 종종 암묵지 성격을 띠는 지식을 형식지로 바꾸고 활용가능한 형태로 만들어 널리 배포될 수 있게 만듦	• 포착해야 할 적절한 지식을 파악함 • 지식을 포착하기 위해 다양한 수단(비디오테이프, 문서화 등)을 활용함
배포	지식을 필요로 하고 그것을 활용할 수 있는 사람이 지식을 입수할 수 있게 만들어줌	• 지식의 배포에 활용되는 사람에 민감한 시스템을 설계함 • 사용자에게 정보에 접근하는 방법을 훈련시킴
활용	문제해결과 새로운 아이디어 창출에 지식을 적용함	• 정보의 접속지점을 사용하기 편리하게 만듦 • 지식을 활용하는 사람에게 보상을 제공함

지식 촉진자로서의 인사부서

인사부서가 지식 촉진자 역할을 맡아야 하는 이유는 무엇인가? 그 이유는 몇 가지가 있다. 첫째로, 조직 내의 다른 사람(특히 정보기술 전문가)이 공백을 메우고는 있으나, 그들은 지식경영의 인간적 요소에 초점을 맞출 만한 실력과 역량을 갖추지 못했을 수가 있다. 그들은 데이터베이스와 정보 시스템의 일류 전문가일지는 모르나, 그렇다고 해서 '인간 시스템'

의 전문가라고 할 수는 없다. 직원들이 실제로 정보를 획득 · 해석 · 배포 · 활용하는 방식을 반영하지 못하는 기술적인 정보 시스템을 설계하는 일은 그것이 실패하는 가장 일반적인 원인 중 하나가 되고 있다(Davenport, 2000). 토머스 스튜어트(Thomas Stewart, 1997 : 139)가 설명하듯이, "기술의 역할은 실제의 지식 네트워크, 즉 사람들이 서로 대화를 나누는 비공식적인 지식 네트워크를 지원하는 것이다". 인사부서는 사람들이 서로 이야기를 나누는 이러한 비공식적 네트워크에 초점을 맞출 수 있다. 바니(Barney, 1995)가 설명하듯이, 어떤 자원을 완전히 활용하려면 그 자원의 구성체계, 통제 시스템, 보상관행, 보완적인 자원으로 작용하는 관계 등을 기업이 설계해야만 한다. 또한 정보의 저장 기술과 이전 기술을 공급하는 업체가 최선의 관행을 자의적으로 판단하고 결정해서 자사가 판매하는 시스템에 그러한 평가내용을 반영시키는 경우가 많아짐에 따라, 일정한 기술이 특정 산업에서 광범위하게 확산되는 경우를 흔히 볼 수 있다. 그러나 지식의 활용방식과 그로부터 얻어지는 사회자본이득은 모방하기가 훨씬 어렵기 때문에 경쟁우위의 강력한 원천이 된다.

둘째로, 지식경영은 인사부서의 전통적인 기능이라 할 수 있는 훈련 및 개발을 초월하는 활동이다. 지식경영은 인적자원을 기업의 부가가치 창출과정에 직접적으로 통합시킨다. 지식경영은 가치창출의 구체적인 원천에 직접적으로 연결된 조직 역량을 만들어낸다. 예를 들어, 월마트 Wal-Mart의 구매시점 재고관리 시스템의 많은 부분을 케이마트 K-Mart 가 모방했다. 하지만 월마트의 지식경영 관행은 그 시스템이 제공하는 데이터를 훨씬 효과적으로 활용할 수 있게 만들어주었다. 이에 따라 이 회사의 네트워크에 들어 있는 개별 점포 관리자는 구매 · 마케팅 · 진열 및 기타 활동에 정보자원을 유용하게 사용함으로써 해당 지역에 가장 적절한 선택을 하는 방향으로 데이터를 활용한다. 월마트가 갖는 경쟁우위의 근원은, 더 우수하고 더 빠르며 현지 상황에 더 민감한 의사결정을 내릴 수 있는 방향으로 직원들이 지식을 효과적으로 활용하도록 돕는 인사부서의 역할에 놓여 있다. 케이마트는 그러한 역량을 아직 개발하지 못했기 때문에, 지금까지의 성과를 보면 알 수 있듯이, 전혀 달라진 경쟁성과를 내지 못하고 있다. 차이는 지식을 활용하는 방식에 있다. 그러므로 인사부서는 지식 촉진자로서 성과에 뚜렷한 영향을 미칠 기회를 갖고 있는 것이다.

셋째로, 공식적인 지식경영 프로그램을 개발하는 조직의 수가 늘어감에 따라, 그러한 투자로부터 이익을 내려면 중요한 문화적 변화와 행위상의 조정이 있어야 하는 경우가 자주 발생한다. 그래서 인사부서는 조직 내에서 주요한 변화주도자*change agent*가 되어야만 한다(Ulrich, 1998). 변화주도자로서의 인사부서는 조직이 급변하는 환경에 적응하는 일을 도울 수 있는 기회를 갖고 있다. 이는 기업이 문화를 형성하고 스스로 변혁하는 과정을 설계하는 작업에서 인사부서가 적극적인 역할을 담당해야 한다는 것을 의미한다. 인사부서는 변화주도자와 역할모델 구실을 하면서 기업의 지속적인 변화역량을 창출해내야 한다. 기업이 학습한 내용을 바탕으로 행동을 변화시킬 수 없다면 지식은 아무런 가치를 갖지 못한다.

끝으로, 지식경영은 조직의 문화와 기술 및 목표 등의 요소를 통합시키는 유연하고 총체적인 접근법을 필요로 한다. 통합은 우연히 이뤄지지 않으며, 조직 내에는 통합을 이뤄낼 만큼 넓은 시각을 갖고 있는 기능부서가 별로 없다. 그러한 요소를 한 곳으로 연결시키는 조직의 '접착제' 구실을 할 수 있는 위치에 있는 부서가 바로 인사부서다. 기업 전체에 걸쳐 사고와 행동을 통합시키는 기반이 되는 것은 바로 사람이며, 인사부서 업무가 주요 표적으로 삼는 대상이 바로 사람이기 때문이다.

인사부서가 지식 촉진자 역할을 담당하면서 수행해야 할 일은 무엇인가?([표 4-3] 참조) 첫째, 인사부서는 조직이 지식경영 시스템의 목적을 명확히 밝히도록 도와주어야 한다. 버크만 랩의 마크 코스키니미(Mark Koskiniemi, 2001)는 빈칸을 채우는 간단한 문장으로 그러한 작업을 요약하고 있다. "우리의 지식경영 활동은 ＿＿＿(누가) ＿＿＿(목표)를 달성하기 위하여 ＿＿＿(무엇)을 하는 데 도움을 주기 위한 것이다." 이러한 작성 예는, "우리의 지식경영 활동은 현장의 고객담당자가 수익성 있는 매출을 증대시킨다는 목표를 달성하기 위하여 현실 세계에서의 성공담을 접할 수 있게끔 도움을 주기 위한 것이다"와 같다. 이러한 말은 목표관리management by objectives와 비슷하게 들리지 않는가? 목표관리야말로 지식경영 활동이 실제로 중요한 문제를 다룰 때 인사부서가 수행해야 하는 역할인 것이다. 뚜렷한 목적의식이 없이 지식경영 활동에 투자하는 일은, 가족과 친구 사진을 찍는 데 충분한 수준을 훨씬 초과하는 고성능의 비싼 카메라에 돈을 허비하는 일과 비슷하다. 조직이 해결하고자 하는 문제가 무엇인지를 파악하기도 전에, 문제해결 기술부터 먼저 도입하는 일은 비일비재하다. 그 경우, 기업이 잘못을 깨닫는다고 해도, 먼저 채택한 해결방안을 포기하기가 어렵다는 사실과 진정한 문제점을 해결하는 데 필요한 해결방안에 투자할 만한 자원을 확보하기 어렵다는 사실을 알게 된다. 어떠한 행동방침을 정하기에 앞서 지식경영이 다루어야 할 이슈가 무엇인지에 대해 효과적으로 틀을 잡는 작업은 지식경영의 성공을 위한 중요 선행요건이다.

둘째, 인사부서는 지식 촉진자로서 조직의 사명과 윤리강령 및 방침

[표 4-3] 인사부서가 지식경영을 촉진시키는 방법

1. 인사부서는 조직이 지식경영 시스템의 목적을 명확히 밝히도록 도울 수 있다.

2. 인사부서는 조직의 사명과 윤리강령 및 방침 등의 요소가 한 방향을 이루게 만들어줄 수 있다. 이러한 요소는 지식이 경쟁력에 미치는 영향을 완전히 이해하면서 지식을 공유하고 활용하는 환경을 만들어내는 방향으로 정렬되어야만 한다.

3. 인사부서는 '직원이 회사의 본질을 경험' 하도록 도와줄 수 있다. 다시 말해서, 교육을 통해서 회사가 갖고 있는 암묵지를 형식지로 변환시켜 직원의 기술과 실력 및 경력을 다져주고 '강력한 인재 풀' 을 만들어내는 일을 도와줄 수 있다.

4. 인사부서는 지식의 효과적인 공유와 활용을 일상생활에 통합시킬 수 있다.

5. 인사부서는 통제를 완화시켜 산업의 능률이 지배했던 규칙적인 세계에서는 결코 용인되지 않았던 행위를 허용(심지어는 장려)해야만 한다.

6. 인사부서는 직원들이 이메일, 메신저, 인터넷 서핑 및 기타 기술 등을 활용하는 것을 회사가 관리감시하는 일을 지원하는 데 있어 전략적 접근방식을 취할 수 있다.

7. 인사부서는 지식경영에 대한 로우테크 해결방안을 적극적으로 활용할 수 있다.

등의 요소가 한 방향을 이루게 만들어야만 한다. 이러한 요소는 지식이 경쟁력에 미치는 영향을 완전히 이해하면서 지식을 공유하고 활용하는 환경을 만들어내는 방향으로 정렬되어야만 한다. 예를 들어, 버크만 랩은 다음과 같은 사명을 갖고 있다.

> 버크만 랩의 직원인 우리는 고객에게 적합한 서비스와 제품 전달 그리고 지식의 창조적 적용을 통해서, 고객에게 제공하는 결과물과 품질을 측정 가능하고 비용효과가 있는 방식으로 개선시키는 데에 있어서 탁월해야 한다.

위와 같은 사명 외에도 버크만사의 윤리강령은 지식을 공유하는 환경을 만들어내는 데 필수적인 존중과 신뢰를 강조하고 있다. 하지만 경계선도 뚜렷하다. 버크만사 직원은 서로간에 지식을 공유해야만 하고 서비스를 공급받는 고객과도 지식을 공유해야 하지만, 고객이 자신의 지식기반 우위를 경쟁업체로부터 보호하는 능력을 보존시켜주어야만 한다. 그러므로 인사부서는 경영진과 관리자 모두가 적절한 지식 공유를 가능케 하는 사명과 윤리강령 및 방침에 따라 일관성 있게 처신하도록 해야만 한다. 즉 경영진과 관리자가 '자신이 말한 바를 반드시 실천하도록' 만들어야 하는 것이다. 더 나아가, 인사부서는 적절한 사람이 적절한 정보를 적절한 시기에 얻을 수 있는 문화를 육성해야만 한다(Fell, 2001).

셋째, 펠(Fell, 2001)은 인사부서가 '직원이 회사의 본질을 경험' 할 수있게 해주어야 한다고 주장한다. 다시 말해 교육을 통해서 회사가 갖고있는 암묵지를 형식지로 변환시켜 직원의 기술과 실력 및 경력을 다져주고 '강력한 인재 풀' 을 만들어내야만 한다. 이를 위해서는 훈련 및 개발이라는 인사부서의 전통적인 책임에다 인적자본 스튜어드십에 관련된 새로운 책임을 결합시킴으로써, 조직의 모든 자원을 활용하여 전략적 역량을 창출해내야 한다. 디즈니사의 오리엔테이션은 신입사원으로하여금 '마법의 왕국' 을 직접 체험시키면서 회사의 사명과 가치관 및역사를 강조한다. 이는 암묵지를 더욱더 가시적인 형태로 변환시키는과정의 좋은 사례다.

넷째, 인사부서는 지식의 효과적인 공유와 활용을 일상생활에 통합시켜야만 한다(Cohen, 1997). 다시 말해 지식의 공유를 기대하고 인정하고보상해주어야 한다. 많은 개인과 조직에 있어서는 그렇게 하는 것이 지식과 권력 간의 전통적인 관계를 뒤집는 일처럼 느껴질 것이다. 지식을감춰두고 혼자만 활용할 경우 개인의 가치가 더 커져서 대체하기 어려워질 것이라는 생각이 일반적인 경향으로 자리잡은 경우가 많았다. 지식경영이 효과적으로 전개되려면 그러한 경향이 바뀌어야 하며, 정보를 갖고 있는 사람이 교사와 멘토가 되어 자신이 알고 있는 것을 다른 사람에게 알려줘야만 한다. 또한 가르치는 일이 일상업무의 한 부분이 되어야 한다. 이러한 문화적 변화를 일으키려면 인사부서가 선발과 평가 및 보상관행을 뜯어고쳐야만 한다는 점은 분명하다. 인사부서는 지식 공유에 대한 기대를 만들어내고 측정하고 강화시킬 수 있는 역량을 갖고 있다.

다섯째, 인사부서는 통제를 완화시켜 산업의 능률이 지배했던 규칙적인 세계에서는 결코 용인되지 않았던 행위를 허용(심지어는 장려)해야만 한다. 예를 들어, 과거에는 음료 자판기 주변에 모여 대화를 나누는 일은 근무시간을 비생산적으로 보내는 것으로 여겨졌다. 직원이 자기 책상에 앉아 직무기술서에 상세하게 나와 있는 구체적인 일을 수행하는 것이 아니었기 때문이다(Davenport, 1999). 지식경제에서는 "회사 안이나 바깥에서 나누는 대화는 변화와 개혁이 기업문화의 한 부분으로 계속해서 자리잡게 만들어주는 주요 메커니즘"이 된다(Webber, 1993:7). 또 다른 예를 들면, 일하기보다는 이야기하길 좋아하여 회사 내에서 '수다쟁이'로 통하는 사람을 생각해보자. 20세기 초반 프레데릭 테일러 시대의 산업공학자라면 그런 사람이 눈에 띌 만큼 가치 있는 일을 하지 않는 것처럼 보이기 때문에 직장에서 내쫓아버렸을 것이다. 하지만 대화가 기업의 전략적 의도를 알리는 적절한 수단이 되는 지식경제에서는 그런 수다쟁이를 '지식 중개인'으로 볼 수 있다. 회사의 곳곳을 돌아다니며 어떤 일이 벌어지는가를 듣고 옮기기 좋아하는 지식 중개인은 서로간에 직접적으로 의사소통을 하지 않는 집단 사이에서 아이디어를 전달해줌으로써 새로운 지식의 창출을 자극한다. 만일 대화 주제가 조직의 필요에 맞아떨어진다면 그들은 꽃을 수분시켜 큰 생태계를 지속시키는 꿀벌과 같은 역할을 할 수 있다. 이러한 유형의 행동에 대해 조직은 일률적으로 금지하고 처벌만 할 게 아니라 경우에 따라서는 인정하고 보상을 해주어야 한다. 분명, 모든 대화가 생산적이고 건설적이지는 않을 것이다. 따라서 학습공동체를 촉진하기보다는 저해하는 수다쟁이에 대해서는 인사부서가 제재를 가하는 역할을 수행해야만 한다. 인사부서는 자기 역할에 대한 관점을 조정해야(규칙을 강요하던 역할에서 벗어나야) 할 뿐만 아니라, 관리자와 그밖의 사람들이 자기가 '진정으로 해야 할 일'에 대해 갖고 있던 생각에서 벗어나 새로운 관점을 갖게 해야 한다.

여섯째, 인사부서는 직원들이 이메일, 메신저, 인터넷 서핑 및 기타 기술을 활용하는 것을 회사가 관리감시하는 일을 지원하는 데 있어 전략적 접근방식을 취해야만 한다. 분명, 인터넷은 지식을 생성하고 전파시키는 데 일익을 담당하기 때문에 지식경영의 필수적인 부분이 된다. 그러나 직원의 이메일을 감시한다든지, 방문한 웹사이트를 추적한다든지, 또는 프라이버시 침해 소지가 있는 유사한 조치를 취할 때 발생할 수 있는 의도하지 않은 결과는 무엇인가? 물론 약간의 통제는 필요하다. 하지만 인사부서가 다루어야 할 좀더 중요한 문제는 적절한 경계를 정하는 일이다. 통제가 생산성에 역효과를 낼 때는 언제인가? 과도한 감시가 부적절한 프라이버시 침해가 되는 때는 언제인가? 이와 관련된 이슈로, 텔레커뮤니케이션의 일반화로 인해 직원간에 거리가 생기는 문제를 관리하는 일을 인사부서가 지원하는 경우를 들 수 있다. 직원이 기술에 의존하여 의사소통을 하는 경우가 많아지면서, 암묵지의 전달이 촉진되는 풍부하고 다각적인 관계를 진전시킬 기회가 상실되고 있다. 인사부서는 전자 매체에 과도하게 의존하는 데 따르는 부정적인 결과를 직원에게 예민하게 인식시키고 대면 접촉을 할 수 있는 기회를 만들어냄으로써, 사회자본을 개발하는 데 기여할 수 있다.

일곱째, 인사부서는 지식경영에 대한 로우테크 해결방안을 적극적으로 활용해야 한다. 하이테크 지식경영 도구를 무시해서는 안 되겠지만, 인사부서는 로우테크 지식경영 전략을 개발하는 데 활용할 수 있는 전문성을 갖추고 있다. 예를 들어, 더스트버스터 *Dustbuster* 진공청소기를 개발하는 팀이 결성되었을 때, 이 팀에게 '작전상황실*war room*'을 하나 주고 거기에 모든 자재를 펼쳐놓고, 팀원이 작성한 스케치, 모델, 메모 및 기타 자료를 벽과 작업공간 전체에 붙여놓고 쓸 수 있게 해주었다 (Cohen, 1997). 팀원들의 사고과정이 만들어낸 그러한 가시적인 산출물은 그들의 노력이 전개되는 공유 맥락을 만드는 데 도움이 되었으며, 그 방은 진정한 협업이 이뤄지는 작업공간으로 탈바꿈하였다. 다이이치 *Dai-Ichi* 같은 아시아 기업은 편안하게 앉아 녹차를 마실 수 있는 자리가 마련된 방을 마련해두고, 연구원이 매일매일 그곳에 들러 진행 중인 업무와 관련하여 누구와도 만나 30분 정도 대화를 나누기를 기대하고 있다. 이러한 두 가지 사례 중 어느 것도 금세 쓸모가 없어지는 기술이 요구하는 것만큼 많은 금전 투자를 필요로 하지 않는다. 하지만 두 사례는 기업이 지식 공유를 조화롭게 이끌고 촉진하는 과정을 인사부서가 지원하는 방법을 잘 보여준다.

지금까지 논의한 내용을 보면 알 수 있겠지만, 지식 촉진자 역할을 훈련 및 개발이나 보상 등과 같은 전통적인 인사관리 기능의 일부분으로 끼워 넣기란 쉽지 않다. 지식 촉진자 역할은 훨씬 더 광범위하기 때문에 전통적인 인사관리 활동을 창의적으로 통합시켜야만 수행이 가능하다. 따라서 전통적인 인사관리 기능의 제한된 범위를 벗어나 혁신적인 접근방법을 활용해야 할 뿐만 아니라 과거의 인력관리 방식을 완전히 탈피해야만 한다. 효과적인 지식 촉진자가 되려면, 인사관리란 역량을 창출해내는 수단이며, 지식근로자 공동체를 만들어내기 위해 인간적 요소를 활용하는 수단이라고 개념을 잡는 일이 가장 중요하다.

지식경제에서 조직이 성공하려면 지식 촉진자 역할이 중요한데, 이 역할을 효과적으로 수행하면 여러 가지 긍정적 결과를 얻을 수 있다 (Huang, 1998). 시간이 더 능률적으로 사용된다. 경험에서 얻은 지식을 활용극대화하여 직원이 고객에게 더 빨리 부가가치를 창출할 수 있다. 또한 개별 직원이 자신의 인적자본을 더 신속하게 확장시키고 최신화시킬 수 있다. 고객만족이 향상된다. 가장 최근에 개발된 최신의 관행을 즉시 입수하여 고객 맞춤형 해결방안으로 바꾸어 활용할 수 있다. 자원이 더 능률적으로 활용될 수 있다. 입증된 해결책을 재사용함으로써 절약되는 시간을 좀더 생산적인 다른 활동에 투입할 수 있다. 끝으로, 새로운 사업이 만들어질 수 있다. 고객과의 상호작용이 새로운 해결방안과 새로운 제품 및 새로운 서비스를 더 신속하고 더 효과적으로 발견하게 만들어줄 수 있다.

반면 지식 촉진자 역할을 제대로 수행하지 못할 경우 여러 가지 부정적인 결과가 나타나고 실수가 반복된다. 이에 따라 직원의 좌절감이 커질 뿐만 아니라 비용이 증가하고 대응시간이 지연된다. 몇몇 핵심 직원에게 과도하게 의존하게 되어, 조직의 운명을 다수가 아닌 소수의 손에 맡기게 된다. 또 업무가 중복되어 낭비와 비능률이 나타난다. 좋은 아이디어가 차단되고 공유되지 않아 조직이 환경 변화에 맞춰 적응하거나 조정하지 못하게 된다. 끝으로, 새로운 제품 및 서비스 시장에 대한 진입이 지연된다. 이는 급변하는 경제체제에서 파멸의 징후가 된다.

지식 촉진자 역할 수행 시 인사부서의 과제

산업화 시대에는, 지식이 필요할 때 입수하고 접근할 수 있게 하기 위한 수단으로 조직은 동일장소 배치 *co-location* 를 활용했다. 즉 모든 직원을 '한 지붕' 아래 모아 두었다. 혁신을 이끌어 가는 핵심 직원을 동일한 장소에 배치하는 관행은 오늘날에도 마이크로소프트 같은 기업이 여전히 사용하고 있다. 마이크로소프트사는 주요 개발활동을 전부 워싱턴 주에 있는 사옥에서 이뤄지게 하면서 팀원들이 대면 회의를 통해 의사소통을 하고 문제를 해결할 수 있도록 하고 있다. 마이크로소프트가 지식을 사들이기 위해 회사를 인수할 경우 인수한 회사의 직원을 마이크로소프트 캠퍼스로 데려온다.

동일장소 배치는 지식경영에 여러 가지 편익을 가져다준다(Doz, Santos & Williamson, 2001). 동일장소 배치는 '광대역' 커뮤니케이션의 최고 형태라고 할 수 있다. 쌍방향 대면 토의는 가장 풍부한 의사소통 매체를 제공해준다. 말투의 뉘앙스와 몸짓 그리고 얼굴 표정은 이메일보다 더 많은 정보를 더 효과적으로 전달해준다(감정 상태를 표현해주는 아이콘인 '이모티콘' 을 사용한다 해도 마찬가지다!). 대면 의사소통에서는 수신자가 보내오는 피드백을 좀더 정확하게 판단할 수 있으며 의사소통 단절을 좀더 손쉽게 예방할 수 있다. 또한 동일장소 배치는 직원 사이의 상호작용 빈도를 증가시킨다. 의사소통은 가끔씩 메시지를 주고받는 기회에만 국한되지 않는다. 몇 걸음만 옮기면 되기 때문에 언제라도 즉각적으로 사람들 만날 수 있다. 잠시 성찰을 해볼 시간을 가진 다음에 다시 대면하여 대화를 나눌 수 있는 여유도 생긴다. 그런가 하면 동일장소 배치는 우연한 만남과 운 좋은 만남이 이뤄질 확률을 높여준다. 우연한 만남은 복도에서, 음료 자판기 앞에서, 화장실에서 이뤄질 수 있다. 이러한 만남은 지식 공유의 기회가 될 수도 있고, 직무 성과와 조직 성과에 직접적인 영향을 미칠 수도 있다. 똑같은 장소에서 함께 일하면 '조화를 이루고 의견이 일치하는' 상태가 될 수 있다. 즉 친하고 가깝게 지내면 공통적으로 이해하는 내용이 많아지고 가치관을 공유하게 되어 공동체 의식을 갖게 된다. 그렇게 되면 문서로 작성하지 않고 말로 표현하지 않은 가치관이라도 그것을 이해시키기 위해 반복적으로 이야기해야 할 필요가 없다. 업무의 리듬이 일치하면 지식과 정보의 흐름이 더 효과적이고 능률적으로 바뀌는 것이다.

오늘날 동일장소 배치라는 원리를 완전히 포기하지는 않았다 하더라도, 그 실행에 훨씬 더 큰 어려움이 따르는 것은 사실이다. 인사부서가 지식 촉진자 역할을 수행하면서 직면하는 주요 도전과제 중 하나는 지식과 사람이 널리 분포해 있어 공동장소 배치가 불가능한 상황에서, 공동장소 배치가 가져다주는 것과 똑같거나 유사한 편익을 얻는 방법을 찾아내는 일이다. 건물 설계도면 등과 같은 지식을 이동시키는 일, 다시 말해 지식의 '포장용기package' 또는 '운반수단carrier'을 동원하는 방법을 찾아내야만 한다. 하지만 지식을 이동시키면 질이 저하되는 경우가 많다. 다시 말해 지식은 이동하는 과정에서 뭔가를 잃어버리게 된다. 결국 이동시켜야 할 필요가 있는 지식 전체를 포장용기나 운반수단이 온전하게 담아내지 못할 수도 있다. 더욱이, 지식은 일단 이동되면 '맥락에 맞춰 재해석되어야' 한다. 즉 상이한 환경에 맞춰 다시 이해되어야 하는 것이다. 월마트는 아르헨티나에 맨 처음으로 초대형 할인점을 개장했을 때 그러한 교훈을 얻었다. 월마트사는 미국 전역 어디서라도 활용될 수 있는 할인점 설계도를 그대로 베껴 아르헨티나에 할인점을 지었다. 하지만 표준전압이 220볼트였던 아르헨티나에서는 110볼트(미국의 표준전압)의 전기 기구가 제대로 작동하지 않는다는 사실을 깨닫게 되었다(Doz, Santos & Williamson, 2001).

지식을 이동시킬 때 상황에 적합한 최선의 운반수단을 활용하는 문제는 인사부서가 많은 어려움을 느끼는 과제이긴 하지만, 인사부서는 그러한 과제 해결에서 중요한 역할을 해낼 수 있다. 지식 운반수단에는 세 가지 유형이 있다(Argote, 2000; Doz, Santos & Williamson, 2001). 정보자료, 도구 · 템플릿 *templates* · 모형 · 기계, 그리고 사람이 그것이다. 정보자료(파일, 스프레드시트, 설계도면, 문서, 공식 등)를 이동시키는 일은 지식을 이동시키는 가장 간단하면서도 가장 능률적인 방법일 것이다. 하지만 이 방법에 문제가 없진 않다. 보잉사가 777여객기를 설계했을 때, 관련 인력 전원이 분산형 CAD *computer-aided design* 시스템을 활용하여 표준화된 정보자료를 사용했다. 이 때문에 엄청난 비용이 소요되는 실물크기 모형을 만들 필요가 없었다. 반면, 유사한 절차를 활용하여 스텔스 폭격기를 설계했을 때에는 설계과정의 매 단계마다 모든 관련 정보자료를 실질적으로 파악하지 못했다. 이 때문에 조종석의 배선 설계를 세 차례나 다시 해야만 했다. 문서화는 방대한 양의 정보를 상당히 축약된 형태로 담아낼 수 있는 유용한 방법이지만, 이 또한 맥락을 알지 못하면 그 내용을 이해하기 힘들다. 인사부서가 정보자료와 맥락 간의 관계에 더 많은 전문지식을 갖게 될수록, 기업의 효과적인 지식경영 전략에 기여할 수 있는 정도는 더 커진다.

도구 · 템플릿 · 모형 · 기계를 이동시키는 것도 지식을 이동시키는 또 다른 방법이다. 월마트의 사례처럼 할인점 설계를 그대로 복제하여 세계 시장 곳곳에 그대로 적용할 경우, 유통업계 거인이 보유한 형식지베이스의 많은 부분이 그대로 이전된다. 표준 운영절차와 기타의 유형적인 지식의 많은 부분이 전달될 수 있는 것이다. 이렇듯 도구·템플릿·모형·기계를 활용하면 서로 분리된 아이디어를 전달하는 데 그치지 않고, 정보 구성체를 통째로 이동시킬 수 있다. 도구·템플릿·모형·기계는 정보뿐만 아니라 지식 그 자체를 통합시켜주는 수단이 되는 경우가 종종 있다. 예를 들어, 기업에 의사결정지원 시스템을 설치하여 널리 사용하게 하면 데이터와 분석방법을 전파시킬 수 있다. 하지만 기술을 활용할 경우 지식의 이전에 수반되는 지식의 침식과 맥락의 부적합성이라는 문제를 극복할 수는 없다.

끝으로, 지식을 이전하기 위해 사람을 이동시키는 방법은 종교집단이 선교사의 활동을 통해 신앙을 전파하는 것과 유사하다. 현지의 사정에 적응하지 못하는 선교사가 현지인을 개종시키는 데 실패하는 사례를 보면 알 수 있듯이, 지식을 전달하는 사자使者를 파견하는 일은 제비를 뽑거나 자원자를 모집해서 보내는 일처럼 간단한 일이 아니다. 하멜과 프라할라드(Hamel & Prahalad, 1990)가 지적했듯이, 조직의 관성 때문에 사람을 지식 운반수단으로 효과적으로 활용하기 어려운 경우가 종종 있다. 탁월한 역량을 갖춘 사람은 특정 제품이나 전략사업 단위에 '묶여 있는' 경우가 많기 때문에, 그런 사람의 상사는 그러한 인적자원을 다른 회사와 공유하길 꺼린다. 자원이나 인정을 얻어내려는 내부 경쟁도 부서 이기주의적 시각을 부추겨, 전사적으로 전개되는 지식경영에 걸림돌로 작용한다. 인사부서는 설득력 있는 사업상의 논리와 효과적인 유인을 제공하여 그러한 장애물을 극복해야 한다.

사람을 운반수단으로 활용하는 일에 있어 인사부서는 명확한 역할을 담당한다. 사람이라는 운반수단과 다른 두 가지 운반수단(정보자료와 도구·템플릿·모형·기계) 사이의 관계를 관리하는 방향으로 관점을 확대시키면, 인사부서는 단지 '사람들을 촉진시키는' 역할을 초월하여 지식을 촉진시키는 좀더 중요한 역할을 담당할 수 있다.

동일장소 배치는 지식의 창출과 공유가 기대되고 편안하게 이뤄지는 공동체를 양성하는 경우가 많기 때문에, 지식 운반수단을 손쉽게 결합하여 활용하는 데서 얻는 직접적인 이점보다 더 많은 편익을 가져다준다. 다음 장에서 좀더 논의하겠지만, 공동체는 관계를 기반으로 하여 구축된다.

물리적으로 인접시키지 않고서도 동일장소 배치가 주는 편익을 그대로 누릴 수 있는 방법을 찾아내는 도전과제 이외에도, 인사부서가 직면하는 또 다른 도전과제가 있다. 예를 들어, 어떤 사람이 자기 지식을 남과 공유할 경우 자신의 가치가 하락하는 상황(아니면, 자신의 가치가 하락한다고 인식하고 있는 상황)에서, 그 사람이 남과 지식을 공유하게끔 만드는 방법은 무엇인가? 또한 직원이 자기 지식을 꺼내놓아 회사가 그것을 기록하고 나면 자신의 존재가치가 없어진다고 인식하지 않게 만들면서, 직원의 머릿속에 있는 지식을 구조자본으로 전환시키는 방법은 무엇인가? 이러한 문제는 '인센티브 제공의 딜레마dilemma of incentivization'라는 말로 설명된다(Cortada & Woods, 1999 : 492). 지식 제공자(즉 개별 직원)는 지식을 제공할 수는 있으나 그렇게 해야 할 만한 아무런 인센티브도 없다. 지식을 구하는 사람(즉 조직)은 지식을 얻을 경우 높은 인센티브를 받지만, 지식 제공자가 협력해주지 않으면 그렇게 하는 것이 불가능하다. 바람직한 행위(예컨대, 지식 공유)에 초점을 맞춘 전통적인 금전적 보상을 활용하려는 기업도 일부 있지만, 금전적 인센티브 이상의 무언가가 필요하다고 대부분 인정한다. 때문에 내재적 보상 및 외재적 보상의 제공과 아울러 신뢰와 협력의 문화가 조성되어야 할 필요가 있으며, 이를 위해서는 전통적인 인사관리와 조직문화가 바뀌어야만 한다.

로렌스 프루삭Laurence Prusak은 그러한 문제가 '지식시장'에 관련되어 있다고 설명한다(Cohen, 1997). 지식시장에서는 어떤 가치가 대가로 돌아오지 않는 한 사람들은 지식을 '팔지' 않는다. 예컨대, 그들은 업적 평가에 지식 공유를 포함시켜 그것을 봉급이나 보너스에 연계시키는 식으로 금전적 형태의 가치를 얻을 수도 있다. 하지만 그들이 받는 가치에는 존중과 보답이 반드시 포함되어야 한다. 사람들에게 성장 및 학습의 책임과 기회를 부여하면 그들은 조직에 노력을 투여하려는 동기가 유발될 것이다.

솔즈(Salz, 2001)는 지식의 자유로운 흐름과 새로운 지식의 창출이 이뤄지게 하려면, 조직이 보살핌의 문화를 형성해야만 한다고 주장한다. 그는 보살핌이란 "교사와 학생 사이의 관계에서 특징적으로 나타나는 감정과 같은 형태의 진지한 관심과 흥미"라고 정의한다. 보살핌이 이뤄지게 하는 방법으로 솔즈는 다음과 같은 조치를 취할 것을 권한다. 도움을 주고 도움을 받아들이는 직원을 보상해주는 인센티브 시스템(예컨대, 사우스웨스트 항공사의 용기 있는 영웅Heroes of the Heart 상 수여제도)을 개발하라. 개인과 팀 전체가 학습한 교훈을 다루는 프로젝트 사후 설명회(예컨대, 미 육군의 사후검토)를 운영하라. 관리자가 마치 영화감독처럼 모든 직원에게 최대의 집중력과 에너지를 발휘하여 자신의 역할을 수행하고 또한 새로운 아이디어를 시험하라고 독려해주는, 새로운 형태의 대화를 만들어내라. 솔즈의 이러한 권고는 인사부서가 효과적인 지식경영을 육성하는 문화를 창출해낼 수 있는 수단 중 극히 일부만을 보여주고 있다.

인사부서가 직면해야 하는 지식경영의 또 다른 도전과제는, 어떻게 하면 지식의 외부 유출-경쟁자에게 우위를 제공해줄 수 있는 자사의 재산권적 지식이 경쟁자 손에 넘어가는 일-을 방지함과 동시에 내부의 지식이전을 촉진시킬 수 있느냐 하는 것이다. 전략적 자원이 지속적인 경쟁우위를 제공하게 하려면, 그러한 자원이 모방되고 전용轉用되지 않도록 보호해야만 한다. 전통적으로, 인사관리 관행은 다양한 종류의 비공개 방침과 누가 어떤 정보에 접근할 수 있을 것인지에 대한 엄격한 통제에 의존해왔다. 지식경제에서는 그러한 두 가지 방법 중 어느 것도 재산권적 정보의 상실을 최소화하면서 내부 지식이전을 최대화한다는 딜레마를 해결하는 데 적절치 않다. 게다가, 근본 문제는 훨씬 더 복잡해졌다. 만일 기업이 전통적인 경계를 넘어 업무를 공유할 필요가 있어서, 공급업체와 고객 및 보완제품 생산업체를 업무 프로세스에 포함시켜야 한다면, 단지 업무 수행만 하려고 해도 외부의 당사자와 지식을 공유할 수 있어야 한다. 하지만 지식이 경쟁우위의 원천이라면, 지식 그 자체뿐만 아니라 지식을 활용하고 창출하는 맥락도 경쟁업체로부터 보호해야 한다. 인사부서가 지식 촉진자 역할을 수행하면서 직면하는 가장 큰 도전과제 중 하나가 지식을 공유하면서도 경쟁우위는 약화시키지 않는 일인 것이다.

인텔사는 흥미로운 예를 보여준다. 인텔이 마이크로프로세서 개발에서 선두를 유지하고, 웹보다는 데스크톱이 정보의 복잡성을 관리하는 주된 장소가 되게 하려면, 이 회사의 마이크로프로세서를 활용하여 제품을 만드는 기업이 인텔의 기술력을 충분히 이용할 수 있게 해주어야만 한다. 이는 그러한 기업이 인텔의 혁신적인 의도와 결과물에 대해 많은 지식을 가져야 함을 뜻한다. 하지만 인텔이 선두 지위를 유지하려면 다음 단계의 기술발전을 창출하는 자사의 능력을 보호해야만 한다. 다른 많은 기업과 마찬가지로 인텔에서도, 지식경영은 지식 그 자체를 관리함과 동시에 지식의 맥락을 관리하는 일을 의미하는 것이다.

신뢰, 존중, 보살핌, 공유, 협력 등은 인사 기능의 전통적인 초점이 아니었으나, 지식경제에서는 그러한 개념이 지식경영을 통해 경쟁우위를 획득하는 데 있어 필수 요소이다. 전통적인 인사관리 해결방안(예컨대, 지식에 근거한 급여 지급)만으로는 지식의 창출과 전파가 이뤄지는 복잡한 생태환경을 만들어내는 데 충분치 않다. 따라서 훨씬 더 총체적이고 시스템적인 개입이 필요한데, 인사부서는 기능적인 경계 너머로 발걸음을 내딛고 개입을 해야만 한다.

결어

지식경영 분야의 선도적인 사상가이자 자신의 회사에서 '자신이 설교하는 내용을 직접 실천하는' 밥 버크만은 "우리는 비용을 통제하기 위해 기술을 활용하던 것에서 벗어나, 시장에서 경쟁우위를 획득하기 위해 기술을 창의적으로 응용하는 방향으로 옮겨가야만 한다"고 강조한 바 있다. 또한 버크만은 미래에 직면하게 될 도전과제를 일곱 가지로 파악했다(Buckman, 1997). 이러한 일곱 가지 도전과제는 모두 인사부서에 시사점을 던져준다.

1. 세상 어느 곳에 있는 그 누구라도, 기업 내부 어디서든 발생하는 문제를 해결하는 데 기여할 수 있다. 그러한 사실을 인정하는 회사를

어떻게 하면 만들 수 있는가? 지리적 위치가 아니라 정보 흐름을 중심으로 사람을 조직화하는 방법은 무엇인가?

2. 흔히 볼 수 있는 사무실이라는 물리적 공간이 일부 조직에서는 오늘날 낭비적인 요소가 되었다. 만일 사무실이 현금흐름을 만들어내지도 않고 그곳에서 일하는 사람도 없다면, 사무실을 가져야 할 이유가 있을까? 사무실에 들어가는 비용을 아낄 수 있지 않을까?

3. 문제를 중심으로 형성되어 그러한 문제를 처리하고 난 뒤 해체되었다가, 또 다른 문제가 발생하면 다시 형성되는 공동체에 대해 생각해보라. 서로 신뢰를 하고 있지만 시간과 공간 때문에 떨어져 있는 사람들이 효과적으로 기능할 수 있게 만들어주는 공동체를 구축하는 방법은 무엇인가?

4. 경쟁이 치열한 시장에서 고객에 대응하는 속도가 가장 중요해지고 있다. 회사 내의 가장 먼 곳에 있는 사람도 똑같은 속도로 대응하게 만드는 방법은 무엇인가?

5. 모든 직원은 고객을 위해 일해야만 한다. 고객을 위한 일을 효과적으로 해내지 못하는 사람을 고용할 필요가 있는가?

6. 자신이 채용하는 사람들의 질이 그 사람이 미래에 성공할지 여부를 결정한다. 지식을 획득하고 활용하는 개인의 능력이 중요하다면, 동료들의 집단적인 머릿속에 들어 있는 내용이 그 개인이 제 구실을 얼마나 잘 해낼지를 결정할 것이다. 인사부서는 회사의 이러한 필요에 어떻게 대응할 것인가? 가르치길 좋아하는 사람을 더 채용해야 하는가?

7. 고객과의 간격을 좁히는 조직의 능력에 모든 사람이 극히 중요하다면, 우리 동료들의 지능을 확장시켜 자기 능력을 최대한 발휘하

게 하는 방법은 무엇인가? 언제 어디서라도 학습을 하게 하는 방법은 무엇인가?

조직이 현재 당면하고 있고 앞으로도 계속해서 당면하게 될 도전과제에 대해 버크만이 제시한 내용을 살펴보면, 지식을 관리하는 것과 관련되어 있다는 점을 분명히 알 수 있다. 반응적인 자세를 취하면 조직의 장기적인 생존능력이 위협을 받을 수 있다. 좀더 적극적으로 예상하고 준비하는 체계적인 접근방식을 취하면 여러 가지 이득을 얻을 수 있다. 2세대와 3세대의 피라미드 건설 인부들은 자기 조상이 획득된 지식을 아무렇게나 관리하지 않고 체계적으로 관리했더라면 훨씬 더 큰 혜택을 보았을 것이다. 그리고 훨씬 오래 살았을 것이다.

관계 구축자

CHAPTER 5

"지구상의 모든 사람은 여섯 명만 건너면 서로 아는 사람이다."

― 존 구아르 *John Guarre*

조직은 관계망이다. 조직에 영향을 미치는 내부 관계는 감독자와 직원간의 관계, 노사간의 관계, 라인과 스탭 간의 관계, 멘토와 프로테제 *protégé* (멘토에게 의지하여 여러 가지 조언과 도움을 받는 피후견인 ― 옮긴이 주) 간의 관계, 동료간의 관계 등 수없이 많다. 또한 조직에 영향을 미치는 외부 관계는 공급업체, 고객, 규제기관, 경쟁업체, 기타 이해당사자 등과 맺는 관계로 매우 다양하다. 하지만 인사관리는 전통적으로 개인에만 초점을 맞추었다. 즉 채용, 훈련, 평가, 보상, 그리고 기타 활동은 대부분 개별 직원을 중심으로 이뤄졌다(Uhl-Bien, Graen & Scandura, 2000). 이는 '적정 인력을 적정 시점에 적정 장소에 배치하여 적정한 일을 하게 만드는 것' 이라는 문장으로 묘사되곤 한다. 조직이 작동되는 원리를 좀더 정확하게 반영한다면, 이 문장은 '적정 시점에 적정 장소에서 적정한 관계를 구축해놓은 사람으로 하여금 적정한 일을 하게 만드는 것'이라고 수정될 수 있을 것이다(Uhl-Bien, Graen & Scandura, 2000).

관계는 필수불가결한 것이다. 업무는 관계를 통해 완수되며, 관계가 직무기술서와 공식적인 보고체계를 대체시키는 일도 자주 있다. 복잡적응계를 연구하는 사람들은 관계를 관리하는 것이야말로 조직의 행위를 결정짓는 패턴을 형성시키는 유일한 방법이라고 주장한다(Capra, 1996). 모든 조직에는 비공식 네트워크-지위나 소속 부서 또는 직함에 상관없이 서로간에 알고 도와주는 사람들-가 있다. 직무기술서를 정확하게 지켜 일하고 조직도에 나와 있는 보고계통만을 통해 의사소통이 이뤄질 경우 제대로 수행될 수 있는 업무가 거의 없다는 사실에 대해, 모든 조직(또는 조직을 운영하는 사람)이 공식적으로 인정하지는 않지만 알고는 있다.

관계 구축은 사회자본 *social capital*에 기여하기 때문에 중요하다. 그리고 사회자본은 지식경제에서 경쟁우위를 창출하는 데 중요하다. 조직 내에서의 성공은 '무엇을 알고 있는가'와 '누구를 알고 있는가'에 의해 좌우된다는 말이 있다. 인적자본이 무엇을 알고 있는가와 관련 있다면, 사회자본은 누구를 알고 있는가와 관련 있다. 자신이 보유한 인적자본(알고 있는 것)을 관계망 속에 들어 있는 다른 사람(알고 있는 사람)의 인적자본과 연결시킬 수 있는 능력을 지닌 사람은 자신의 유효성을 극대화시킬 수 있다. 그러한 사람은 시너지의 원천이 된다. 조화를 이뤄 일하는 사람이 없다면, 즉 협업이 이뤄지지 않는다면 시너지가 만들어질 기회는 없기 때문이다. 더 나아가, 여러 관계망은 자원의 공유와 혁신의 자극을 통해 전체적으로 조직에 이득을 가져다준다. 이러한 관계가 소위 사회자본을 만들어낸다.

사회자본이 조직유효성에 갖는 중요성은 아무리 강조해도 지나치지 않다. 1990년대에 크라이슬러사*Chrysler Corporation*가 대대적인 조직개편을 성공적으로 단행한 다음 어떠한 일이 일어났는가를 살펴보자 (Cohen & Prusak, 2001). 조직개편이 이뤄지기 전에 이 회사는 배기계, 차체, 조향장치 등과 같은 각각의 기능을 한 부서에 모으는 방식으로 조직되어 있었다. 조직개편 이후 이 회사는 기능 대신에 차대구조나 차종별 프로세스에 초점을 맞추게 되었다. 이렇게 함으로써 새로운 제품계열을 도입하는 데 걸리는 시간을 단축하는 등의 여러 가지 즉각적인 효과를 얻을 수 있었지만, 비용도 아울러 발생하였다. 새롭게 설계된 조직에서 불량품이 갑자기 쏟아져 나왔다. 또한 당혹스럽게도 이러한 불량품 중 많은 부분이 과거에는 성공적으로 해결되었던 문제점에서 비롯되었다. 왜 이러한 일이 일어났을까? 조직개편으로 해체된 기능부서들은 실행자 공동체의 풍부한 공급원이었던 것이다. 그러한 실행자 공동체에서는 고참 기술자가 신참 기술자를 지도하고, 사람들간에 지식이 널리 공유되곤 했었다. 조직개편으로 인해 개발에 여러 해가 걸리고 회사에 많은 이득을 가져다주던 사회적 네트워크가 와해되었던 것이다. 사회자본은 육안으로 볼 수는 없지만, 조직의 성공에 있어 중요한 요소인 것이다.

사회자본은 여러 가지 방식으로 정의되어 왔는데, 다음과 같은 정의가 가장 폭넓게 이 개념의 핵심을 포착하고 있다. "사회자본은 개인이나 집단이 활용할 수 있는 호의적 관계*goodwill*라고 할 수 있다. 사회자본의 근원은 행위자가 맺고 있는 사회적 관계의 구조와 내용 속에 들어 있다. 사회자본의 효력은 행위자가 사회자본을 활용 가능하게 만들어주는, 정보(접근성, 양, 질, 타당성, 적시성)와 영향력(작업 완수) 그리고 유대감(협동심과 공공을 위하는 마음)에서 나온다"(Adler & Kwon, 2000). 사회자본은 인적자본과 마찬가지로 조직의 자산이다. 인적자본과 사회자본은 조직의 경쟁력을 만들어내는 데 큰 역할을 한다.

사회자본은 여러 가지 방식으로 조직에 이득을 가져다준다(Adler & Kwon, 2000). 사회자본은 근로자에게는 일자리를 찾는 데 도움을 주며, 기업에게는 훨씬 더 풍부한 신입직원 풀을 만들어준다. 사회자본은 부서간 자원 교환과 제품혁신을 촉진시킨다. 사회자본은 지적자본의 창출을 촉진시킨다. 왜냐하면 사람들은 사회적 환경이 지원적일 때 지적知的인 위험을 기꺼이 감수하고자 하기 때문이다. 사회자본은 다기능 팀의 유효성을 촉진시킨다. 그 이유는 사회자본이 사람들로 하여금 자신의 관점과는 전혀 다른 관점으로 상황을 바라보게 만들기 때문이다. 사회자본은 이직률을 감소시킨다. 그 이유는 직원들이 동료와 강력하게 연결된 긍정적인 관계를 맺고 있을 경우 회사를 떠날 가능성이 작아지기 때문이다. 사회자본은 공급업체와의 관계, 지역별 생산 네트워크, 그리고 기업간 학습을 강화시킨다. 사회자본은 단순한 거래관계를 넘어서 서로에게 이득이 되는 다각적이고 다면적인 관계가 맺어지는 토대가 되기 때문이다.

전통적으로, 인사부서도 관계를 관리하는 책임을 맡기는 했다. 비록 그러한 책임은 좁게 한정되어 있었고 명시적으로 부여되기보다는 암묵적으로 부여되기는 했지만 말이다. 그 예로서, 인사부서는 감독자/관리자와 직원 간의 관계를 감시하는 책임을 맡았다. 인사부서는 감독자/관리자와 직원 간의 관계를 계속해서 주시하기는 했지만, 직접 개입하지는 않고 암암리에 감시했다. 그들의 관계에 문제가 발생하면(예컨대, 고

충처리 사안이 접수되거나 성희롱 사건이 발생하면), 인사부서는 경찰이자 심판관이자 최종중재자 역할을 담당했다. 인사부서는 노사관계에 대해서도 중요한 역할을 담당했다.

인사부서는 재직 중인 직원과의 관계에 대부분 초점을 맞추었다. 인사부서는 재직 직원들에게 동기를 유발시키고 그들을 개발하고 유지하기 위해 업무배치, 성과평가, 훈련, 보상 등 인사 서비스를 제공하고 있다. 인사부서는 항시 퇴직 직원과도 부분적으로나마 관계를 맺어왔다. 예컨대, 고용관계가 끝나고 난 다음에 연금과 기타 보너스를 제공했던 것이다. 회사별로 차이가 있기는 하지만, 인사부서는 항시 잠재적인 직원(입사지원자)과도 최소한 부분적으로나마 관계를 맺었다. 자발적 또는 비자발적 이직을 통해 조직을 떠난 직원과도 인사부서는 비교적 한정적인 관계를 맺어왔는데, 대부분 이직 인터뷰나 전직알선 또는 유사 활동을 통해 퇴직한 직원과 관계를 유지했다.

과거에 인사부서는 관계를 형성forming시키는 데 있어서는 별로 중요한 역할을 하지 못했지만, 관계를 관리managing하는 데 있어서는 어느 정도 중요한 역할을 담당했었다. 인사부서는 거의 항상 직원 오리엔테이션과 초기 사회화socialization를 대부분 책임졌다. 조직사회화 활동은 개인과 조직 간에 관계를 형성시키기 위한 것인데, 인사부서는 그러한 초기 연결관계를 형성하는 역할을 담당했다. 하지만 사회화가 끝나고 나면, 전통적으로 인사부서는 감시하고 관리하는 역할을 담당했다. 인사부서가 통상적으로 개입하는 관계는 인사관리 문제와는 별로 관련이 없다고 여겨지는 목적을 달성하기 위해 회사 내의 다른 누군가가 구축해놓은 것인 경우가 대부분이었다.

인사부서는 조직이 실제로 작동되게 만들어주는 방식(예컨대, 정해진 방침을 우회한 업무처리 등)에 초점을 맞추기보다는 조직도, 보고관계, 직무기술서, 방침 및 절차 등으로 규정되어 있는 공식적인 관계에만 초점을 맞추었다. 인사부서가 중시했던 관계는 상세하게 설명되고 성문화된 (이를 브라운과 두귀드[Brown & Duguid, 2000]는 '정규 *canonical*' 관행이라고 부른다) 관계였다. 인사부서는 비공식 네트워크와 비공식 집단(직무나 위계구조상의 직위 이외의 요인에 근거한 관계)을 용인하기는 하였으나, 그것을 지원하거나 장려하지 않는 경우가 많았다. 인사부서는 공식적인 관계를 강요하는 위치에 있었기 때문에, 공식적인 위계구조와 관계를 회피하는 사회적 체계에 대해서는 저지하려고 했던 경우가 많았다. 인사부서가 관장하는 범위를 벗어난 비공식적인 관계는 인사부서가 회사 내에서 행사하는 영향력을 위협하는 것으로 여겨졌다.

과거의 인사부서는 기업의 경계를 벗어난 가치사슬에 대해서는 거의 관심을 갖지 않거나 영향을 미치지도 못했다(Lengnick-Hall & Lengnick-Hall, 1999). 가치사슬 내의 공급업체와 유통업체 그리고 다른 구성원은 한 조직의 인사부서가 책임져야 할 범위에 포함되지 않았다. 가치사슬 내의 한 기업이 뛰어난 인사관리 관행을 갖고 있어도 그러한 관행이 가치사슬 내의 다른 기업과 공유되는 경우는 거의 없었다. 더욱이, 인사부서는 고객과는 거의 아무런 관계도 맺지 않았다. 필자들은 이 책의 다른 부분에서 인사부서가 고객을 잠재적인 준準직원으로 여기지 않는다면, 기업의 경쟁우위에 기여할 수 있는 기회를 놓치는 것이라고 주장한 바 있다.

개인간의 관계는 공식적인 직무기술서와 조직 내의 공식적인 보고계층을 벗어나서 형성된다(브라운과 두귀드[2000]는 '비정규 *noncanonical*' 관행이라고 부른다). 업무는 관계를 통해 완수된다. 실제로 관계가 중요한 역할을 하지 못한다면, 목표를 달성할 수 있는 의도적인 수단으로서의 조직은 불필요하게 방해만 되고 생산활동에 아무런 부가가치를 창출하지 못하는 부담으로만 작용할 것이다. 그러므로 인사부서는 관점을 확장하여 조직 내의 공식·비공식 관계망 전체에 초점을 맞출 필요가 있다. 인사부서는 조직 내의 공식·비공식 관계망 전체를 활용해야 하며, 그 안에서 어떤 일이 벌어지고 있는가를 관찰해야 하고, 관계 중 일부는 장려하고 육성시켜야 하며, 일부는 억제시켜야 하고, 일부는 조직에 이익이 되도록 '관리' 해야만 한다. 또한 인사부서는 관점을 확장하여 조직 내의 구성원간에 이뤄지는 관계망 전체뿐만 아니라 기업 외부에 있는 당사자(예컨대, 고객이나 공급업체 또는 규제기관 등) 사이에서 이뤄지는 관계망 전체에 대해서도 초점을 맞춰야 한다.

관계의 해부

사회자본을 창출하려면 관계의 '해부anatomy'와 역학dynamics을 이해해야만 한다. 상이한 유형의 관계에 대해 이해하고 그러한 관계가 무엇에 의해 만들어지고 지속되는가를 이해함으로써, 인사부서는 관계 구축자로서 좀더 효과적으로 개입할 수 있다. 관계가 어떻게 '작동' 되는가를 실질적으로 이해하지 못한다면, 관계에 영향을 미치려는 시도를 한다고 할지라도 기껏해야 우연에 의한 결과를 얻는 데 그칠 것이며, 최악의 경우에는 손해만 보게 될 것이다.

레너드 그린할(Leonard Greenhalgh, 2001)은 생물학자가 개구리를 해부하듯이 관계를 해부했다. 그가 제시한 틀은 여러 연구분야(경제학, 조직행위론, 심리학, 사회학 등)를 바탕으로 도출한 것이다. 그린할이 제시한 틀은 관계를 여러 개의 차원으로 구성되는 다차원적인 개념으로 묘사한다. 관계의 차원 하나 하나는 몇 개의 요인으로 구성되어 있는데, 이러한 요인은 연속선을 이루면서 특정한 관계의 특성을 보여준다.

관계를 구성하는 차원

관계에는 네 가지 주요한 차원이 있는데, 그것은 라포르, 유대감, 폭, 동질감이다([표 5-1] 참조). 이러한 차원과 이들 각각에 관련된 요인은 개인간의 관계에 가장 직접적으로 적용될 수 있지만, 약간만 수정하면 조직 내의 집단간의 관계와 조직간의 관계를 설명하는 데도 활용될 수 있다. 관계를 구성하는 요소를 좀더 잘 이해하면, 상호작용의 양상을 결정짓는 구체적인 요인을 인사부서가 활용할 수 있게 된다.

라포르 *rapport*(관계 당사자 사이에 공감과 상호 이해와 합의가 존재하는 상태. 원래는 의사와 환자 또는 면담자와 면담 대상자 사이에 따뜻한 친화관계가 생기고 공감과 상호 이해와 합의가 존재하는 상태를 설명하는 의미로 사용되었다 −옮긴이 주)는 사람들이 다른 사람을 대할 때 편안함을 느끼는 것과 관련된 차원이다. 라포르는 높은 수준의 신뢰가 존재하고, 서로 숨기는 것이 전혀 없으며, 감정이입이 일어나고, 서로 수용해주며, 존경심을 갖고 있을 때 가장 강해진다. 신뢰 *trust*는 상대방이 내 자신에게 가장 득이 되는 방향으로 행동해줄 것이라고 의지할 수 있는 상태와 관련 있다. 또한 상대방이 그가 말한 것을 지킬 것이라고 믿을 수 있는 정도, 즉 신빙성도 신뢰에 포함된다. 공개적인 대인관계 *interpersonal disclosure*는 상대방에게 내 자신의 개인적인 생활을 공개할 수 있는 능력을 말한다. 이는 타인이 부적절하게 말할 경우 내가 난처해하거나 상처를 받을 수도 있는, 내 자신에 관한 이야기를 상대방에게 해주는 것을 말한다. 이러한 유형의 허심탄회한 의사소통은 집단을 공동체로 탈바꿈시키는 데 있어 중요한 요소가 된다(Eisenberg, 1990). 감정이입 *empathy*은 어떠한 상황을 상대의 입장에서 볼 수 있는 능력을 말한다. 수용 *acceptance*은 아무런 조건 없이 상대방을 긍정적으로 받아들이는 것을 말한다. 존경 *respect*은 확고한 가치관과 그것을 실천하고자 하는 의지에 대해 경탄하는 마음을 갖는 것을 말한다. 이러한 라포르는 깊은 연결관계의 초석이 된다.

유대감 *bonding*이라는 차원은 관계가 얼마나 튼튼한가, 다시 말해 활

[표 5-1] 관계의 차원

라포르	신뢰 ·············· 불신 숨김 없음 ·············· 사회적 거리 강한 감정이입 ·············· 감정이입 없음 깊은 존경심 ·············· 경멸
유대감	자기 편(동맹자) ·············· 적 협력 ·············· 경쟁 이득이 큼 ·············· 이득 없음
폭	제한 없음 ·············· 좁음 연속적 ·············· 단발 거래적
동질감	관심을 느낌 ·············· 지루하게 느낌 공통점이 많음 ·············· 공통점이 없음 강한 애정 ·············· 싫어함 마음이 끌림 ·············· 혐오함

Greenhalgh(2001)에서 수정 · 인용함

력 있고 적응력 있으며 지속적인가와 관련 있다. 유대감은 상대방을 동맹자나 협력자로 여길 때 가장 강하다. 또한 유대감은 상대방이 자신에게 큰 이득을 가져다줄 때에도 생기지만, 상대방이 나보다 큰 개인적 희생을 감수할 때 더 강하게 형성되는 경우도 많다. 동맹alliance 관계는 충실한 관계로부터 적대적 관계로 이어지는 연속선상에 놓여 있다. 동맹자는 단기적인 이익을 좇아 상대방을 버리지 않고, 상대방이 보고 있지 않아도 상대방의 몫을 챙겨두며, 관계에 공개적으로 전념한다. 경쟁 competing 관계는 승자와 패자가 생겨나는 관계, 그리고 양당사자가 상호 이익을 보는 관계로 구분되는 차원을 말한다. 경제적거래economic exchange 관계란 관계가 유지되는 동안 그로부터 개인적인 이득이나 개인적인 손해가 발생하는 관계를 말한다. 이러한 관계는 큰 개인적 이득에서부터 큰 개인적 희생으로 이어지는 연속선으로 이뤄진다.

폭breadth은 관계가 얼마나 중요한가를 나타내는 차원이다. 관계는 그 범위가 넓고(다양한 이해관계와 다양한 상황에 연결되어 있을 경우), 지속적 또는 연속적일 경우에 더욱더 중요해진다. 범위scope는 좁은 역할과 한정요건을 넘어 관계가 얼마나 멀리 확장되어 있는가를 말한다. 어떤 사람에 대해 단순히 감독자 역할만을 하는 것보다는, 상사이자 멘토이자 친구 역할을 해줄 경우 관계의 폭이 넓다고 할 수 있다. 지속기간 time horizon은 관계가 단발 거래적/일시적인지, 아니면 연속적/지속적인지를 나타낸다.

동질감affinity은 상대방 자체에 대해 관심을 느끼는 정도를 나타내는 차원이다. 상대방이 자극을 주며, 자신과 공통점이 많고, 육체적으로 끌리는 매력이 있을 때 동질감은 가장 강해진다. 자극 stimulation은 상대가 자신에게 불러일으키는 심리적 에너지의 양과 관계가 있다. 공통점 공유 *sharing*는 상대방이 자신과 유사하다고 느끼는 정도에 관련이 있다. 호감 *liking*은 상대방에게 느끼는 긍정적인 정서적 반응을 말한다. 로맨틱한 관심 *romantic interest*은 상대방에게 육체적인 매력을 느껴 끌리는 정도를 나타낸다. (주의 : 로맨틱한 관심은 집단간의 관계를 고려할 때에는 유용한 요인이 아니다.)

울비엔과 그랜 및 스캔듀라(Uhl-Bien, Graen & Scandura, 2000)는 관계의 수준을 '질 낮은 타인 관계'에서 '질 높은 동반자 관계'로 이어지는 3단계로 구분했다([표 5-2] 참조). 가장 낮은 수준인 타인 *stranger* 관계가 갖는 특징은, 계약에 의해 규정되고, 신뢰가 제한되고 주어진 역할 범위 내에서의 상호작용에만 근거한 공식적인 교환관계가 이뤄지며, 상호 존경심이 없고, 의사소통이 공식적으로 이뤄지며, 서로에 대한 이해수준이 낮고, 서로에 대해 제한된 범위에서만 지원하고 헌신하며, 상호 의무감을 느끼지 않는 것 등이다. 타인 관계에서 개별 당사자는 언제든지 갈아치울 수 있는 부품처럼 여겨진다. 중간 수준인 면식(面識) *acquaintance* 관계는, 정보와 자원을 사회적으로 교환하고 공유하며, 계약에 의거한 거래가 이뤄지기도 하지만 한정된 범위 내에서 계약에 의거하지 않은 거래도 이뤄지고, 신뢰가 어느 정도 형성되어 있으며, 상호 존경과 이해를 갖고 있고, 헌신 정도가 좀더 높으며, 서로 어느 정도 의무감을 느낀다는 특징을 갖는다. 끝으로, 가장 높은 수준인 동반자 *partnership* 관계는, 서로에 대한 존경과 신뢰 그리고 상호 의무감을 토대로 팀워크가 이뤄지며, 자신의 내부 정보와 자원을 공유하면서 개방적인 의사소통을 하고, 서로에게 헌신할 뿐만 아니라 관계 그 자체에 대해서도 헌신한다는 특징을 지닌다.

여기서 동반자 관계가 대칭성 *symmetry*을 요구하지는 않는다는 사실을

[표 5-2] 관계의 질의 수준

관계의 질	관계의 명칭	관계의 특징
낮음	타인 관계	• 계약을 근거로 규정됨 • 신뢰가 제한되고 주어진 역할 범위 내에서의 상호작용에만 근거한 공식적인 교환관계 • 상호 존경심의 부족 • 공식적인 의사소통 • 상호 이해심의 부족 • 제한된 범위에서의 지원과 헌신 • 상호 의무감 부재
중간	면식 관계	• 정보와 자원의 사회적 교환 및 공유 증가 • 계약에 근거한 거래와 한정된 범위에서나마 계약에 근거하지 않은 거래가 동시에 이뤄짐 • 신뢰가 약간 형성되어 있고 상호 존경하고 이해함 • 헌신 정도가 좀더 높음 • 상호 의무감을 어느 정도 느낌
높음	동반자 관계	• 팀워크를 이룸 • 서로에 대한 존경과 신뢰 그리고 상호 의무감의 토대가 형성 • 내부 정보와 자원을 공유하면서 개방적 의사소통이 이뤄짐 • 상대방 및 관계에 대해 헌신함

Uhl-Bien, Graen & Scandura(2000)에서 수정·인용

인식하는 것이 중요하다. 브라운과 아이젠하르트(Brown & Eisenhardt, 1998:62-64)는 뚜르 드 프랑스 *Tour de France* (매년 7월경 개최되어 프랑스 전국을 일주하는 세계 최고 권위의 도로 사이클 대회-옮긴이 주)를 통해 교훈이 될 만한 사례를 제시하고 있다.

뚜르 드 프랑스는 단체 경주이자 개인 경주이기 때문에 모든 승자 뒤에는 팀이 존재하고 있다. 팀원은 후원업체와 장비, 수리공, 연장, 훈련 등을 공유할 수 있다. 가장 뛰어난 팀원은 누구나 알 수 있는 사람이지만, 다른 팀원도 없어서는 안 된다. 팀원은 서로가 서로를 선발한다. 팀원은 다른 팀원의 강점은 살리고 약점은 완화시킬 수 있게끔 경주의 페이스를 조절한다. 그들은 경쟁상대가 추월하려고 할 때 끼어들어 차단함으로써 자기 팀원을 보호한다. 게다가 그들은 지구상에서 가장 빨리 움직이는 단체 경기라는 상황에서 이러한 일을 해낸다.

하지만 자원과 후원업체를 공유하는 것 이상의 다른 관계가 없는 상태에서 팀원끼리 서로 경쟁을 할 경우, 그 팀의 누구도 승리할 수 없을 것이라고 브라운과 아이젠하르트는 설명한다. 왜냐하면 팀원 중 그 누구도 독주에서 승리할 정도의 지구력을 갖고 있지 못하기 때문이다. 한편, 팀원들이 동등하게 기여해서도 안 된다고 브라운과 아이젠하르트는 경고한다. 개인차를 인정하고 조화를 이뤄내지 않으면 어떠한 팀원도 승자에게 주어지는 노란색 면 셔츠 *yellow jersey*(뚜르 드 프랑스 경주에서 종합 1위를 차지한 선수는 면 *jersey*으로 된 노란색 셔츠를 입는다. 이 경주가 생겨난 초기에 1위 선수를 알아보기 쉽도록 이런 시스템이 생겼다고 한다. 이 경주의 최종 골인지점인 파리 샹제리에에 노란색 면 셔츠를 입고 들어온 선수가 종합우승의 영광을 안게 된다-옮긴이 주)를 입지 못할 것이다. 그 이유는 팀 내의 그 누구도 나머지 경주가 진행되는 동안 충분한 우위를 가질 수 없기 때문이다. 효과적인 동반자 관계는 신중하고 통찰력 있는 상호 순응과 관리를 필요로 하는 것이다.

관계는 연결고리 *ties*가 '단단한' 것과 '느슨한' 것으로 특징지을 수 있다. 연결고리가 단단한 관계는 상대방과 밀접하고 서로 무언가를 주고받으며 서로에게 충분한 시간을 투자하는 것을 말한다. 반면, 연결고리가 느슨한 관계는 서로 간에 긴밀하지 않으며, 서로 주고받는 것이 거의 없고, 서로 시간을 함께 보내지 않는 것을 말한다(Granovetter, 1973). 사람들은 단단한 연결고리와 느슨한 연결고리가 함께 뒤섞인 관계망을 갖고 있다.

연결고리가 단단한 관계(예컨대, 동반자 관계)가 연결고리가 느슨한 관계(예컨대, 면식 관계)보다 반드시 더 나은 것만은 아니다. 실제로, 조직이 효과적으로 기능하려면, 연결고리가 단단한 관계와 연결고리가 느슨한 관계 두 가지 모두가 필요하다. 앤코나와 칼드웰(Ancona & Caldwell, 2000)은 팀을 구성할 때 조직의 내부와 외부에 연을 맺고 있는 인원들로 구성하는 편이 가장 낫다고 주장한다. 정보와 지식은 광범위하게 흩어져 있기 때문에, 조직 내부와 외부에 다양한 종류의 상이한 네트워크를 갖고 있는 팀원은 필요한 정보와 지식을 팀으로 들여올 가능성이 가장 크다. 따라서 효과적인 팀은 연결고리가 느슨한 관계를 많이 확보하고 있어야 한다. 하지만 팀은 연결고리가 단단한 관계도 필요로 하는데, 팀이 필요로 하는 자원에 접근할 수 있거나 통제력을 행사하는 외부인과는 팀원이 연결고리를 단단하게 유지해야 한다. 그들과 연결고리가 느슨한 관계를 맺고 있을 경우, 그들은 팀이 필요로 하는 정보를 획득하는 데 소요되는 시간을 투자하지 않으려 할 것이기 때문이다.

[표 5-3] 조직 내 관계의 유형

	개인	집단	조직
개인	좋아함－싫어함 밀접함－소원함 단단함－느슨함	내집단－외집단	충성/헌신－거래적
집단		같은 편－적	공헌적－방해적
조직			전략적 제휴 관계－경쟁 관계

관계의 유형

인사부서가 적극적으로 관리해야 할 관계에는 여섯 가지 유형이 있다 ([표 5-3] 참조). 이러한 관계는 크게 두 가지 범주의 배경에서 이뤄진다. 첫 번째 범주의 관계는 동일한 조직에 속해 있는 당사자간에 이뤄진다 (내부인 대 내부인). 인사부서가 전통적으로 가장 자주 초점을 맞추었던 관계는 이러한 내부인 대 내부인 관계이다. 하지만 조직 경계를 벗어나 있는 당사자와의 사이에도 중요한 관계가 존재할 수 있다. 이러한 두 번째 범주의 관계에서는 한 당사자는 조직의 내부에 있는 반면, 또 다른 당사자는 조직의 외부에 있다(내부인 대 외부인). 이러한 관계는 아마도 별로 익숙하지 않은 인사관리 영역일 것이지만, 가치사슬을 통하여 편익을 만들어낼 수 있는 실질적인 잠재력을 갖고 있는 관계이다.

첫 번째 유형의 관계(내부인 대 내부인 관계이든, 내부인 대 외부인 관계이든 상관없음)는 두 개인간의 관계(개인간 관계)이다. 이러한 유형의 관계는 동일한 조직 내에 있는 두 개인 사이에서 이뤄질 수도 있고, 동일한 조직에 속하지 않은 두 개인 사이에서도 이뤄질 수 있다(예컨대, 동종 업계 종사자간의 관계). 이러한 유형의 관계는 '좋아하는 관계 대 싫어하는 관계', '밀접한 관계 대 소원한 관계', '단단한 관계 대 느슨한 관계' 등으로 특징지을 수 있다. 인사부서는 훈련 및 개발 활동, 체계화된 상호작용, 팀 구축, 그리고 이와 유사한 활동을 통해 관계를 매우 좋아하는 상태와 매우 밀접한 상태로 전환시킴으로써, 조직이 연결고리를 단단하게 유지시키기 위해 노력하는 일에 도움을 줄 수 있다. 한편, 인사부서는 연결고리가 느슨한 관계를 맺고 있는 개인에게 모임에 참여하도록 독려하고, 조직 내부 및 외부와 접촉을 늘릴 수 있도록 도와줌으로써, 개인이 맺고 있는 연결고리를 확장시키려고 노력하는 조직에 도움을 줄 수도 있다.

관계의 두 번째 유형은 개인과 집단 사이의 관계이다(개인과 집단 간 관계). 이러한 유형의 관계는 동일한 조직에 속한 개인과 집단 사이에서 이뤄질 수도 있고(예컨대, 개인과 작업집단 또는 부서 간의 관계), 조직 내의 개인과 조직 외부에 있는 집단 사이에서도 이뤄질 수도 있다(예컨대, 이웃 방범순찰을 하는 것과 같은 개인과 이웃사람 집단 간의 관계). 이러한 유형의 관계는 내집단과 외집단(자신이 소속해 있는 소속감이 명확한 집단을 내집단이라고 하며, 소속감이 없는 다른 사람의 집단을 외집단이라고 한다. 내집단은 소속감과 공동체의식이 강하여 '우리의 집단'이라고 여겨지는 집단이며, 외집단은 이질감과 적대감이 강하여 '그들의 집단'이라고 여겨지는 집단이다-옮긴이 주) 관계로 특징지을 수 있다. 이러한 관계는 소속되어 있는지(내집단에 속하는지) 아니면 제외되어 있는지(외집단에 속하는지)에 따라 나눈 것이다. 인사부서가 직원들이 고객과 공급업체 그리고 보완이 되는 기업의 구성원을 자신들의 내집단으로 보도록 도와줄 경우, 그

때 형성되는 관계는 경쟁력에 가치를 갖는 상호작용을 만들어낼 것이 분명하다.

세 번째 유형의 관계는 개인과 조직 사이의 관계(개인과 조직간 관계)이다. 이러한 유형의 관계는 개인(직원)과 그 사람이 소속되어 있는 조직(고용주) 사이에서 이뤄질 수 있다. 이는 전통적인 '고용관계'라고 할 수 있다. 이러한 유형의 관계는 충성 및 헌신을 하는 관계와 거래적인 관계로 나뉠 수 있다. 이러한 관계에 대해 인사부서가 취해야 할 주요 변화는 인사부서가 충성과 헌신을 촉진시키는 데 쏟는 노력을 조직의 경계 밖에 있는 존재들에게까지 확장시키는 것이다. 예컨대, 직원이 조직 내에서 여러 가지 요령을 배울 수 있도록 도와줄 때 인사부서가 활용하는 것과 동일한 기법을, 새로운 고객이 해당 기업의 관행에 적응하여 그 기업과 더욱더 효과적이고 능률적으로 거래할 수 있도록 도와주는 데 활용할 수 있다. 또한 조직은 임시직 직원이나 파트타임 직원보다는, 핵심인력과 더 단단한 연결고리를 유지하게 될 것이다. 핵심인력과 외부 인력을 결합시켜 활용함으로써 단단한 연결고리와 느슨한 연결고리 둘 다가 가져다주는 편익을 얻어내는 방식은 앞서 설명했던 앤코나와 칼드웰(Ancona & Caldwell, 2000)의 전략과 비슷하다.

네 번째 유형의 관계는 한 집단과 다른 집단 사이의 관계(집단간 관계)이다. 이러한 유형의 관계는 동일한 조직에 속한 두 개의 집단(예컨대, 설계부서와 마케팅부서) 사이에서 이뤄진다. 또한 두 집단 중 하나는 조직 내부에 있고, 다른 하나는 조직 외부에 있을 경우(예컨대, 한 조직의 설계부서와 공급업체의 설계부서)에서도 이뤄질 수 있는 관계이다. 이러한 관계는 같은 편(동맹자) 아니면 적(경쟁자)으로 나뉜다. 조직이 복잡성에 대처하고, 기술진보를 활용하고, 시장의 구조를 형성시키기 위해서는,

다른 조직과의 관계에 의존해야 할 필요성이 커지고 있기 때문에, 인사부서가 집단역학group dynamics의 관리에 기여하는 내용은 조직 경계 밖에 있는 사람들로 이뤄진 집단에까지 확장되어야만 한다.

다섯 번째 유형의 관계는 집단과 조직 사이의 관계(집단과 조직간 관계)이다. 이러한 관계는, 어떤 집단(예컨대, 설계부서)이 그것이 속해 있는 더 큰 조직과 관계를 맺는 것을 말한다. 어떤 조직 내에 있는 노동조합이 그 조직과 관계를 맺는 것이 하나의 예이다. 또는 기업 외부에 있는 집단(예컨대, GM사의 새턴 Saturn 자동차 고객)이 제품을 판매하는 조직과 관계를 맺는 것도 또 다른 예가 된다. 이러한 관계는 촉진적/공헌적 관계와 방해적 관계로 나뉠 수 있다. 목표와 고려하는 시간대 및 용어 그리고 이와 유사한 상황적 요소가 집단과 조직간의 의사소통을 상당히 어렵게 만드는 경우가 많다. 인사부서는 해당 조직 내부의 집단과 외부의 집단 사이에 존재하는 의사소통 장벽을 완화시키기 위해 다양한 개입수단을 활용할 수 있으며, 이를 통해 내부 집단과 외부 집단 모두에게 득이 되는 결과를 가져오는 데 기여할 가능성을 높일 수 있다.

여섯 번째 유형의 관계는 조직간의 관계이다. 이러한 관계는 전략적 제휴 관계, 또는 보완 관계, 또는 경쟁 관계 등으로 특징지을 수 있다. 기업간의 이러한 관계는 경쟁 양상이 변화함에 따라 바뀔 수 있다. 그 예로, 경쟁업체간에 새로운 응용상품을 만들어내기 위해 전략적 제휴를 맺으면서도, 핵심 상품에 대해서는 여전히 치열하게 경쟁하는 경우를 들 수 있다. 인사부서는 개인과 집단이 이러한 복잡미묘한 관계를 적절히 헤쳐나갈 수 있도록 도움을 줄 수 있다.

관계는 복잡한 사회시스템이 적응력을 갖출 수 있는지 여부를 1차적으로 결정하는 요인 중 하나이다(Pascale, Milleman & Gioja, 2000). 관계는 자기조직화 *self-organization*의 토대가 된다. 자기조직화란 하나의 시스템이 자동적인 재구성을 통해 자연발생적으로 전개되는 상황에 효과적으로 대응해나가는 것을 말한다. 호혜적 관계 *reciprocal relationships*는 자기조직화가 일어날 수 있게 만들어주는 요건이다. 파스칼과 밀레만 그리고 죠야(Pascale, Milleman & Gioja, 2000)는 다음과 같이 설명하고 있다. "호혜적 관계는 어떤 생명체 *a living system*에 들어 있는 분산된 지능 *distributed intelligence*이 굳게 결합하여 공통의 목적을 달성하게 해주는 결속력을 만들어낸다. 그러한 결속력이 강할수록 생명체의 적응력은 더 커진다." 지식경제에서 기업의 성공은 기민한 적응력에 의해 좌우된다. 기업의 리더는, 장기적인 계획수립 문서를 통해 의사결정 지침을 내릴 때까지 기다리지 않고 자기조직화하여 창발적 전략 *emergent strategies*을 통해 기업을 밀고 나가는 능력을 지닌, 기업 내의 개인에게 의존해야만 한다. 그러므로 관계를 효과적으로 관리하지 않고서는 이러한 전략적 역량은 개발될 수 없다.

관계 구축자로서의 인사부서

관계 구축자 역할은 전통적인 인사부서의 초점을 변화시킴과 동시에 확장시킨다. 관계 구축자 역할은 조직 내에 사회자본과 자기조직화 역량을 창출하는 다양한 관계로 관심을 돌리게 함으로써, 인사부서의 초점을 변화시킨다. 관계 구축자 역할은 조직 내의 관계뿐만 아니라 기업 외부의 관계에 대해서도 관심을 갖게 만들어 인사부서의 초점을 확장시킨다. 더 나아가, 관계 구축자 역할은 전통적인 인사관리 관행을 넘어선 새로운 활동과 새로운 방법 그리고 새로운 접근방식을 필요로 한다. 관계 구축자 역할은 여섯 가지 주요한 행동을 할 것으로 기대된다([표 5-4] 참조).

첫째로, 관계 구축자로서의 인사부서는 직원들이 상호작용할 수 있는 기회를 만들어내야 하는데, 그러한 상호작용은 직원들을 강하고 다차원적이며 호혜적으로 연결시킴으로써 그들이 함께 일하는 데 필요한 수준의 신뢰와 공유가 확보될 수 있도록 이뤄져야 한다(Uhl-Bien, Graen & Scandura, 2000). 하지만 인사부서는 개별 직원이 연결고리가 느슨한 관계를 다양하게 맺음으로써 정보에 대한 접근성을 확장시킬 수 있는 기

[표 5-4] 인사부서가 관계를 구축하고 육성시키는 방법

1. 인사부서는 직원들이 상호작용할 수 있는 기회를 만들어낼 수 있는데, 그러한 상호작용은 직원들을 강하고 다차원적이며 호혜적으로 연결시킴으로써 직원들이 함께 일하는 데 필요한 수준의 신뢰와 공유가 확보될 수 있도록 이뤄져야만 한다.

2. 인사부서는 개인이 연결고리가 느슨한 관계를 다양하게 맺음으로써 정보에 대한 접근성을 확장시킬 수 있는 기회도 또한 만들어낼 수 있다.

3. 인사부서는 사회자본이 되는 연결고리를 찾아내고 전략적으로 중요한 연결고리를 찾아낼 수 있는데, 그러한 연결고리는 다양한 과업에 관련이 있고 조직이 직면한 도전과제에 관련이 있는 것이다.

4. 인사부서는 공식적 작업집단과 비공식적 작업집단(실행자 공동체 등) 모두에 대해 지원, 조언, 촉진, 그리고 혁신 등을 제공해주는 공급원이 될 수 있다.

5. 인사부서는 재직 중인 직원뿐만 아니라 퇴직한 직원과도 지속적이고 장기적인 관계를 발전시킬 수 있다.

6. 인사부서는 가치사슬 전체에 걸쳐 구성원(예컨대, 공급업체와 유통업체 그리고 고객까지도 포함되는 구성원)간의 관계를 개선시킬 수 있는 방법에 관심을 집중시킬 수 있다.

회도 또한 만들어내야만 한다.

이를 위해서는 직원간의 사회적 상호작용을 단순히 장려하는 것 이상이 필요하다. 이러한 일은 조건을 만들어내고, 동기를 유발시키고, 자원을 공급하는 것 등을 요구한다(Adler & Kwon, 2000). 울비엔과 그랜 그리고 스캔듀라(Uhl-Bien, Graen & Scandura, 2000)는 "효과적인 관계를 통해 사회자본을 개발하는 것을 촉진시키고 보상하는 문화 속에서 양질의 쌍방관계high-quality dyadic relationship가 생겨나게 하여 이를 강력한 관계망으로 발전시키는 것이 필요하다"고 권한다. 맥켄지(MacKenzie, 1996)는 지역 현장 회의에 창의적인 접근방식을 도입할 책임을 맡은 홀마크사Hallmark 직원들이 진행했던 회의에 대해 자세히 설명하고 있다. 그 회의에 참석했던 직원들은 OHP가 놓여 있는 방에서, 의도된 대로 그러한 장비를 이용하여 일람표와 도표 그리고 그래프 및 유사한 데이터로 가득 찬 슬라이드를 계속해서 넘겨가며 설명을 주고받았다. 그렇게 하다 보니 창의력 발휘나 몰입의 수준이 낮을 수밖에 없었다. 하지만 회의의 진행을 맡았던 맥켄지는 방에서 OHP를 치우고 양초와 컬러 펜 그리고 다른 도구를 사용하였다. 그렇게 하자 회의에 참석했던 사람들이 회사 생활의 가면을 벗고, 일 그 자체와 서로에게 몰입할 수 있었다. 이로 인해 훨씬 더 가치 있는 결과를 얻었으며, 현장 판매인력에게 더 큰 동기를 유발시켜 지속적인 효과를 거둘 수 있었다. 이처럼 인사부서는 사람들이 서로 마음을 열고 연결될 수 있게 만들어주는 '소품과 분위기candles and crayons'를 제공해주어야 하는 것이다.

관계 구축을 촉진시키는 조건을 만들어내는 데 활용될 수 있는 하이테크 및 로우테크 접근방식은 수없이 많다. 이러한 접근방식은 조직유효성에 필수적이라 할 수 있는 단단한 연결고리와 느슨한 연결고리 둘

다를 만들어내는 데 활용될 수 있다. 하이테크 접근방식을 취하는 조직은 공유 지식 저장소와 대화방 및 화상회의 등의 협업기술에 투자한다 (Cohen, 1997). 예컨대, 브리티시 피트롤리엄사 *British Petroleum*는 서로 다른 장소에서 근무하는 다양한 사람이 좀더 풍요로운 관계를 맺을 수 있도록 '가상 팀워크 구축 *virtual teamworking*'이라는 프로그램을 활용한다. 가상 팀워크 구축이 이뤄지는 장소에는 화상회의 장비, 멀티미디어 이메일, 공유 응용프로그램, 스캐너, 전자게시판 등의 시설이 설치되어 있다. 이 회사는 복수의 매체를 활용함으로써 개별 직원이 자신의 작업장에서 다른 사람을 보고 들을 수 있게 해주고 있다. 그 결과, 다양성과 풍부함이 부족한 미디어 *less-rich media*(리치미디어 *rich media*는 단순한 텍스트(문장)나 그래픽 정보 전달을 넘어서 다양한 색상, 소리, 더 화려한 애니메이션, 동영상 등 다양한 도구를 활용하여 쌍방적 상호작용을 가능하게 함으로써 메시지를 좀더 '다양하고 풍부하게' 전달하는 매체를 말한다 – 옮긴이주)를 활용할 경우에는 얻을 수 없는 수준의 깊이와 상황이 조성되어 있다. 이러한 방법을 통해 '가상 팀워크 구축'만으로는 맺어지기 어려운, 단단한 연결고리가 맺어지게 만들고 있는 것이다.

개인 웹페이지와 전문가 인명부 *directories of expertise* 그리고 지식지도 등의 도구를 제공해주면 개별 직원은 자신이 동질감을 느낄 수 있는 사람을 찾아낼 수 있는데, 이러한 과정을 통해 조직의 '중매 *matchmaking*' 서비스가 만들어진다. 이러한 서비스는 여러 가지 느슨한 연결고리를 만들어내는데, 그러한 연결고리를 통해 개별 구성원들의 네트워크가 그들이 소속된 집단의 경계 너머까지 확장된다. 직원들이 느슨한 연결고리를 통해 전문성을 신속하고 손쉽게 활용하게 되면, 조직의 프로세스에 이득을 가져다줄 수 있다.

로우테크 접근방식을 취하는 조직은 토론과 의사소통을 자극하는 방침과 절차를 설계하는 것은 물론, 상호작용을 촉진시킬 수 있는 건축설계에 투자를 하고 있다(Cohen, 1997). 이러한 방법은 나무 위에 있던 새 모이통을 뒤뜰에 갖다놓고 정원에 새 수욕대水浴臺(새가 목욕을 할 수 있도록 정원에 돌이나 금속으로 만들어 놓은 작은 연못이나 사발 모양의 장식물－옮긴이주)를 설치하는 것과 유사하다. 새들을 특정한 장소에 강제로 모아놓고 상호작용을 하게 만들 수는 없지만, 새들이 모여 상호작용을 할 수 있는 매력적인 환경을 조성할 수는 있다. 이와 마찬가지로, 직장에서 사람들에게 상호작용을 하고 관계를 구축하도록 강요할 수는 없지만, 그러한 상호작용이 일어나는 조건을 만들어낼 수는 있다.

예컨대, 덴마크 회사인 옵티콘Opticon은 사옥을 새로 지을 때 계단실階段室(계단이 연결되어 있는 공간－옮긴이주)에 있는 계단참階段站(계단과 계단 사이의 꺾이거나 구부러지는 부분에 있는 넓은 바닥공간 또는 계단이 시작되기 전과 끝난 후에 디디게 되는 바닥공간을 말한다－옮긴이주)을 넓게 만들어 그곳에 커피메이커를 비치해두고 앉을 수 있는 장소를 마련했다(Cohen & Prusak, 2001). 이렇게 함으로써 직원들이 기회가 될 때마다 만나서 대화를 나누고 관계를 진전시킬 수 있게 되었다. 이러한 접근방식은 건물 주변에 보도를 만들 때 건축가가 내고 싶은 곳에 만드는 것이 아니라, 사람이 실제로 통행하는 곳에 보도를 내는 것과 유사하다. 피트니 보우즈 크레딧사Pitney Bowes Credit Corporation는 팀워크와 의사소통을 촉진시키는 친근한 일터를 일궈냈다(Cohen, 1997). 이 회사의 새로운 사옥은 마치 테마파크(독특한 테마를 적절히 표현하는 소재를 이용하여 방문객에게 일상을 탈피한 경험을 제공하는 공원－옮긴이주)에 온 것처럼 느껴지게 설계되었다. 조약돌 문양으로 짜인 양탄자가 깔려 있고, 모조 가

스등과 도로 표지판이 설치되어 있으며, 직원이 모일 수 있는 프랑스풍 카페도 있다. 또한 '두개골 키친cranial kitchen'이라는 이름이 붙여진 공간도 있는데, 여기서 직원들은 웹 서핑을 하거나 교육용 비디오를 시청한다. 옵티콘사와 피트니 보우즈 크레딧사의 사옥 설계를 정부기관 청사(예컨대, 경찰청의 운전면허 발급창구)와 비교해보면, 물리적 공간의 설계가 관계의 촉진과 육성에 갖는 중요성을 이해할 수 있을 것이다.

인사부서는 동일장소 배치, 회의, 컨퍼런스, 사교행사, 직원 토론회, 내부 전자통신망, 그리고 사람을 한데 모으는 기타 수단 등을 활용하여 상호작용과 관련된 문제를 관리하는 데 좀더 적극적으로 관여할 수 있다. 그렇게 할 경우 인사부서에 대한 과거의 경멸적인 이미지 - '체크무늬 캐주얼 상의를 입고서' 2인 3각 경기 등을 통해 직원들에게 동료애를 느끼게 만들려고 시도하는 모습 - 가 사회적 기술을 활용하여 개별직원이 강력하고 지속적인 사업관계를 형성하도록 도와주는 '관계 중개자relationship broker'라는 긍정적인 이미지로 거듭날 수 있을 것이다. 관계를 중개하는 역할은 일상적인 직장생활을, 일정 한도 내에서나마 특별한 경우에만 이뤄지는 비공식적인 인간 대 인간의 만남을 경험하는 시간으로 만드는 일을 의미한다. 예컨대, 멕시코의 선도적인 제지업체 중 하나인 PIPSA는 부서간 회의에서 직원들이 아이디어를 공유하기 위해, 멕시코인이 전통적으로 활용해 온 이야기나 노랫말을 중점적으로 활용하도록 장려하고 있다(Matson, 1997). 조직이 후원하는 사교행사에 대해 임의로 대충 진행하면 되는 일로 보는 대신에, 관계 구축이 이뤄질 수 있는 매우 소중한 기회로 보아야 할 것이다.

조건만 조성해놓고 관계가 진전되기를 기대하는 것 이외에도, 조직은 공식적인 위계구조와 역할을 활용할 수도 있다. 업무와 의사결정의 흐름을 상세히 규정하면, 공식적인 위계구조가 관계 형성 기회에 영향을 미치게 할 수 있다. 여러 가지 연결고리는 공식적인 직위에 의해서 맺어지며 자발적으로 선택하지 않아도 맺어지게 되는데, 이러한 연결고리가 반드시 역기능적일 필요는 없다. 애들러와 보리스(Adler & Borys, 1996)는 조직 내에 '권능을 부여하는*enabling*' 형태의 관료제(*순기능적 관계를 촉진시키는 관료제*)와 '강압적' 형태의 관료제가 있다고 말한다. 관료제라고 해서 숨통을 조이는 관계만 만들어내는 것은 아니라는 것이다. 권능부여형 관료제는 헌신하는 직원들이 자기 직무를 더욱더 효과적으로 수행할 수 있도록 도와주고 그들의 헌신을 강화시키는 데 도움을 줄 수 있도록 규칙과 절차 및 공식화를 활용한다.

관계라는 관점에서 보면, 공식 조직이라는 맥락에서 이뤄지는 전통적인 형태의 인사관리 활동도 중요성을 갖는다. 예컨대, 오리엔테이션 프로그램, 사회화, 멘토링 프로그램, 보직순환 등은 모두 관계를 촉진시킬 수 있는 잠재적 수단이 된다. 인사부서의 역할은 이러한 잠재적 수단을 현실로 만들어 조직에 이득이 되도록 활용을 극대화시켜야 한다. W. L. 고어 앤드 어소시잇츠사는 효과적인 멘토링 프로그램을 통해 직원간에 유대감이 얼마나 강력하게 형성될 수 있는가를 잘 보여주고 있다(Lussier & Achua, 2001). 이 회사의 후견인 프로그램*sponsor program*은 경험이 많은 선배 직원과 경험이 거의 없는 신입직원을 연결시킨다. 입사 후보자가 채용되기에 앞서 적어도 한 명의 선배사원이 후견인이 되겠다고 동의해야 한다. 후견인은 신입직원의 기여할 수 있는 부분과 문제점 및 목표에 대해 관심을 가져야 할 책임, 지도해야 할 책임 그리고 신입직원을 옹호해주어야 할 책임 등을 진다. 후견인은 장기간에 걸쳐 신입직원에게 헌신한다. 시간이 흐름에 따라 직원들은 여러 명의 후견인을 둘 수도 있다. 이 회사는 내부 문건을 통해 다음과 같은 세 가지 유형의 후견인이 있다고 밝히고 있다. (1) 시작 후견인*starting sponsor*은 신입직원이 직무를 시작할 수 있게 도와주거나 기존 직원이 새로운 직무를 시작할 수 있게 도와준다. (2) 옹호 후견인*advocate sponsor*은 직원이 기여한 것과 성취한 것에 대해 공적을 인정받을 수 있게 해준다. (3) 보상 후견인 *compensation sponsor*은 직원이 조직의 성공에 기여한 것에 대해 공정한 보상을 받을 수 있게 해준다.

인터넷업체인 바이언트사*Viant*는 신입사원이 조직의 문화에 동화되는 데는 약 7개월이 소요된다고 보고 있다(Cohen & Prusak, 2001). 이 회사는 모든 직원에게 3주간의 오리엔테이션 프로그램을 이수하도록 하고 있는데, 여기서는 이 프로그램을 마친 후에도 직무성과가 오랫동안 유지될 수 있도록 촉진시켜주는 사회적 연결관계를 만들어준다. 이 회사의 CEO는 자신을 '문화담당 최고책임자*Chief Cultural Officer*'라고 부르는데, 그는 이러한 접근방식이 직원간에 그리고 직원과 조직간에 오래도록 지속되는 유대감을 만들어낸다고 믿고 있다. 이 회사의 이직률이 9퍼센트(이는 업계 평균보다 낮은 수준이다)에 머무르고 있다는 사실은 CEO의 그러한 신념을 뒷받침해주고 있다.

둘째로, 관계 구축자로서의 인사부서는 사회자본이 되는 연결고리를 찾아내고 전략적으로 중요한 연결고리를 찾아내야 하는데, 그러한 연결고리는 다양한 과업에 관련이 있고 조직이 직면한 도전과제에 관련이 있는 것이다. 에티엔 웽거*Etienne Wenger*는 조직이 전략적으로 중요한 역량을 파악한 다음, 그러한 역량을 보유하고 있는 공동체를 찾아내라고 권한다(Cohen & Prusak, 2001). 그렇게 하는 예로, 해당 분야에서 잘 알려진 일류 전문가들을 인터뷰한 다음, 그들이 특정한 공동체에 속해 있는지 여부를 결정하는 일(만일 속해 있지 않다면 새로운 공동체를 만들 수도 있음)을 들 수 있다. 이렇듯 인사부서는 조직에 중요한 공식적인 사회적 관계뿐만 아니라 조직에 중요성을 갖는 다양한 비공식적인 사회적 관계에 대해서도 인지하고 이해해야만 한다.

조직 내의 개인이 관계를 맺고 있는 중요한 유형의 비공식적 모임 중 하나가 실행자 공동체인데, 이는 지식경제에서 특히 중요성을 갖는다. 실행자 공동체 *community of practice*는 서로 함께 하면서 지식을 공유하고, 문제를 해결하고, 통찰력과 이야기 및 좌절 경험 등을 교환하는, 사람들간의 비공식적인 소집단 *cluster* 또는 네트워크를 말한다(Lesser & Prusak, 2000). 이는 앞서 설명한 라포르, 유대감, 폭, 동질감 등 관계의 차원을 전부 보여주는 집단이다. 실행자 공동체는 지리적 경계나 사업 단위간 경계 또는 부서간 경계의 제약을 받지 않는다. 이러한 공동체는 공통적인 과제, 업무에 관련된 공통의 관심사, 공통의 정황 등을 중심으로 구성된다.

조직에는 다수의 실행자 공동체가 존재할 수 있다. 이러한 실행자 공동체는 조직 내에서 보완적인 활동을 통해 연결된다(Brown & Duguid, 2000). 상이한 실행자 공동체들이 서로를 보완하면서 조직의 목표달성을 위해 노력한다는 뜻이다. 예를 들어, 제약회사에서는 규제기관의 승인이라는 주제를 중심으로 형성된 실행자 공동체를, 화학물질 전달체계라는 주제를 중심으로 형성된 실행자 공동체가 보완시켜줄 수 있다. 이와 마찬가지로, 한 조직에 속한 여러 실행자 공동체가 공통의 실행과제 또는 공유된 실행과제를 통해 외부 조직과 수평적으로 연결될 수 있다. 이러한 실행자 공동체 네트워크 *network of practice*(단일 조직의 경계를 넘어 확장된 공동체)는 조직의 경계 밖으로 관계를 확대시킴으로써, 새로운 지식과 통찰력이 시스템 안으로 들어오게 만든다. 예컨대, 브리스톨-마이어즈-스큅사 *Bristol-Meyers-Squipp*는 자사의 종양학 사업부가 오랫동안 엄청난 성공을 거두어왔던 비결이 조직 외부와 풍부한 네트워크를 구축했었기 때문이었다는 사실을 알게 되었다(Cohen & Prusak, 2001). 종양학 사업부가 조직의 내부와 외부에 구축한 네트워크에 속한 사람의 수는 이 회사의 어떤 부서보다 훨씬 더 많다. 인사부서의 과제는 그러한 실행자 공동체를 식별해내고 거기에 투자(서로 대면할 수 있는 회의에 필요한 자원을 제공하고, 조직간의 의사소통을 촉진시키는 것 등)하는 것이다.

셋째로, 인사부서는 관계 구축자로서 공식적 작업집단과 비공식적 작업집단(실행자 공동체 등) 모두에 대해 지원, 조언, 촉진, 그리고 혁신 등을 제공해주는 공급원이 되어야 한다. 이러한 일을 효과적으로 하려면, 인사부서는 과도하게 구조화시키고 영향력을 행사하려는 것(이에 따라 자기조직화를 억제하는 것)과 관심 및 육성을 너무 낮게 유지하여 불필요하게 문제가 불거지는 것 사이에서 절묘한 균형을 유지해야 한다. 토머스 스튜어트(Thomas Stewart, 2000)가 말한 내용을 부연하면, 조직은 "잔디를 깎지 말고 물만 준 다음, 무언가가 일어나기를 기다려야 한다". 비공식적 관계는 잔디의 습성과 같다. 잔디는 지표면에서 낮게 자라 쉽게 깎일 수 있지만, 뿌리줄기가 서서히 생장하여 인접지역을 뒤덮는다. 육성을 하려면 세밀한 관리 *micromanagement* 가 필요한 것이 아니라 지원 *support*이 필요하다. 집단에 과도하게 관여해서 권리를 침해하면 그 집단은 와해되는데, 이는 개인뿐만 아니라 조직에도 손해가 된다. 웽거(Wenger, 2000)는 실행자 공동체를 지원하는 아래와 같은 전략이 조직 내에 존재하는 다른 유형의 비공식 집단에게도 쉽게 확장될 수 있다고 주장한다.

- 고위 관리자로 구성된 후원조직을 구성하여 실행자 공동체에 정당성을 부여하고 지속적으로 유지시켜주어야 한다.
- 성과평가와 승진결정 시 실행자 공동체 참여 여부를 반영하여 인정해주어야 한다.
- 생산성을 저해하는 방침 등과 같은 장벽을 제거해주어야 한다.
- 시간 확보와 출장 그리고 전화회의 등에 소요되는 비용을 부담해주는 예산을 배정해야 한다.

넷째로, 관계 구축자로서의 인사부서는 조직 전체를 점검하여 갈등을 관리하고, 역기능적 관계와 역기능적 관계망을 찾아내서 해체시켜야 한다. 개인 수준에서 역기능적 관계는 상사와 부하 간 또는 동료간에 형성될 수 있다. 인사부서는 상사와 부하 간에 문제가 발생했을 때 이를 점검하고 개입하는 중요한 역할을 담당한다(이는 인사부서의 전통적인 역할에 해당된다). 인사부서는 동료간에 갈등이 발생했을 때 직속상사가 그것을 관리하고 지원하는 역할도 담당한다.

집단 수준에서 역기능적 관계는 부서 내 또는 부서간에 생겨날 수도 있으며, 외부와 맺고 있는 관계에서 생겨날 수도 있다. 일부 응집력이 강한 집단에서는 동종번식과 침체 그리고 집단사고 groupthink(집단에서 의사결정이 이뤄질 때 여러 가지 다른 의견이 있음에도 불구하고, 집단에 일치해야 한다는 규범이 지나치게 강해져서 현실적인 평가와 의사결정을 제대로 하지 못하고, 만장일치의 동의를 내는 현상을 말한다. 응집력이 매우 강하고 확신에 차 있는 집단이 범하기 쉬운 오류이다-옮긴이주) 등이 나타날 수 있다. 이때에는 인사부서가 개입하여 그러한 집단을 뒤흔들어 부정적 관성에서 벗어나게 하기 위해 '순기능적' 갈등을 유도할 필요가 있다. 집단간에 갈등이 발생하는 다른 경우에 있어서는 인사부서가 '역기능적' 갈등을 감소시키기 위해 조정자 또는 중재자로서 개입해야 할 필요도 있다.

비공식 집단과 실행자 공동체는 조직 내에 사회자본을 만들어내는 데 매우 긍정적인 영향을 미칠 수도 있지만, 사회자본 형성에 방해가 될 수도 있다. 예컨대, '패거리' 네트워크(또는 인종이나 직무와 무관한 요인을 근거로 구성원 자격을 제한하는 사회적 네트워크)는 조직에 득이 되지 않는다. 인사부서는 비공식 집단이 조직에 득이 되는 방향으로 운영되는지 여부를 주의 깊게 관찰하고 있다가, 조직에 반하는 목적을 갖는 집단이 형성되면 즉시 개입하여 해체시켜야 한다.

다섯째, 관계 구축자로서의 인사부서는 재직 중인 직원뿐만 아니라 퇴직한 직원과도 지속적이고 장기적인 관계를 발전시켜야만 한다. 한 컨설팅회사는 자진 퇴사하는 전문직 직원을 대상으로 전직알선 프로그램을 운영하고 있는데, 그 이유는 그렇게 하여 다른 조직으로 자리를 옮긴 직원이 새로운 사업을 만들어줄 수도 있기 때문이다(Rousseau, 1998). 이 회사 직원은 이전 고용주에 대해 호의적인 인상을 갖도록 사회화됨으로써 충성심이 강한 동창생이 되는 것이다. 딜로이트 앤드 투시사 *Deloitte and Touche*는 직장생활 초기에 자사를 떠났던 직원을 재고용하고 있다. 그러한 직원을 '부메랑 직원*boomerang employees*'이라고 부르는데, 이 회사의 지속적인 관계유지 전략은 매우 큰 이득을 가져다주고 있다. 딜로이트 앤드 투시사에 근속 중인 직원 중 15퍼센트는 부메랑 직원이다(Rivera, 2001). 액센츄어사*Accenture*의 데이비드 리드*David Reed*는 이직한 직원과 관계를 유지하는 활동의 이점을 "이직한 직원 중 많은 수가 우리 회사의 고객이 되거나 우리의 고객사에 채용됩니다. 그렇기 때문에 우리는 이직한 직원과 호의적인 관계를 유지하고자 하는 것이다"라고 설명한다.

여섯째, 관계 구축자로서의 인사부서는 가치사슬 전체에 걸쳐 구성원 (예컨대, 공급업체와 유통업체 그리고 고객까지도 포함되는 구성원)간의 관계를 개선시킬 수 있는 방법에 관심을 집중해야 한다. 가치사슬 구성원간의 관계에는 다음과 같은 것이 포함된다. 연결 역할을 담당하는 사람간의 관계, 직접적으로 상호작용을 하는 집단간의 관계, 가치사슬 파트너의 최고경영자 집단간의 관계(Greenhalgh, 2001). 또한 가치사슬을 구성하는 파트너들은 가치사슬 전체의 효율성과 유효성을 개선하기 위해 인사관리 관련 최선의 관행을 공유해야 한다(Greenhalgh, 2001; Lengnick-Hall & Lengnick-Hall, 1999). 그린할은 상호작용이 이뤄지는 접촉점을 결정하기 위해서는 다음과 같은 시험을 해보라고 권한다. 가치사슬 전체가 마치 당신의 조직 내부에 수직적으로 통합되어 있는 것처럼 생각하라. 그리고 다음과 같은 질문을 던져보라. 서로 다른 파트너가 어떠한 회의와 의사결정 그리고 훈련 프로그램 등등에 참여해야 할 것인가? 우리는 이러한 질문에 다음과 같은 것을 포함시킬 수 있겠다. 인사부서가 그러한 참여를 촉진시키도록 도와줄 수 있는 방법은 무엇인가? 예를 들어, 페덱스 FedEx는 기업 내에서 연결성과 협력적인 토의를 증진시키고, 고객과 더 밀접한 관계를 유지시켜주는 여러 기술을 개발하였다. 이에 따라 페덱스사의 운영에 다른 기업이 들어와 참여하게 되었다. 더 나아가, 페덱스사는 고객이 운영하는 영역에도 들어갈 수 있다. 기업의 경계에 수많은 통로가 뚫리게 됨에 따라 관련을 맺고 있는 모든 조직이 편익을 보게 된 것이다.

결어

　조직에 편익을 주는 사회자본의 창출은 개인간, 집단간, 조직간의 관계를 어떻게 구축하는가에 따라 결정된다. 양질의 인적자본과 사회자본을 결합시키는 것은 지식경제에서 경쟁우위를 확보하는 핵심이다. 양질의 관계는 공통의 목적을 위해 함께 잘 협력해서 일하는 개인간 관계와 집단간 관계 그리고 조직간 관계로부터 생겨난다. 반대로, 질이 낮은 관계는 개인이나 집단이나 조직이 최소한의 일만 하려고 하거나, 함께 일하는 데 필요한 최소한의 협력조차 하지 않으려고 할 때 생겨난다.

　연결고리가 단단한 관계가 맺어지면 서로를 돕는 데 더 많은 시간과 노력을 쏟는 반면, 연결고리가 느슨한 관계가 형성되면 더욱더 광범위한 정보에 접근할 수 있다. 연결성이 점점 증대되고 있는 세계(여섯 명만 건너면 서로 아는 사람인 세계)에서는, 단단한 연결고리와 느슨한 연결고리가 모두 다 존재하는 광범위한 관계를 맺어야만 한다. 지식경제에서 인사부서는 인적자본과 사회자본 모두를 육성해야만 할 것이다.

신속 인력운용 전문가

인사전문가의 마지막 역할은 '적정 *right*' 인재를 확보하고 그들을 적정 시간에 적정 장소에 배치한 다음, 요구되는 업무를 수행하고 바람직한 결과를 성취할 수 있게 만들어주는 일이다. 즉 필요할 때 필요한 곳에 인적자본을 신속하게 운용하는 역할을 해야 한다. 인사부서에게 이러한 책임이 새로운 것은 아니지만, 많은 기업과 산업이 직면하고 있는 지속적으로 급변하는 시장환경이 그러한 방정식의 모든 항을 바꿔놓았다.

비디오게임이나 영화 산업에서 활동하는 일부 기업은 오랜 시간에 걸쳐 장기적인 경쟁우위를 창출하고 유지하는 것보다는, 시장을 교란시키고 전술적 우위를 획득하는 능력이 성공을 결정한다는 사실을 알아냈다. 이는 단기간에 치고 빠지는 게릴라식 전술이 쏜살같이 지나가버리는 시장기회를 활용하는 데 효과적일 뿐만 아니라, 경쟁업체에게 더 큰 예측 불가능성을 안겨준다는 것을 의미한다.

다른 기업은 하루살이와 같은 조직설계 방식을 택하여 활용한다. 생명공학이나 의료기기 벤처기업이 하는 것처럼, 일부 기업은 신기술이나 신제품을 만들어내기 위해 구성된다. 이들 기업은 임무를 완수하고 나면 좀더 강력한 업체에 흡수될 것을 기대하며 설립되는 경우가 많다. 이런 기업에서는 효과적인 인사관리 활동이 유연성과 다재다능함 *versatility*에 의해 좌우된다. 또 다른 기업은 넥서스 렉시스*Nexus-Lexis*처럼 시장조류에 맞춰 네트워크 구성형태가 바뀌는 가상조직 방식으로 운영된다. 가상 기업에서는 필요한 인사활동을 신속히 수행하기 위해 관계와 여러 가지 느슨한 연결고리(즉 간헐적으로 이뤄지는 비공식적인 연결)에 의존한다.

프로그레시브 보험*Progressive Insurance*, 앨버트 아인슈타인 헬스 네트워크*Albert Einstein Health Network*, 페덱스 같은 또 다른 기업들은 가치를 창출하는 방식에 있어서는 안정성을 유지해야 하지만, 신속한 반응과 민첩성 그리고 짧은 사이클 타임을 강력한 경쟁무기로 활용해야 한다는 점을 깨닫고 있다. 신속반응 기업에게는 기민성과 속도 그리고 선제력이 성과의 핵심 동인이 된다.

위와 같은 시나리오로 본다면, 인사부서는 구체적인 인적자본 구성체를 신속하게 짜맞추고 집중시키고 운용하는 능력을 갖추어야 하며, 상황이 바뀌면 그러한 인력을 해체하여 재배치하는 능력도 갖추어야 한다. 전략적인 성공은 시간과 공간을 넘나들며 신속하고 유연하며 임기응변적인 전술을 구사할 수 있는지 여부에 달려 있는 것이다.

인적자원의 효과적인 운용을 구성하는 구체적인 요소가 지식경제에서는 어떻게 달라졌는가? 첫째, 기업이 필요로 하는 인재가 자사의 직원 이외에도 고객업체 및 공급사슬 안의 다른 구성원에게까지 확대된다. 둘째로, 적정 장소란 생산현장뿐만 아니라 시장현장도 의미하게 되었다. 셋째로, 적정 시간은 월 단위나 연 단위로 측정되기보다는 분 단위나 시간 단위로 측정된다. 끝으로, 지식경제는 개별 직원의 직접적인 통제권을 벗어난 결과물에 대해서도 개인적으로 헌신하고 책임감을 갖도록 요구한다. 이에 따라 인사관리자는 막중한 도전과제에 직면해 있는데, 그러한 도전과제 해결은 인적자본을 관리하고 효과적으로 운용한다는 것이 무엇을 의미하는가에 대해 새롭게 이해하는 것에서 시작된다.

적정 인재의 확보

전통적으로 기업이 필요로 하는 인적자본을 확보하는 일은 직원을 모집·선발·채용·훈련시키고 다양한 직무에 그들을 배치하는 일과 관련 있었다. 직무와 사람을 짝짓는 방식의 인사관리 활동은 지식경제에서 기업이 업무를 완수하기 위해 필요로 하는 사람을 확보하는 활동 중 극히 작은 부분만을 차지하는데, 그 이유는 두 가지이다. 첫째로, 수행되어야 할 구체적인 과업과 직무가 역동적으로 변화하기 때문에 지속적인 학습이 필요하다. 따라서 모집 및 선발 활동은 구체적인 기술과 경험을 보유하고 있는 사람을 채용하는 것보다는, 조직에 적합하며 가치관이 맞고 올바른 태도를 갖추고 있는 사람을 채용하는 데 초점이 맞춰질 것이다. 둘째로, 지식경제에서는 다양한 활동이 가치사슬 전체에 걸쳐 통합되는 경우가 많아진다. 이는 공급업체와 고객이 기업의 업무에 중요한 기여를 하는 경우가 많다는 사실을 의미한다. 지금부터는 '적정 인재'라는 개념이 어떻게 재정의되고 확장되었는지에 대해 논의하기로 한다.

'적정 인재'에 대한 재정의

과거에는 직무에 적합한 '적정 인재'란 직무기술서에 규정된 과업의 수행 능력을 갖춘 사람을 지칭했다. 입사지원자가 직무기술서에 나와 있는 과업을 바로 수행할 수 있거나 약간의 훈련만 받으면 과업을 수행할 수 있는 능력을 지니고 있다면, 해당 직무에 적합한 사람이라고 보았던 것이다. 만일 시간이 흘러 직무가 크게 바뀌었는데도 직원이 채용 당시에 할 수 있었던 일만 계속 한다면, 새로운 지식과 숙련기술을 보유한 새로운 직원으로 그런 직원을 교체하면 그만이었다.

지식경제는 구성원과 조직에게 더 많은 것을 요구한다. 과업에 대한 능숙도는 여전히 필요하지만, 그러한 능숙도가 좁은 범위로 정해진 직무기술서에 나와 있는 내용에만 국한되지 않는다. 지식경제의 기업 구성원은 필요할 때 다양한 과업을 수행할 수 있는 지식과 숙련기술을 보유하는 것에 추가적으로, 환경조건이나 전략적 조건이 바뀔 때 새로이 수행해야 할 과업에 적용할 수 있는 새로운 지식과 숙련기술을 신속하게 습득할 수 있어야 한다.

구성원이 광범위한 과업에 능숙해질 것을 요구하는 것 외에도, 지식경제는 과업과 무관하긴 하지만 중요한 직무행동을 하는 사람에게 프리미엄을 준다. 다른 사람에게 도움을 주는 그러한 생산적인 행동은 '정황을 고려하는 업무행동*contextual performance*'이라고 정의된 바 있다

(Borman & Motowidlo, 1993). 정황을 고려하는 업무행동에는 아래와 같은 항목이 포함된다.

- 과업활동을 성공적으로 완수하는 데 필요하다면 열의를 가지고 꿋꿋이 추가적인 노력을 기울이는 행동
- 자신의 공식적인 직무 범위가 아닌 과업활동을 수행하겠다고 자원하는 행동
- 다른 사람을 돕고 그들과 협력하는 행동
- 조직의 규칙과 절차를 준수하는 행동
- 조직의 목표를 수용하고 지원하며 방어하는 행동
- 자신이 기여할 수 있는 기회를 모색하는 행동
- 문제점이나 위협을 예상하는 행동

정황을 고려하는 업무행동은 그 정도에 차이가 있긴 하지만 모든 직무에 중요하다. 하지만 조직이 신속하게 인적자원을 짜맞추고, 집중시키고, 운용하고 난 뒤 조정할 시간이 거의 없는 상태에서 프로세스를 새롭게 시작해야 할 경우에 있어서는 훨씬 더 중요해진다. 지식경제에서는 조직구성원이 '그 일은 내 직무기술서에 나와 있지 않다'는 이유로 필요한 일을 할 수 있는 능력을 갖추지 못하거나 의지를 갖지 않을 경우 그 조직은 살아남기 힘들다. 지식경제의 조직구성원은 필요한 곳에 뛰어 들어 주도권을 발휘하고, 필요할 경우 추가의 노력을 기울일 수 있는 능력과 의지를 갖추고 있어야만 하며, 불리한 조건에서도 계속해서 일을 해내고자 하는 의지가 있어야만 한다.

인재를 신속하게 운용하려면 유연한 직원이 필요하다. 항구적으로 변

화하는 글로벌 시장에서 효과적으로 활동하려면 직원이 적응력 있고 다재다능해야 하며 불확실성을 견뎌낼 수 있어야 한다(Pulakos et al., 2000). 새로운 사람, 새로운 팀, 듣지도 보지도 못했던 애매모호한 문제, 판이하게 다른 문화, 새로운 기술, 어려운 물리적 조건 등등 조직구성원이 적응해야 할 필요가 있는 다양한 조건과 상황은 몸서리치게 할 만큼 어렵다. 사람들의 적응력 있는 성과*adaptive performance*를 나타내주는 여덟 가지 차원을 파악하여 실증적으로 검증한 결과(Pulakos et al., 2000)를 살펴보기로 하자.

- **응급상황이나 위기상황 처리** : 생명을 위협받는 상황이나 위험한 상황 또는 응급상황 등 긴급한 사태가 발생했을 때 적절하고 적정하게 대응하는 행동, 위험이나 위기에 대처하는 대안을 신속하게 분석하고 위험이나 위기가 던져주는 시사점을 신속하게 분석하는 행동, 뚜렷하고 초점 잡힌 사고에 기반하여 별도의 후속 의사결정을 하는 행동, 당면한 상황에 집중하면서도 감정을 통제하고 객관성을 유지하는 행동, 필요하고 적절한 조치를 신속하게 취하여 위험 상황이나 응급상황을 처리하는 행동

- **업무 스트레스 처리** : 상황이 매우 어렵거나 업무량과 업무일정이 매우 힘든 경우에도 침착함과 냉정을 유지하는 행동, 예상치 못했던 소식이나 상황에 대해 과민반응하지 않는 행동, 남을 비난하기보다는 건설적인 해결방안을 찾는 데 노력함으로써 좌절감을 관리하는 행동, 스트레스가 많은 상황에서도 활력을 잃지 않고 프로근성을 발휘하는 행동, 침착하고 안정적으로 영향을 미침으로써 다

른 사람이 찾아와서 조언을 구하게 만드는 행동

• 창의적인 문제해결 : 복잡한 분야에서 독특한 분석방법을 활용하여
새롭고 창의적인 아이디어를 내는 행동, 신선하고 새로운 접근방
식을 찾아내기 위하여 문제를 위아래 안팎으로 뒤집어 보는 행동,
서로 관련이 없어 보이는 정보를 통합하여 창의적 해결책을 만들
어내는 행동, 다른 사람이 미처 생각해내지 못하는 광범위한 가능
성을 생각해내는 행동, 주어진 변수 이외의 다른 요인을 고려하여
더 효과적인 접근방식이 있는지를 찾아내는 행동, 업무수행에 필
요한 자원이 부족할 때 그러한 자원을 획득하거나 활용할 수 있는
혁신적인 방법을 만들어내는 행동

• 불확실하고 예측 불가능한 업무상황에 대한 대처 : 당면한 상황의 전
체 모습을 알 수 없거나 관련된 모든 사실을 알지 못할 때에도 필요
한 효과적인 조치를 취하는 행동, 예측 불가능했거나 예기치 못했
던 사건이나 상황이 발생했을 때 즉시 그리고 쉽게 방식을 바꾸어
대응하는 행동, 역동적으로 바뀌는 상황 속에서도 구조를 잡아 자
신과 타인이 최대한의 초점을 유지하게 만드는 행동, 사물을 흑백
논리로 대하지 않는 행동, 불확실성이나 애매모호성에 접했을 때
아무것도 하지 않고 가만히 있기를 거부하는 행동

• 업무상의 과업과 기술 및 절차에 대한 학습 : 업무수행을 위한 새로
운 접근방식과 기술을 배우고자 하는 열의를 보이는 행동, 보유하
고 있는 지식과 기술을 최신화시키는 행동, 새로운 방법이나 잊었

던 과업 수행방법을 빠르고 능숙하게 배우는 행동, 새로운 업무 프로세스와 절차에 적응하는 행동, 업무 요구사항이 바뀔 것을 예상해 그러한 변화에 적응 준비가 되는 업무나 훈련에 참여할 수 있는 방안을 모색하는 행동, 업무성과 중 부진한 부분을 개선시키는 조치를 취하는 행동

• 대인관계에 대한 적응력 발휘 : 유연하게 그리고 마음을 열고 다른 사람을 대하는 행동, 다른 사람의 입장과 의견을 경청하고 배려하며 필요할 때는 자신의 의견을 바꾸는 행동, 업무에 관련된 부정적인 피드백이나 발전에 도움이 되는 피드백을 마음을 열고 수용하는 행동, 다양한 개성을 지닌 사람들과 함께 일하고 효과적인 관계를 진전시키는 행동, 다른 사람의 행동에 대해 날카로운 통찰력을 발휘하며 그들을 설득하고 그들에게 영향을 미치고 그들과 함께 효과적으로 일하기 위해 자신의 행동을 그 사람들에게 맞춰 나가는 행동

• 문화에 대한 적응력 발휘 : 집단, 조직, 또는 문화권의 분위기, 지향점, 욕구, 가치관 등을 배우고 이해하려는 조치를 취하는 행동, 상이한 가치관과 관습 및 문화에 잘 통합해 들어가고 편안함을 느끼는 행동, 다른 사람의 가치관과 관습을 존중하거나 순응하는 데 필요하다면 기꺼이 자신의 행동이나 겉모습을 조절하는 행동, 다른 사람의 행동이 주는 시사점을 이해하고 다른 집단이나 조직 또는 문화권과 긍정적인 관계를 유지할 수 있도록 접근을 조절하는 행동

- 물리적 환경에 대한 적응력 발휘 : 극단적으로 덥거나 습하거나 춥거나 불결한 상황 등 매우 어려운 환경조건에 적응하는 행동, 고되거나 힘든 과업을 완수하기 위해 육체적인 노력을 아끼지 않는 행동, 직무에 필요할 경우 힘을 조절하거나 육체적 과업을 능숙하게 처리하는 행동

지식경제의 조직은 직원이 가장 잘 활용될 수 있는 곳으로 배치를 계속해서 바꿔가면서 인력운용을 하는 경우가 대부분이다. 이러한 상황에서는 적응력 있는 성과 행동의 범위가 넓은 직원이 더 잘 적응해나갈 수 있을 것이다.

요컨대, 지식경제에서 직무에 적합한 적정 인재란 이미 좁게 정해져 있는 직무에만 국한되지 않고 광범위한 과업에 숙달되어 있는 사람이다. 적정 인재는 직무상의 문제를 도와주고, 훌륭한 모범을 보이며, 집단이 계속해서 목적을 지향하게 만들어주고, 다른 집단 구성원이 참여하도록 기운을 불어넣어줌으로써, 동료의 성과와 팀의 성과를 촉진시키는 사람이라고 할 수 있다(Campbell et al., 1993). 그리고 끝으로 지식경제의 적정 인재는 적응력을 갖추고 있으며, 새로운 도전과제와 새로운 장애물에 대해 차분하고 침착하게 그리고 건전한 판단력을 발휘하여 대처할 수 있다.

직무를 수행할 새로운 적정 인재의 선발

지식경제에서 직원을 확보하려면 선발과정을 새로운 방식으로 바라보는 시각과 입사지원자를 평가하는 새로운 방법이 필요하다. 다양한

숙련기술을 갖추고 있으며 정황을 고려하는 업무행동을 하고 적응력도 갖춘 직원을 어떻게 하면 채용할 수 있을까? 만일 직무가 임시적 성격이 강할 경우, 즉 프로젝트성 직무여서 직원의 배치를 자주 바꿔야 할 경우, 선발과정에서 입사지원자의 어떠한 KSAO을 평가해야 할 것인가?

누코 스틸 *Nucor Steel*, 사우스웨스트 항공 *Southwest Airlines*, 미텔 *Mitel Corporation*, 실리콘 그래픽스 *Silicon Graphics* 같은 다양한 회사가 적정 인재란 특정한 숙련기술군群이나 업무경험군을 보유하고 있는 사람이라기보다는, 진취성과 단체정신 그리고 자신감을 보유하고 있을 뿐만 아니라 경쟁에 이기기 위해 자사가 취하고 있는 특정한 접근방식에 적합한 가치관을 갖추고 있는 사람이라는 결론을 내렸다. 가치관 중에서 도덕성이나 강한 직업윤리 등과 같은 요소는 보편적으로 적용될 수 있는 것이겠지만, 극히 중요한 여러 가치관은 해당 기업에서만 통용되는 것이다. 혁신적인 미니밀인 누코 스틸은 불결하고 위험한 환경에서 효과를 발휘하는 업무습관을 갖추고 있는지를 중점적으로 살펴본다. 사우스웨스트 항공사의 핵심 가치관에는 유머와 인습에 얽매이지 않는 시각이 포함되어 있다. 캐나다의 하이테크 제조업체 중 하나인 미텔사는 '비판 금기대상 *sacred cow*'에 개의치 않고 도전하는지 여부와 개인적인 책임감을 지니고 있는지 여부를 본다. 실리콘 그래픽스사는 자율적이고 지나칠 정도로 비공식적인 환경에서 성장·번영할 수 있는 사람을 찾는다.

기업이 찾고 있는 특정한 태도와 의식구조는 각 기업에 독특한 것이기는 하지만, 문화에 근거한 선발은 네 가지 일반적인 원칙에 의해 인도되는 것 같다(Carbonara, 1996). 첫째로, 사람의 지식과 능력은 시간이 지남에 따라 바뀌지만 그 사람의 됨됨이와 가치관은 훨씬 더 오랫동안 지속된다는 생각에 근거하여 적정 인재를 찾는다. 문화에 근거한 선발은 기본적인 성격특성은 바뀌지 않으며, 개인의 가치관과 조직의 가치관 간의 적합도가 성공을 촉진시킨다고 가정하고 있다. 두 번째 원칙은 기업이 선발을 할 때 발휘 기술과 능력을 정확하고 신중하게 보는 것과 마찬가지로 개인적 속성에 대해서도 정확하고 신중하게 파악하고 선발해야 한다는 것이다. 문화에 근거한 선발은 '소프트한' 문제에 초점을 맞추기는 하지만, 선발 그 자체는 목적성·구체성·엄격성·규율성·전략지향성을 유지하면서 이뤄진다. 셋째로, 자기 입으로 밝히는 내용보다는 관찰된 행동이 훨씬 더 신뢰성 있는 지표가 된다. 눈치가 빠른 지원자는 입사하길 원하는 회사의 문화와 성격에 대해 잘 알고 있다. 이 때문에 지원자가 인터뷰에서 말하는 내용에만 의존하여 특정한 가치관을 진정으로 실천하는 사람과 면접자가 듣길 원하는 내용만 말하는 사람을 구분해내기란 쉽지 않다. 넷째로, 적정 지원자 풀을 확보하는 일은 적정 후보자 선발의 선행요건이다. 문화에 근거한 채용을 하는 기업은 전통적인 채용광고와 광범위한 모집 방식에 의존하기보다는, 재직 직원에게 추천을 의뢰하거나 기타 인맥에 근거한 채용관행을 채택하는 경향이 있다.

이러한 지침을 실행에 옮길 때 인사전문가는 어떠한 역할을 해야 하는가? 보웬과 레드포드 그리고 나단(Bowen, Ledford & Nathan, 1991)은 네 단계의 절차를 제시하고 있다. 이러한 단계별 절차는 [표 6-1]에 요약되어 있다. 첫 번째 단계는 전반적인 작업환경에 대한 평가인데, 여기에는 전반적인 유효성을 가져다주는 행동과 책임을 결정하기 위한 직무/업무 프로세스 분석과 조직분석이 포함된다. 엄격한 직무기술서로 한데 묶이는 구체적인 과업에 초점을 맞추기보다는, 과업 배치가 유동적으로 이뤄지고 임시적인 필요에 맞춰 수정될 수 있는 업무 프로세스에 초점이 맞춰져야 한다. 이 단계에서 인사부서는 조직의 활동 흐름 내에서 각 개인이 수행해야 하는 역할을 결정해야 한다. 그동안 자주 간과되었던 중요한 요인은 전략의 수립과 시행에 대한 인적자본의 공헌이다(Dyer, 1984; Lengnick-Hall & Lengnick-Hall, 1988). 전략에 대한 자원준거 관점(예컨대, Barney, 1995)은 기업의 인적자본이 희소하고 가치 있으며 모방 불가능하고 활용 가능한 자원기반을 제공함으로써 기업의 경쟁전략이 개발되는 효과적인 토대를 구축한다는 설득력 있는 주장을 한다.

다음으로, 기업이 필요로 하는 사람의 유형을 결정해야 한다. 여기에는 기술적 지식과 숙련기술 및 능력에 대한 평가, 사회적 능력에 대한 평가, 개인의 욕구와 가치관 및 관심사항에 대한 평가, 성격특성에 대한 평가 등이 포함된다. 지금 당장 성과를 내는 데 필요한 요건과 미래에 적응할 수 있는 능력에 대한 기대 간의 균형을 맞춰 평가하면, 업무의 내용뿐만 아니라 업무의 맥락도 고려할 수 있다. 직원을 선발할 때는 능력만 보는 것이 아니라 인성을 보고 뽑아야 하는 것이다. 조직에 대한 적합성을 근거로 충원하는 방식은 한 개인이 기업에 기여하리라 기대되는 장기적인 전략적 가치를 강조한다(Snow & Snell, 1993). 기업이 다양하고 유연한 전략적 조치를 실행에 옮기려고 한다면, 그에 상응하는 다양하고 다재다능한 인적자본을 보유해야 한다(Volberta, 1996). 그러므로 새로운 상황을 빨리 익혀 그것에 적응하고 기업에 전략적 유연성과 민첩성을 제공해줄 수 있는 사람을 선발하고 개발하는 혁신적인 시스템을 인사부서가 설계해야 한다.

세 번째 단계는 기업과 개인 모두가 적합성을 평가할 수 있게 해주는 '통과의례'를 설계해야 한다. 여기에는 선발과정 도중에 다양한 심사도구와 평가자 그리고 기준을 활용하는 일이 포함된다. 효과적인 기업은

[표 6-1] 직무에 적합한 새로운 적정 인재를 선발하는 단계별 절차

선발의 단계	던져야 할 질문
• 전반적인 작업환경에 대한 평가. 여기에는 전반적인 유효성을 가져다주는 행동과 책임을 결정하기 위한 직무/업무 프로세스 분석과 조직분석이 포함됨	• 조직 내에서 개인이 수행해야 할 역할은 무엇인가? • 조직이 현재와 미래에 필요로 하는 것은 무엇인가? • 미래에 환경요인(기술과 시장 등)이 어떻게 바뀔 것인가?
• 기업이 필요로 하는 인재의 유형 결정	• 기업이 현재 그리고 미래에 어떠한 기술적 지식과 숙련기술 및 능력을 필요로 하는가? • 정황을 고려하는 업무행동과 적응력을 어떻게 평가할 것인가? • 조직의 문화에 어떠한 성격특성이 적합한가? • 조직의 문화에 어떠한 개인적 가치관과 태도가 적합한가?
• 기업과 개인 모두가 적합성을 평가할 수 있게 해주는 통과의례 설계	• 기업이 자사의 중요한 문화적 가치관과 규범을 입사지원자에게 어떻게 소개할 수 있는가? • 입사지원자가 조직의 현실을 미리 둘러보게 하려면 선발과정을 어떻게 설계해야 하는가? • 조직이 입사지원자를 현실감 있게 살펴보려면 선발과정을 어떻게 설계해야 하는가?
• 핵심적인 가치관과 행동을 강화시키는 여러 가지 시스템 설계	• 어떠한 가치관과 행동을 강화시키는 것이 바람직한가? • 평가·보상·교육훈련 시스템을 통해 바람직한 가치관과 행동을 어떻게 강화시킬 수 있는가? • 바람직한 가치관과 행동을 강화시키기 위해 어떠한 의식을 활용할 수 있는가?

바람직한 특성을 평가하기 위하여 엄격하고 신뢰성 있는 다양한 방법을 동원하는데, 여기에는 시뮬레이션, 의사결정 실습, 업무실습, 상황면접, 업무활동, 여러 상황에서의 업무행동 관찰 등이 포함된다. 그 결과, 회

사는 적당한 프로필을 갖춘 사람을 식별해낼 수 있고, 입사지원자는 직장생활의 현실에 대해 미리 둘러봄으로써 자신과 잘 맞는지를 판단하는 절차가 마련된다. 이러한 다면적인 선발과정을 실시할 경우, 그 과정을 통과하여 채용된 입사후보자는 성취감을 맛볼 수 있게 된다.

개인과 조직의 적합성을 판단하는 마지막 단계는 핵심적 가치관과 행동을 강화시켜주는 여러 가지 시스템을 만들어내는 일이다. 예컨대, 직원의 몰입도가 높은 기업은 회사에 기여하는 능력을 향상시키는 직원을 보상해주기 위해 기능급(技能給) *skill-based pay*이나 역량급(力量給) *competency-based pay* 제도를 일반적으로 활용한다. 이와 유사하게, 직원에게 의사결정 책임을 맡기려면 사용자에게 친숙한 최신식 정보 시스템을 제공해주어야 한다. 적절한 평가 및 보상 시스템을 활용하면 숙련된 직원이 재량권을 발휘하여 효과적으로 의사결정할 수 있도록 동기를 유발시킬 수 있다(MacDuffie, 1995). 마찬가지로, 교육훈련 기회를 자주 부여하면 기업이 활용할 수 있는 숙련기술 레퍼토리가 확장되며, 직원들에게 지속적인 학습을 기대한다는 명확한 신호를 보낼 수 있다(Wright & Snell, 1998). 사우스웨스트 항공사의 허브 켈러허 *Herb Kelleher*가 직원들과 인습을 벗어난 연례회의를 갖는 일이라든지, 미텔사가 '전시의 날 *Demo Days*' 행사(혁신적인 아이디어를 전시하는 사내 박람회)를 개최하는 일 등과 같이, 모범이 될 만한 행동을 확인하고 축하해주는 의식을 거행하면 기업문화의 진수를 생생하고 기억에 남도록 강화시킬 수 있다. 마지막 단계인 통과의례 설계는 선발과정을 다른 인사관리 활동과 통합시키고, 기업 전체와도 통합시켜준다.

적정 인재는 조직의 경계 밖에 있을 수도 있다

공급업체와 고객은 모두 기업의 여러 활동과 경쟁력에 직접적이고 중요한 기여를 할 수 있는 잠재력을 지니고 있다. 확장된 가치사슬의 구성원인 제품 및 서비스 생산조직과 개인 그리고 기업 사이의 경계선은 점점 더 들고나기가 쉬워지고 있다. 그 결과, 원재료에서 구매제품에 이르는 변환과정의 여러 지점에서 일하는 사람들은 한 조직이 보유한 인적자원 풀에서 제외시킬 수 없는 존재가 되었다(Mills, Chase & Margulies, 1983 ; Lengnick-Hall, 1996 ; Lengnick-Hall & Lengnick- Hall, 1999). 예를 들어, 고객은 레스토랑에 매력적인 분위기를 만들고 단골손님을 만들어주는 소중한 자원이 될 수 있다. 채퍼랠 스틸에서는 신제품을 현장시험 *field test*하고 실험해볼 수 있는 장소를 고객이 제공해준다. 컴퓨터 회사는 고객 스스로 구입 제품을 재구성하고 수리하고 오류를 수정할 수 있도록 만들어주는 웹사이트와 기술자를 보유하고 있다. 항공기 제조업체는 ERP 시스템을 활용하여 부품공급업체 공장의 수급상황을 파악하여 생산라인을 가동시킨다. 공급업체와 고객 그리고 전략적 파트너가 특정 조직의 생산능력에 직접적으로 기여할 수 있는 방법은 나날이 늘고 있다. 그러한 방법을 표현하는 가장 일반적인 용어가 바로 공동생산이다.

공동생산*co-production*이란 기업의 경계 밖에 있는 사람들이 자사 직원과 협업하면서 조직의 업무에 직접적으로 기여하는 과정을 의미한다 (Bowen, 1986). 공동생산은 고객에 대한 전통적인 대응이나 편의제공 같은 개념을 넘어선 것이다. 공동생산 관계에서는 고객이나 공급업체가 해당 기업의 직원과 직접적으로 함께 일하면서 부가가치를 창출시키는 데 기여함으로써 생산성을 증대시킨다. 공동생산이 효과적으로 운영되려면 고객이나 공급업체가 업무 프로세스를 이해해야만 하며, 해야 할 일을 알아야만 하고, 필요한 과업을 수행할 능력을 보유하고 있어야만 하며, 효과적이고 효율적으로 과업을 수행하고자 하는 동기가 유발되어 있어야만 한다. 그러므로 새로운 인사전문가는 공동생산을 촉진시킬 수 있는 능력을 보유해야 하며, 기업 외부에 있는 사람이 준직원처럼 행동하게 만들 수 있어야 한다. 신속하게 짜맞추고 집중하고 운용하는 인력에는 정규직원뿐만 아니라 이러한 준직원도 포함되어야 한다.

예를 들어, 프로그레시브 보험사는 자사가 제공하는 서비스에서 고객이 최대의 편익을 얻는 과정에 학습곡선이 존재한다는 사실을 알고 있다. 이 회사의 즉각적 대응전략이 실행에 옮겨지려면 사고가 발생했을 때 고객이 회사에 전화를 해줘야만 한다. 그러한 보고가 빨리 이뤄질수록 사람과 기술을 신속하고 이음새 없이 통합하여 조정해놓은, 이 회사의 보험금 청구 처리 작업에서 얻을 수 있는 편익은 더 커진다. 프로그레시브사는 모든 사고가 발생 24시간 이내에 보고될 수 있게 하는 것을 목표로 하고 있다. 그렇다고 할 때, 고객이 모든 사고를 즉시 보고하도록 독려할 수 있는 방법이 중요한 문제가 된다. 업적평가와 직무지원 도구 및 통합 업무설계 등과 같은 인사관리 활동은 바람직한 고객행동을 유도하는 토대를 제공해준다. 이러한 맥락에서 고객을 독려하는 몇 가지 방법이 개발되었는데, 그 중 하나가 보험금청구 보고지표 *Claims Reporting Index*라고 불리는 측정수단이다. 이를 통해서 고객이 사고를 보고하는 데 소요되는 시간이 점검된다. 또 다른 방법은 신용카드 모양의 플라스틱 카드를 설계한 것인데, 여기에는 수신자 부담 보험금청구 전화번호와 보험증서 번호 및 기타 관련 정보가 들어 있다. 이 카드는 쉽게 반으로 절단될 수 있어서 사고발생 직후 간편하고 거의 오류 없이 정보를 교환할 수 있다. 세 번째 방법은 콜센터의 선별분류 시스템 운영이었는데, 이 시스템은 현장 조사자, 회사의 메인프레임 데이터 및 시스템, 보험금지급 부서, 그리고 보험금청구 처리에 관련된 기타 당사자를 연결시켜준다. 선별분류 시스템은 고객과 프로그레시브사의 중앙 데이터베이스 그리고 지역별 보험금청구 처리 활동 사이에 정보가 투명하고 중단 없이 흐를 수 있게 만들어준다.

프로그레시브사의 인사관리자들은 이러한 모든 방법 각각에 기여할 수 있는 능력을 보유하고 있으며, 필요한 행동이 제대로 이뤄지는 분위기를 조성할 수 있다. 내부 직원과 마찬가지로 공동생산자도 필요한 과업을 수행하는 데 관련된 구체적인 역할, 경계, 행동, 경로 등을 제시해주는 명확하고 친숙한 업무지침을 필요로 한다. 신속한 보고가 필요한 이유를 고객에게 알리기 위한 아이디어를 이 회사가 개발한 일은 직원 오리엔테이션에 비유될 수 있다. 보웬(Bowen, 1986)이 지적하듯이, 외부 '직원'에 대해서도 기업의 내부 환경을 이해시키는 데 도움이 되는 장소 오리엔테이션과 기업이 운영되는 방식을 이해시키는 데 도움이 되는 기능 오리엔테이션을 실시해야만 한다. 고객이 효과적으로 행동하는 데 활용할 수 있는 사용하기 쉽고 간편한 도구(예컨대, 핵심 정보가 담긴 플라스틱 카드 등)를 제공하는 일은 직원들이 직무를 효과적으로 수행하는 데 필요한 정보와 기술 및 기타 자원과 유사하다. 인사부서는 인간행동에 대한 보유 지식을 활용하여 조직이 보내는 신호를 외부 직원들이 빠르고 정확하게 해독해낼 수 있게 만들어주어야만 한다.

공급사슬 구성원 중 더 많은 수가 공동생산에 참여할 것을 기대할수록 기업이 외부 대상자들에게 배포하는 자료 속에 그들에게 관련되어 있는 조직의 방침과 관행을 포함시키는 일이 더욱더 중요해진다. 사고

보고를 정확하고 신속하게 할 경우 자신에게 돌아갈 개인적 이득을 이해하고 납득하도록 고객을 도와주는 일은, 조직의 생산성과 자신이 받을 보상을 향상시키는 방식으로 행동하도록 직원들의 동기를 유발시키는 일에 필적할 만하다. 그러한 기본 목적은 익히 알려져 있는 인사부서의 목표와 동일하지만, 표적으로 삼는 대상은 완전히 다르다.

공동생산 확대에 기여하는 요인. 제품과 서비스가 통합되는 일이 늘어감에 따라 공동생산은 많은 조직에 있어 의무사항이 되었다. 교육이나 의료 또는 인적 서비스 활동 등 서비스의 생산과 전달을 분리시킬 수 없을 경우에 공동생산은 필수적이다. 업무가 복잡해져서 공급업체와 고객 간의 상호의존성이 생겨나고, 지식교환이 더 많이 이뤄지도록 요구받을 경우, 공동생산의 필요성은 더 커진다. 예를 들어, 복잡한 정보기술 구현을 촉진시키는 작업을 하는 컨설팅 회사는 자사가 구축한 시스템이 제대로 돌아가게 하려면 고객 조직과 동반자 관계를 유지해야만 한다. 그러한 상황에서는 다수의 회사에서 파견된 직원들을 혼합한 조직간 프로젝트 팀을 운영하는 것이 가장 우수한 성과를 낸다는 사실이 연구를 통해 밝혀졌다(Crampton, 2000).

공동생산은 공급업체와 생산업체 그리고 고객간의 경계가 모호해질 때 특히 중요해진다. 인터넷 및 이와 유사한 정보기술을 통해 공급사슬 전체에 걸쳐 기업의 생산과 운영을 연결시키는 경우가 늘고 있기 때문에, 그러한 조직의 직원은 경계를 뛰어넘어 협업을 함으로써 매끄러운 변환활동을 이뤄낼 수 있는 능력을 보유해야만 한다. 지식기반 성격이 강해지는 경제체제로 이동하면 바람직한 결과물이 무형성을 띠기 때문에, 프로세스의 한계를 극복하고 실시간으로 결과를 평가하기 위해 공동생산의 증가가 거의 의무화된다. 인사부서는 집단역학, 스튜어드십,

대리인 이론(두 당사자간의 교환관계를 설명해주는 동기부여 이론), 자발적 활동, 그리고 여타 측면의 조직행동 등에 대해 보유하고 있는 지식을 공동생산의 촉진에 응용함으로써 조직유효성에 기여할 수 있다.

공동생산을 효과적으로 관리하는 데 따르는 잠재적인 편익은 막대하다. 슈나이더와 보웬(Schneider & Bowen, 1995)은 공동생산에서 얻을 수 있는 몇몇 잠재적 이점을 파악하였는데, 생산성이 증가하여 가격이 인하되고 대기시간이 단축되며 맞춤화가 증가하는 것 등이다. 이러한 결과물은 고객에게 이득이 될 뿐만 아니라 제품과 서비스를 생산하는 기업과 고객 간의 관계를 강화시키는데, 이로 인해 고객의 충성심이 제고되어 다른 제품이나 서비스로 전환하는 비용을 고객 스스로가 만들어내게 된다. 그 결과, 만일 인사부서가 기업이 공동생산을 관리하는 능력과 효과를 증대시킬 수 있다면, 기업의 경쟁우위 원천에 여러 가지 실질적인 기여를 할 수 있다.

공동생산의 효과에 대한 인사부서의 기여. 공동생산이 필요해짐에 따라서 인사관리자에게 몇 가지 새로운 책임과 과업이 생겨난다(표 6-2] 참조). 첫째, 인사부서는 물리적 경계와 심리적 경계 모두를 효과적으로 관리할 수 있어야 한다. 고객이나 공급업체가 조직의 활동 중에서 담당해야 할 역할이 명시적으로 규정되어야 한다. 외부 공헌자를 팀원으로 여길 것인지, 자원공급자로 여길 것인지, 평가자로 여길 것인지, 전문가로 여길 것인지 등을 명확히 해두어야 한다. 또한 공동생산자가 업무 프로세스에 특별히 기여하는 내용이 무엇인지를 명확하게 정해야 한다. 인사부서는 기업 외부에 있는 다양한 사람에 대해서도 내부 직원에게 하는 것과 동등하게 업무기술서를 만들어주고 역할을 지정해줌으로써 공동생산에 효과적으로 기여할 수 있다. 그리고 공동생산자가 어떠한

[표 6-2] 공동생산 : 조직 외부에 있는 인적자원에 대한 관리

인사부서의 책임	인사부서가 취해야 할 조치
조직의 물리적 경계와 심리적 경계의 관리	• 고객과 공급업체 및 기타 당사자가 조직의 활동에서 담당해야 할 역할을 규정할 것(팀원, 자원공급자, 평가자, 전문가 등) • 내부 직원에게 해주는 것과 동등하게 기업 외부에 있는 사람에게도 업무기술서와 역할지정서를 만들어줄 것 • 공동생산이 이뤄질 장소를 결정할 것: 대면관계 또는 기술을 통해 이뤄질 것인지 여부와 사내 또는 사외에서 이뤄질 것인지 여부 • 관련 정보를 공유함으로써 공동생산자가 과정과 결과에 대해 심리적인 주인의식을 갖도록 만들 것
중요한 역할에 대한 명료한 구분	• 생산이나 서비스 전달을 담당하는 직원과 고객간의 역할을 명료하게 구분시켜 줄 것 • 조직과 고객간의 역할을 명료하게 구분시켜 줄 것 • 생산이나 서비스 전달을 담당하는 직원과 조직간의 역할을 명료하게 구분시켜 줄 것
조직의 공동생산 능력 개발	• 조직 외부인에게 적응시킨 팀 구축을 할 것 • 조직 외부인에게 책임을 할당할 것 • 의사소통 단서와 안내 등과 같은 의사소통 촉진구조를 개발할 것 • 조직 외부인을 사회화시킬 것(즉, 공동생산자에게 오리엔테이션을 실시할 것)
새로운 인적자본 역량 창출	• 직원과 공동생산자간에 상호 신뢰의 분위기를 조성할 것 • 인력을 구성하는 내부인과 외부인을 사이에 상호의존 관계를 형성시키는 데 장기적인 초점을 맞출 것
공동생산자를 자원봉사자로 관리	• 공동생산자와 연속적인 관계를 맺는 것과 간헐적인 관계를 맺는 것의 결과를 평가할 것 • 조직에 부정적인 결과가 초래되는 것을 피하면서 공동생산자의 규율을 잡을 수 있는 창의적인 방법을 개발할 것

공간에 자리를 잡아야 할 것인지도 지정해주어야 한다. 예컨대, 공동생산이 조직 내의 일정 장소에서 이뤄질 것인지, 사이버공간에서 이뤄질 것인지, 아니면 현장에서 이뤄질 것인지 등을 정해야 한다. 외부 공헌자를 관리하는 인사부서의 역할은 공동생산이 대면관계를 통해 이뤄질 것인지, 아니면 기술을 통해 이뤄질 것인지 여부와 사내에서 이뤄질 것인지 아니면 사외에서 이뤄질 것인지의 여부에 따라 달라진다. 끝으로 인사부서가 외부 공헌자에게 과정과 결과에 대한 심리적인 주인의식을 만들어내는 일이 중요할 것인데, 외부 공헌자의 주인의식은 내부 직원의 헌신과 몰입이 그대로 반영되어 나타난다. 이는 외부 공헌자와 내부 직원이 결과물과 성과물을 때때로 직접 공유해야 한다는 점을 의미한다.

둘째, 인사부서는 중요한 역할에 대한 구분을 명료하게 해줌으로써 중요한 공동생산 관계를 관리하는 데 도움을 줄 수 있다. 내부 직원이 외부 사람과 '너무 가까워져서' 자기 회사보다 고객이나 공급업체에게 일체감을 더 많이 느끼게 되면, 공동생산이 그다지 효과를 발휘할 수 없다는 사실이 연구를 통해 밝혀졌다(Crampton, 2000). 따라서 생산이나 서비스 전달을 담당하는 직원과 고객 간의 연결관계, 조직과 고객 간의 연결관계, 생산이나 서비스 전달을 담당하는 직원과 조직 간의 연결관계 등 세 가지 관계가 잘 관리되어야 한다. 이러한 연결관계를 적절히 구분지어 균형을 유지하는 일은 인사부서의 중요한 책임이다.

셋째, 인사전문가는 조직에 공동생산 능력을 확보시켜주는 1차적인 책임을 져야 할 것이다. 기업의 경계를 넘어 이뤄지는 관계를 관리하는 역량을 발휘하는 것과 아울러 외부 이해당사자에게 관심을 쏟아야 한다. 공동생산 능력은 팀 구축, 책임할당, 의사소통 단서와 안내를 제공하는 촉진구조 설계 등과 같은 활동에 대해 새로운 접근방식을 취하도록 요구할 것이다. 조직은 또한 내부 신입직원을 사회화시키는 것과 마찬가지로 공동생산자를 (예컨대, 오리엔테이션 프로그램을 통하여) 사회화시켜야 할 것이다. 헬스클럽이 몇 시간 동안 공짜로 개인 트레이너를 붙여주는 일은 확장된 대상자를 사회화시킬 필요성을 인정하고 그에 대응하는 사례라고 할 수 있다.

넷째, 인력에게 새로운 인적자본 역량을 개발시켜야 한다. 인사부서는 직원과 공동생산자가 상호 신뢰하는 분위기를 창출하는 데 기여할 수 있다. 최근 실시된 연구(예컨대, Shafer et al., 2000)에 따르면, 잘 알려져 있고 이해되고 있으며 공유되어 있고 적극적으로 실천되고 있는 핵심 가치관에 기반하여 구축된 행동 맥락이 신뢰와 개인적 책임감에 필요한 토대를 제공해준다고 한다. 인력을 구성하는 내부인과 외부인 모두는 당면한 거래관계에만 초점을 맞추기보다는 장기적인 상호의존 관계를 관리하는 것이 중요하다는 인식을 내면화해야 할 것이다. 이는 스튜어드십을 다루었던 3장에서 논의했던 인사부서의 역할을 많이 반영하는 것이다.

공급업체나 고객을 선발하고 훈련시키는 기회와 내부 직원을 선발하고 훈련시키는 기회 사이에는 중요한 차이가 존재한다는 사실이 인정되어야만 한다. 고객과 지속적으로 접촉하는 일은 불가능하며, 많은 경우(예컨대, 보험금청구나 건강상의 문제 등)에 있어 바람직하지도 않다. 이는 훈련이 간헐적으로 실시되고 그에 따른 행동상의 결과도 간헐적으로 나타나기 때문에 학습과 행동변화가 더 어려워진다는 사실을 의미한다. 또한 성과가 좋지 않은 고객을 '잘라내는 일'은 제품이나 서비스의 수요를 직접적으로 변화시키기 때문에 생산성이 낮은 직원을 해고하는 것과 전혀 다르다. 순응을 하지 않을 경우 취할 수 있는 선택 대안의 범위는 내부 활동의 경우보다 공동생산의 경우에 훨씬 더 제한되어 있다. 더욱이, 고객이 공동생산자 역할수행에 따르는 잠재적 이득을 인정하지 않거나 가치 있게 여기지 않아서 그러한 역할을 포기할 경우, 그것을 막을 수 있는 방안은 거의 없다. 일부 고객은 기업조직과 상호작용할 때 완전한 재량권을 갖기를 더 좋아한다. 인사전문가는 외부 인적자원이 자발적인 인력이라는 점을 명확하게 이해한 상태에서 기업의 외부 인적자원을 관리할 수 있는 다양하고 창의적인 접근방식을 개발해야만 할 것이다. 고객이든, 공급업체이든, 유통업체이든, 아니면 누구든지 공동생산자를 효과적으로 관리한다면, 기업의 목적에 맞춰 인재를 신속하게 운용하는 일을 가능케 하고 확장시켜주는 잠재력이 추가된다.

적정 장소

지식경제에서는 업무가 수행되는 적정 장소*right place*의 개념이 두 가지 요인에 의해 재정의되고 있다. 첫째, 제품과 서비스의 구분이 무너지고 있다. 제품을 생산하는 기업은 고객과 관계를 구축하기 위해 제품을 서비스로 포장하여 자사 제품이 일상품화(제품이나 서비스가 독특성을 상실하여 대부분의 경쟁이 가격에만 집중되어 격화되는 현상)되는 것을 방지하려고 노력하는 경우가 많다. 예를 들어, 컴퓨터 회사는 '고장이라고 생각될 때 대처하는 요령'이나 주문자 요청 설계 등과 같은 서비스를 통해 고객과 조직 간의 연계를 촉진시키고 있다. 이와 동시에, 정보기술 컨설팅 회사와 같은 서비스 조직은 자사의 기여를 좀더 구체적으로 보여줌으로써 경쟁업체와 차별화시키기 위하여 스프레드시트, 업무일람표, 업적평가 양식, 그리고 이들과 유사한 유형적인 제품을 서비스와 함께 공급하기 시작했다. 제품과 서비스의 이와 같은 통합은 고객과 밀접하게 지내는 것을 강조하고 조직이 공급하는 산출물이 활용되는 정확한 조건을 이해하려는 시도라고 할 수 있다. 이 때문에 조직이 수행하는 업무가 조직의 경계를 넘어 이동하는 경우가 많은 것이다.

적정 장소의 개념을 변경시키는 두 번째 요인은 첨단 정보기술의 개발이다. 정보기술이 고도로 발전함에 따라, 함께 일하기 위해 동일한 물리적 공간에 자리를 잡아야 할 필요가 줄어들고 있다. 오늘날의 기술 수준에서 볼 때 적정 장소란 사이버공간 속의 가상의 장소가 될 수도 있다. 따라서 집단역학과 팀 구축과정 및 의사소통 네트워크 등에 대해 우리가 이해하고 있는 내용이, 멀리 떨어져 함께 일하는 사람들의 새로운 업무방식을 반영할 수 있도록 수정되어야 할 것이다.

위와 같은 두 가지 요인이 합쳐져 이동 가능한 작업장을 만들어내고 있으며, 장소의 개념을 물리적 공간에서 심리적 공간으로 재정의하고 있다. 지식경제에서 인적자원을 적정 장소에 배치하기 위해서는, 장소가 의미하는 바가 무엇인지를 다시 생각해보고, 물리적으로 멀리 떨어져 있는 팀원을 효과적으로 편성해야 하며, 전통적인 조직간 경계와 학문분야간 경계 및 물리적 경계를 뛰어넘어 집단의 노력을 만들어내야만 한다. 인적자원을 적정 장소에 배치하려면 효과적인 집중을 할 수 있어야 한다.

집중이란 중요한 시간과 공간에 노력과 자원을 의도적으로 수렴하고 초점을 맞추는 것을 말한다(Hamel & Prahalad, 1993; U.S. Marine Corps, 1989). 효과적인 집중이 가져다주는 편익을 과소평가해서는 안 된다. 집중은 자원이 최대의 편익을 가져다주는 곳에 쓰이게 해준다. 자원의 집중은 전반적으로 자원이 취약한 조직으로 하여금 국부적으로나마 결정적 우위를 점할 수 있게 만들어준다. 속도와 집중을 결합시키면 시장을 형성하는 강력한 힘을 발휘할 수 있다. 하지만 집중을 하려면 그에 따르는 위험도 감수해야 한다는 점을 인식하는 것이 중요하다. 집중하고 있는 상태에서 시간과 장소가 바뀌면 그것이 약점이 되어 오히려 타격을 받을 수 있는 위험이 있기 때문이다. 자원을 효과적으로 집중하려면 세 가지 요인이 필요한데, 그것은 흔들리지 않는 초점과 결정적 타이밍 그리고 정확한 위치 선정이다. 지식기반 경쟁의 현실을 반영하여 이동 가능한 작업장을 만들어내고 장소의 개념을 재정의하는 일은 기업이 성공적으로 타이밍을 잡고 위치를 선정하는 데 있어 필수적인 능력이 된다.

이동 가능한 작업장 만들기

맞춤화와 공동생산이 훨씬 더 일반화되면 공장이나 회사 사무실 벽으로 막힌 고정된 장소에 작업장을 설치하는 것만으로는 현지 상황에 제대로 대응하기가 어려워진다. 기술발전으로 인해 사람들이 재택근무를 하거나 도로 위에서 업무를 수행하는 것이 가능해졌다. 지식경제에서는 업무가 이동 가능해져야 하는데, 이는 개인의 입장에서는 여러 가지 새로운 기술을 개발해야 한다는 것을 의미하며, 기업의 입장에서는 새로운 설계 메커니즘을 개발해야 한다는 것을 의미한다.

업무가 사무실이나 공장 또는 서비스센터에서 이뤄질 경우, 여러 가지 사회적 요인과 건축적 요인 및 기계적 요인이 직무에 대해 질서와 구조를 만들어준다. 위계에 의한 보고관계와 동료간의 상호작용은 행동의 경계를 정해주고, 쉽게 관찰될 수 있는 성과의 규범을 제공해준다. 사무실의 배치, 건물의 구성형태, 공장의 배치, 그리고 기타 건축적 속성은 업무 흐름과 의사소통 패턴의 경계를 자연스럽게 만들어낸다. 기계와 물품의 배치배열은 업무의 속도를 결정하는 데 도움을 준다. 업무를 현장이나 집으로 이동시킴으로써 자신에게 익숙한 질서의 근원이 사라지면, 사람들은 일과와 업무활동을 구조화시킬 수 있는 자기 나름대로의 메커니즘을 개발할 수 있어야 한다. 인사부서는 개인에게 필요한 능력을 개발시키고 조직에게 유용한 메커니즘과 도구를 제공하는 데 있어 중요한 역할을 담당할 수 있다. 직원에게 개발시킬 가장 중요한 개인적 기술 중 하나는 자율관리self-management 기술인데, 이는 사람들이 자신의 행동에 영향을 미치고 개선시키는 데 활용할 수 있는 일련의 행동적 전략과 인지적 전략으로 구성된다.

구조적 메커니즘도 업무의 이동화를 촉진시키는 데 있어 똑같이 중요하다([표 6-3] 참조). 구조적 메커니즘 중에서 가장 유용한 것 중 하나는 이동 가능한 구성체계 또는 위계구조이다. 예를 들어, 미군 특수부대는 네 가지 구조적 수단에 의존하여 뛰어난 기동성과 임무 유연성 및 속도를 발휘하는데, 그러한 네 가지 수단은 계급, 개인별 호혜적 상호의존성, 적정 거리, 분자화 등이다.

군대의 계급은 각 개인이 공식적인 서열상에서 점하는 구체적이고 상대적인 위치를 정해준다. 계급은 부대 배속과는 독립적으로 그 사람의 직위와 역할 및 일련의 과업책임을 나타낸다. 팀 구성은 계획적으로 겹쳐서 설계되는데, 팀 구성이 유동적임에도 불구하고 계급을 통해 신속히 질서가 확립된다. 팀 내에 존재하는 기술, 성격, 경험, 임무 등이 시시각각 바뀐다 하더라도 계급이 있기 때문에 언제라도 신속히 팀이 편성

[표 6-3] 작업장의 이동 가능화

이동 가능화 원칙	정의	인사관행
이동 가능한 위계구조를 확립하라	• 계급은 어떤 집단에 배속받았는지와는 독립적으로 그 사람의 직위와 역할 및 일련의 과업 책임을 나타냄 • 팀은 팀원의 구성을 계획적으로 중첩시켜 설계되는데, 팀의 구성이 유동적임에도 불구하고 계급을 통해 신속히 질서가 확립됨	위계구조에서 개인이 점하는 지위를 확립하는 기업 특유의 수단을 설계
개인별 호혜적 상호의존성을 창출하라	• 짧은 기간만 함께 지냈기 때문에 서로간에 갈등을 겪거나 별로 친해지지 못했음에도 불구하고 함께 힘을 합쳐 임무를 완수하고 외부에 이미지를 바람직하게 구축하기 위해 모두가 몰두하게 만들어주는 매력적인 유인이 필요함	직원과 팀 그리고 위계구조 전체에 걸쳐 개인별 호혜적 상호의존성을 촉진시키는 업무배정과 업적평가 관행을 설계·시행
위계 수준 사이에 적정 거리를 유지하라	• 역할의 구분은 신속하게 인력을 운용하고 재운용하는 것을 수월하게 만들어줌 • 집단의 응집력을 특정한 부서에 창출하기보다는 조직 전체에 창출해야 함	조직의 규범, 유동적인 업무배정, 사회화 방식, 그리고 이들과 유사한 가치창출 관행 등을 통해서, 기업 내부에 많은 느슨한 연결고리를 만드는 것이 중요하며 부서에 대한 충성심보다는 기업 전체에 대한 헌신이 필요하다는 인식을 강화
분자화를 활용하라	• 필요에 따라 집단이 형성되고 재형성되는 기반을 개인과 집단이 제공함	조직의 분자화를 가능하게 해주는 지적자본과 구조적 유대를 촉진

된다. 계급구조는 고도로 유연하고 의도적으로 유동성을 불어넣은 조직 환경에서 누가 책임자인지를 명확히 해준다. 그러므로 기업의 인사부서가 인적자원의 효과적인 신속 운용에 기여할 수 있는 한 가지 방법은 위계구조에서 개인이 점하는 지위를 확립하는 그 기업 특유의 수단을 마련하는 것이다. 이러한 생각은 임파워먼트empowerment, 자율관리 팀, 지위간 차별 해소 등(예컨대, Pfeffer & Veiga, 1999) 현재 인기를 끌고 있는 개념과는 상반될 수도 있지만, 시간이 제한되어 있을 때 독재적인 의사결정을 하라고 처방하는 참여적 의사결정 이론(Vroom & Jago, 1988)과는 일맥상통한다.

위계구조 전반에 걸쳐 개인별 호혜적 상호의존성personal reciprocal interdependence이 존재하게 하는 것은 미군 특수부대에서 나온 두 번째 중요 연결도구이다. 예를 들어, 소대장(장교)과 소대 선임하사(또는 가장 계급이 높은 하사관)의 승진은 밀접하게 얽혀 있다(Simons, 1997). 조직 위계구조 내에서 소대장이 다른 장교들에게 얻는 명성은 그 소대에게 부여되는 임무가 얼마나 바람직한 것인가와 깊이 관련되어 있다. 이로 인해 소대 선임하사와 소대원은 자기 소대장의 긍정적인 이미지가 중대 전체에 강력하게 각인되게 하기 위해 많은 노력을 기울인다. 비슷한 맥락에서, 소대장은 자신의 향후 군 경력에 필수가 되는 목표를 완수하는 데 관련된 핵심적인 기회(예컨대, 야전기술을 습득하는 것, 리더십 기술과 의사결정 기술을 연마하는 것, 명령계통 내에서 명성을 얻는 것 등)를 잡으려면 자기 소대에 의존해야만 한다. 개인별 호혜적 상호의존성은 같은 소대에 단기간만 몸담으면서 서로간에 갈등을 겪거나 별로 친해지지 못했음에도 불구하고, 함께 힘을 합쳐 임무를 완수하고 외부에 소대의 이미지를 긍정적으로 구축하기 위해 소대원 모두가 헌신하게 만들어주는 매력적인 유인으로 작용한다. 이는 직원과 팀 그리고 위계구조 전체에 걸쳐 개인별 호혜적 상호의존성을 촉진시키는 업무배정과 업적평가 관행을 설계·시행하는 것이, 기업의 인사부서가 인적자원의 효과적인 신속 운용에 기여할 수 있는 또 다른 방법임을 보여준다.

자원의 효과적인 운용에 영향을 미치는 세 번째 메커니즘으로서 특수 부대 운영에서 비롯된 것은 직징 거리의 개념이다. 공식적인 규정과 비공식적인 규범에 따라 장교는 부하와 거리를 유지하고, 계급이 높은 하사관은 사병과 거리를 두도록 되어 있다(Simons, 1997). 느슨한 연결고리는 유연성에 기여하는데, 이는 개인적 관계에 상관없이 임무가 요구하는 대로 부대가 결성·해산·재결성될 수 있게 만들어준다. 느슨한 연결고리는, 더 나아가 팀 내부의 헌신 및 신뢰와 팀원간의 헌신 및 신뢰가 필수적이긴 하지만, 상급부대 전체 내에서의 헌신 및 신뢰가 훨씬 더 중요하다는 생각을 강화시켜준다. 이는 기업의 인사부서가 효과적인 신속 인력운용에 기여할 수 있는 세 번째 방법을 제시해준다. 즉 조직의 규범, 유동적인 업무배정, 사회화 방식, 그리고 이들과 유사한 가치창출 관행 등을 통해서 기업 내부에 많은 느슨한 연결고리를 만드는 것이 중요하며 부서에 대한 충성심보다는 기업 전체에 대한 헌신이 필요하다는 인식을 강화시켜줄 수 있다.

끝으로, 적정 장소를 이동 가능한 것으로 만드는 방법은 종종 분자화 *molecularization*에 의존한다. 탭스콧(Tapscott, 1995)은 지식경제는 '대중 *mass*'이 '모듈화*modular*' 되는 분자경제*molecular economy*라고 주장한다. 분자화라는 용어에는 물리학에서 빌려온 개념이 반영되어 있다. 분자란 어떤 물질을 그 화학적 속성을 보존시킨 상태에서 가장 작게 쪼갠 입자를 말한다. 지식경제에서는 조직을 구성하는 분자란 독립적으로 가치를 창출하는 지식근로자나 어떠한 임무를 완수하기 위해 협업하는 유동적인 작업단위 또는 작업 셀이 될 수 있다. 인력이 동기유발되어 있고, 스스로 학습하며, 규율이 잡혀 있고, 기업가정신이 충만해 있기만 하다면, 상황의 요구에 맞춰 분자 덩어리가 형성되었다가 해체될 수 있다. 그 결과, 경쟁의 조건과 생산성의 필요에 맞춰 장소가 지속적으로 재정의될 수 있다. 인사부서는 조직의 분자화를 가능하게 해주는 지적 자본과 구조적 유대를 촉진시켜야 할 필요가 있을 것이다.

분자화는 성장에 의해 촉발되기도 하고 성공적인 운영을 위해 규모를 조정해야 할 필요성에 의해 촉발되기도 한다. 기업이 규모를 조정하는 것을 인사부서가 도울 수 있는 중요한 방법에는 여러 가지가 있다. 가장 중요한 방법 중 하나는 누가 어떠한 일을 하고, 누가 누구에게 보고하며, 각 직원의 보상에 어떠한 측정치가 영향을 미치는지 등에 관한 상세한 지도를 만드는 것이다. 이러한 종류의 지도는 현재의 직원들과 미래의 직원들이 전략적 성공을 가져오는 전사적인 목표에 기여할 수 있도록 도와준다. 세부사항에 관심을 쏟는 일은 성장과 변화가 일반화되었을 때 직원들을 계속해서 한 방향으로 이끄는 핵심 요소이다(Salter, 2000). 직원 수가 급증한다 하더라도, 인사부서는 직원들에게 강한 공동체의식과 개인적인 연대를 창출·유지시켜주는 풍부한 오리엔테이션 프로그램과 지식경영 프로그램을 충분히 개발함으로써, 규모의 조절에 부가가치를 창출시키는 기여를 할 수 있다. 인사부서는 자율관리, 이동 가능한 위계구조, 상호의존성, 느슨한 연결고리, 분자화 등을 결합시킴으로써 개인적 역량과 구조적 연결을 만들어낼 수 있는데, 이를 통해서 규율 잡힌 운영의 자율성을 한껏 발휘하여 배정업무를 완수하는 능력을 갖춘 자립적인 팀이 창출된다. 동시에, 신속한 인력운용이 필수적인 상황에서는 이러한 인적 역량과 구조적 역량은 집중화되어 있고 공식적이며 매우 생산적인 전략적 지배구조의 토대를 제공한다.

물리적 장소를 심리적 장소로 대체하기

장소의 개념을 '함께 모여 일하는 방'이 아니라 '공통의 이슈를 중심으로 함께 일하는 곳'이라고 재정의한다면, 장소를 통해 사람들이 기업의 경쟁우위에 기여할 수 있게 만들어주는 방식에 대해 다시 생각해볼수 있다. 예컨대, 글로벌 날리지 서비스사 *Global Knowledge Services*는전세계의 고객에게 전략적 정보를 공급하고 있는데, 고객은 데이터를즉시 요구하는 경우가 많다. 밤을 새가며 일하고자 하는 의지가 있는 사람을 채용하는 대신, 이 회사는 미국의 동부연안과 서부연안 및 필리핀에서 일하는 연구원들을 채용했다. 이렇게 하여 자사의 인력이 엄청나게 많은 시간 동안 일하지 않고서도 일주일간 하루 24시간 내내 서비스를 제공하고 있다.

물리적 공간을 심리적 공간으로 변환시키려면 매우 다른 시각을 가진사람들이 여러 가지 유형의 정보를 공동의 목적에 맞춰 효과적으로 해석하고 활용하는 능력을 갖춰야만 한다. 직원과 기업 외부의 많은 사람이 조직 내부와 현장의 여러 장소에서 실시간으로 정보에 접근할 수 있어야 한다. 정보의 투명성은 분권화되고 자율성 있는 의사결정이 효과적으로 이뤄지기 위한 선행요건이다. 정보가 투명해지려면 여러 장소에서 데이터에 접근할 수 있어야 할 뿐만 아니라, 자기 전문영역 밖에서창출되었을 수도 있는 데이터를 효과적인 선택과 행동으로 변환시킬 수있는 방법을 알아야만 한다. 이를 위해서는 기업 전체를 소개하는 교육이 필요하며, 조직의 목표와 측정치에 대한 명확한 이해가 필요하다.

인력이 매우 여러 곳에 흩어져서 일한다는 것은 또한 규칙이나 감독이 아니라 강력한 문화와 공통적인 열정이 자율성 있는 선택과 행동을 안내하는 지침체계가 되어야 한다는 것을 의미한다. 로젠블러스 인터내셔널사*Rosenbluth International*는 이를 매우 진지하게 받아들여 헤아릴 수 없이 많은 문화 구축활동을 적극적으로 실행에 옮긴 끝에, 전형적인 미사여구가 광범위하게 퍼져 있는 자사의 사업장에서 생생한 현실이 되어 나타나게 만들었다. 신입직원에게는 '쇼핑백' 하나가 제공되는데, 거기에는 점심 식권, 동료들을 소개하는 쪽지, 사무용품 등과 아울러 직장 내에서 관계를 구축하기 쉽게 만들어주고 신입직원이 들어온 것을 환영한다는 점을 일깨워주는 선물이 들어 있다. 관리자와 부하직원들은 주기적으로 역할 바꾸기를 하여 개별 직원으로 하여금 자기가 내린 선택이 조직 위계 상의 위아래에 있는 직원에게 어떤 결과를 가져다주는지에 대해 이해시키고 있다. 정기적으로 열리는 경연대회와 영화관람 및 기타 유사한 행사는 가치관과 관계 및 단체정신에 관련된 메시지를 정례적으로 강화시킨다. 그 결과, 매우 다양하고 지리적으로 광범위하게 분산되어 있는 부서 전체를 한데 묶어주는 공통 테마를 제공함으로써 유연성을 경쟁에 유리하게 활용하는 회사가 탄생되었다.

적정 시간에 이뤄지는 행동

고속으로 돌아가는 지식경제에서는 속도가 기술과 혁신으로부터 경제적 대가를 얻어내는 선행요건이 된다(Matson, 1996 ; Eisenhardt &

Tabrizi, 1995). 파인(Fine, 1998)이 설명하듯이 많은 산업의 클락스피드 *clockspeed*(생물의 종種에 대해 생명주기라는 말을 쓰는 것과 마찬가지로 업계 [또는 기업의 종]의 발전속도를 지칭하기 위해 MIT 교수인 찰스 파인이 만들어낸 개념-옮긴이주), 즉 진화 생명주기는 가속화되고 있다. 이는 점점 더 많은 경쟁이 순간적 우위를 확보하는 것을 중심으로 돌아가고 있다는 것을 의미한다. PC 산업에서 연예오락 산업에 이르는 여러 산업에서는 공급사슬이 주 단위 또는 월 단위로 바뀌기 때문에 2년이라는 제품개발 주기는 아무런 효과도 없을 것이다.

신속한 대응은 또한 경쟁우위의 직접적인 원천이 된다. 항공기의 신속한 회항에서 보험사의 신속한 보험금청구 처리와 영화개봉과 동시에 출간되는 영화소설에 이르기까지, 신속한 조치가 자원활용도를 높이고 비용을 절감시켜주는 사례는 수없이 많다. 즉석에서 문제를 해결하는 능력이나 파손제품 교환을 즉시 승인해주는 능력 또는 10억 분의 1초 만에 주식거래를 실행하는 능력 등은 고객의 욕구에 대한 기업의 대응력을 보여주는 것이며, 이는 고객의 충성도를 제고시킨다.

속도는 정확성을 향상시킬 수 있다. 약물 부작용을 즉시 알아낸다든지, 사고차량이 치워지기 전에 보험사 직원이 사고현장을 관찰할 수 있다든지 한다면, 문제의 근본원인을 알아내어 해결하기가 더 수월해지기 때문에, 기업이 2차적인 증상만 보고 대응할 가능성이 줄어든다.

속도는 기업이 시장상황에 맞춰 보조를 조절할 수 있게 해준다. 기업이 적시생산(適時生産) 방식을 채택하는 경우가 늘고 있기 때문에, 같은 공급사슬에 놓인 모든 조직은 주요 업체의 속도에 맞춰 일 처리 속도를 조절할 수 있는 능력을 갖추어야만 한다. 제품의 맞춤화가 산업표준이 되어감에 따라, 제품 및 생산 소요시간이 짧은 기업은 내부 대응이 느린 기업보다 높은 성과를 내게 될 것이다. 이에 따라 많은 기업이 속도가 중요한 경쟁자원으로서 갖는 가치를 인정하기 시작했다.

속도란 빨리 움직이고 변화하는 능력이다. 과도경쟁 환경(빠르게, 혹독하게, 그리고 단절적으로 변화하는 환경)에서 기업은 경쟁업체보다 먼저 새로운 방향으로 움직여 재빨리 새로운 기회를 자사에 유리하게 활용할 수 있는 능력을 갖추어야만 한다(D′Aveni, 1994). 속도로부터 경쟁우위를 달성하려면 기업은 품질을 희생하거나 원가를 증가시키지 않고서도 민첩성과 신속성을 증대시킬 수 있어야만 한다(Dyer & Shafer, 1999).

기업이 속도를 자사에 유리하게 활용하는 좋은 예로서 스페인의 글로벌 패션 소매업체인 자라사Zara를 들 수 있다. 이 회사는 정보수집, 기술연결, 통합 공급사슬, 그리고 조정에 의존하여 저가의 패션제품을 적시에 출시한다. 다음 시즌에 출시할 의상 컬렉션을 설계하는 데 4~5주 정도만 소요되고 그것을 제조하는 데 일주일이 채 걸리지 않기 때문에, 자라가 패션 동향을 파악하거나 뮤직비디오에 나온 상품을 매장에 내놓는 데까지는 한 달이 약간 넘는 기간만 소요될 뿐이다. 그런데 베네통Benetton과 같은 경쟁업체가 같은 작업을 하는 데 소요되는 시간은 9개월 정도 걸린다.

인사부서는 몇 가지 방법을 통해 기업의 대응속도를 높이는 데 기여할 수 있는데, 그 방법으로는 선별능력의 창출, 기술과 사람의 통합, 작은 승리의 창출, 그리고 임기응변 능력을 갖춘 직원의 개발 등이 있다([표 6-4] 참조).

[표 6-4] 인사부서가 신속대응에 기여할 수 있는 방법

전략	방법
선별능력의 창출	• 기업 인적자원의 역량에 관련된 정보의 개발 · 집계 · 유지 • 인적자원을 신속하게 파악하고 운용하기 위해 정보기술을 활용 • 개별 직원이 기업의 목표와 전략에 자신이 기여하는 바와 연계된 개인별 성과측정치를 적절하게 설계하도록 지원
기술과 사람의 통합	• 상황과 사람을 기술에 적합화시키기보다는 기술을 상황과 사람에 적합화 • 바람직한 속도를 내기 위해 로우테크와 하이테크를 결합시킬 수 있는 기회를 평가
작은 성공의 창출	• 대규모 조직목표를 작은 목표로 분할 • 조직 전체의 변화목표와 조화를 이루는 개인별 목표의 파악
직원의 임기응변 능력 개발	• 개인적으로 중요하고 풍부하며 의미감이 충만한 과업을 수행할 수 있는 기회를 직원에게 제공 • 업무수행 방법을 선택할 수 있는 자유를 직원에게 허용 • 작업집단에 상호 지원적인 분위기를 창출 • 세세하게 관리하지 않으면서 리더십을 발휘하는 관리자를 개발 • 임기응변 능력을 발휘하는 행동을 최고경영층이 뚜렷이 지원하는 모습을 보임 • 창의적 프로세스를 저해하는 조직 내 요인을 제거

선별능력의 창출

선별triage이란 가장 큰 편익을 가져다줄 곳에 희소한 자원이 집중되도록 분류하고 선택한다는 개념이다. 조직에서 선별이라는 개념을 처음 사용한 것은 환자 중 응급조치를 취하면 생존이 가능한 사람에게 우선적으로 의료지원을 해주기 위해서였다. 이는 치료를 해주지 않아도 회복할 수 있는 환자, 또는 심각한 부상을 입어서 치료를 해줘도 소생할 가망이 없는 환자에게 희소자원을 잘못 배분하는 것을 방지하기 위한 조치였다. 기업조직에서는, 기술과 능력이 가장 큰 가치를 창출해내는 곳에 희소한 인재를 배분하려면 효과적인 선별 시스템이 필수적이다.

인사부서는 두 가지 방식으로 효과적인 인적자원 선별 시스템을 만들어내는 데 기여할 수 있다. 첫째로, 인사부서는 기업의 인적자원 역량에 관한 정보를 개발·집계·유지하는 데 도움을 준다. 특정 시점의 구체적인 요건을 충족시키는 데 있어 어떤 사람이 자격을 갖추고 있고 어떤 사람이 활용가능한지를 알아내기 위해서는, 현 상태를 정확히 반영해주는 완벽한 인사정보 시스템HRIS을 유지하는 것이 극히 중요하다. 전도유망한 전자상거래 서비스 제공업체인 네티지Netigy는 이러한 사실을 잘 알고 있다. 이 회사의 고객담당자는 고객과 직무대행 계약을 맺을 때 자사의 인사정보 시스템에 즉시 접속하여 해당 업무를 완수하는 데 필요한 인적자본을 찾아낸다. 인사정보 시스템에는 컨설턴트의 기술자격증에서부터 업무경력, 현재 수행 중인 업무, 출장 선호도에 이르기까지 필요한 모든 정보가 담겨 있다. 이 시스템은 또한 고객담당자가 구체적인 자격요건에 근거하여 모든 컨설턴트를 평가해서 해당 직무를 수행할 만한 후보자를 쉽게 구분해낼 수 있게 해준다. 이 시스템은 독특한 능력을 보유하고 있는 전문가를 현재 수행 중인 업무로부터 빼내 올 필요가 있을 경우에는 고객담당자가 그 컨설턴트를 다른 사람으로 대체시키는 결정을 할 수 있도록 해주고 있다.

인사부서는 개별 직원이 기업의 목표와 전략에 기여하는 바와 연계된 개인별 성과측정치를 적절하게 설계하도록 지원하는 것을 통해서도 효과적인 선별 시스템에 기여할 수 있다. 일부 기업에 있어서는 개인별 측정치가 전략에서 도출된다. 예컨대, 캐플란과 노튼(Kaplan & Norton, 2000)은 전략적으로 집중하는 기업 중 일부는 모든 직원에게 휴대하기 간편하게 되어 있는 작은 성과기록표를 만들어준다고 설명한다. 각 성과기록표에는 전사적인 목표와 측정치, 전사적 목표를 자기 사업부의 구체적인 성과동인으로 전환시킨 내용, 그리고 개인별 성과목표와 그러한 목표를 달성하는 데 필요한 단기적인 행동절차 등에 관한 정보가 기재되어 있다. 개인별 측정 시스템은 지리적으로 분산되어 있는 직원들이 자율성 있는 의사결정을 하고 독립적인 행동을 취하면서도 자신들의 선택이 중요한 조직목표에 어떻게 기여하는가를 이해할 수 있게 만들어 주기 때문에 효과적인 선별에 도움을 준다.

실시간으로 업데이트될 수 있도록 인사정보 시스템을 유지하면 조직은 신속하게 운용될 수 있는 인재를 빠르게 파악할 수 있다. 기술과 사람을 통합시키면 인적자원의 신속 반응 역량을 향상시킬 수 있다. 끝으로, 개인별 측정 시스템을 개발하면 조직은 지리적으로 분산되어 있을 수도 있는 직원들의 개별적인 노력을 신속하게 조정할 수 있다.

기술과 사람의 통합

인사부서의 지식촉진 역할을 다룬 4장에서 논의했듯이 정보기술과 한 기업의 인적자본은 상당 부분 연결되어 있다. 정보기술은 또한 속도를 내게 해주는 중요한 가능화 요인이긴 하지만, 기술 솔루션의 선택은 상황의 요구에 적합해야만 한다. 인사부서는 여기에 중요한 기여를 할 수 있다.

인터넷을 활용하여 기업 내부와 공급사슬 전체에 걸쳐 공동체의식과 협업 및 충성심을 만들어내는 도요타와 같은 일부 상황에서는, 높은 수준의 하드웨어와 소프트웨어에 기반한 복잡한 첨단 정보기술 솔루션이 요구된다. 잽 쿠리어사 *Zap Courier*의 자전거 택배 서비스와 같은 다른 상황에서는, 상이한 정보기술 솔루션 결합이 필요하다. 잽은 첨단 소프트웨어와 아울러 비교적 로우테크 기술이라 할 수 있는 무전기와 배달 직원의 자주적인 노력을 결합시켜, 쾌속 배달과 신속한 업무완료를 지속해나가고 있다. 효과적인 인적자원 운용의 중요한 측면 중 하나는 인간의 행동을 이해하여 기술과 사람 간의 차이점이 장애를 만들어내기보다는 시너지를 만들어내는 방향으로 활용될 수 있도록 양자를 통합시키는 일이다.

조직이 인간적인 요소를 적절하게 고려하지 못해 낭패를 본 가장 생생한 사례로 최근에 이뤄진 전사적 자원관리*ERP* 시스템 구현 노력을 들 수 있다. 웨스팅하우스사 *Westinghouse*의 경우 근본적인 문화변화가 이뤄졌더라면 통합 정보 시스템 구현이 제 효과를 낼 수 있었을 것이다. 웨스팅하우스사는 고도로 분권화된 사업단위로 구성되어 있었다. 전사적 자원관리*ERP* 시스템은 회사를 집권화된 공유환경으로 전환시켰는데, 이를 통해 조직의 효율성은 향상되었을지 모르지만 의사결정의 독립성은 심각하게 저하되었다. 변화에 대한 저항이 매우 거세게 일어나고 방해활동이 일어났는데, 관리자들은 지엽적인 세부사항을 두고 격론을 벌였으며 중요 정보를 제출하라고 해도 천천히 반응했다. 이는 놀랄 만한 일이 아니었다. 웨스팅하우스사가 직접 사용자뿐만 아니라 모든 이해당사자에게 그러한 시스템 변화가 경쟁 상에 필요한 이유와 그것이 가져다줄 가치를 납득시키고 난 다음에서야 프로젝트의 답보상태가 호전되었다. 인사부서는 사람과 기술의 통합을 관리하는 데 있어 중추적인 역할을 담당함으로써 경쟁역량 개발을 극대화시켜야만 한다.

작은 승리의 창출

칼 웨익(Karl Weick, 1984)은 장기간에 걸쳐 상당한 결과를 만들어내기 위해 '작은 승리'를 활용하는 전략을 소개했다. 작은 승리란 바람직한 방향으로 이뤄진, 자그맣지만 뚜렷한 변화를 말한다. 첫 단계는 변환시키기가 비교적 쉬운 무언가를 수정하는 것이다. 그 다음에 좀더 손쉬운 변화와 여러 개의 조그만 성공을 만들어내면, 이러한 것이 합쳐져서 궁극적으로 대규모 변화가 가능하다는 신념이 생겨나고, 성과가 상당히 개선된 현실을 경험하게 된다. '작은 승리' 전략을 활용하는 것은, 바람직한 전체 목표를 달성하게 만드는 직원들의 개별화된 시간기준 목표가 무엇인지를 파악함으로써, 기업이 대규모 변화를 신속하게 이루도록 도움을 줄 수 있다.

사우스웨스트 항공사의 허브 켈러허는 '작은 승리' 전략의 달인이다. 1999년에 내부 비용이 다른 항공사보다 22퍼센트나 빠르게 증가한다는 사실이 연구를 통해 밝혀졌다. 켈러허는 전 직원에게 하루에 5달러씩만 절약해달라는 편지를 띄웠다. 분명, 하루에 5달러는 그 자체만 보면 하찮은 성공이라고 할 수 있지만, 모든 개별 직원이 5달러씩 절감한 액수를 회사 전체에 걸쳐 집계하면 총 5.6퍼센트의 비용절감을 가져왔다. 자원의 효과적인 운용은 일련의 작은 승리를 만들어내는 능력에 의해 좌우되는 경우가 많다(Gibson & Blackwell, 1999).

작은 승리를 만들어내는 일은 점진적인 활동을 가능케 해주기 때문에 대규모 변화 노력보다 훨씬 더 유연하다. 작은 승리는 빠르게 전개되고 예측이 불가능한 시장변화에 더욱더 적합하다. 그 이유는 개인이 반복적인 학습과 실험을 자신에게 유리하게 활용할 수 있기 때문이다. 작은 승리는 결단력 있는 조치를 취하도록 촉진시켜 강력한 솔선수범과 추진력을 만들어낼 수 있는데, 시간이 흐름에 따라 그러한 솔선수범과 추진력은 전략적 우위의 원천이 될 수 있다. '작은 승리' 전략은 적절한 수준의 위험을 감수하는 상태에서, 완벽하지는 않더라도 가능성이 큰 행동방침을 선택하고 경쟁업체보다 더 신속하게 행동할 수 있게 해준다.

임기응변 능력을 갖춘 직원의 개발

임기응변 능력은 창의성과 개인적인 진취성을 결합하여 현재의 상황을 자신에 유리하게끔 활용하는 능력을 말한다. 신속 인력운용 전문가로서 인사부서는 개인과 기업 전체의 임기응변 능력을 개발하는 데 있어 선도적 역할을 담당해야만 한다. 임기응변 능력은 빠르고 효과 있는 행동을 촉진시키며, 속도가 빠른 사이클 타임의 이점을 살린다. 임기응변 능력은 더 적은 것으로 더 많은 일을 하는 것을 가능케 하고, 모든 자원을 최대한 활용할 수 있게 해준다. 〈패스트 컴퍼니 *Fast Company*〉의 기자인 케이스 해먼즈(Keith Hammonds, 2001)는 임기응변 능력이 기업의 경쟁에 인상적인 결과를 가져다준 이야기를 들려주고 있다. 그는 인터뷰를 마치고 돌아오다가 뉴욕 시 도심에서 수화물표를 분실했다. 그는 기업 출장연회 서비스업체인 피셔 앤드 레비사 *Fisher & Levy*로부터 수화물표가 부착된 쇼핑백 하나를 받을 때까지 자신이 그 표를 분실한 사실조차 모르고 있었다. 그 회사의 세일즈 관리자 한 명이 그의 수화물표를 길에서 주워 자사의 초콜릿과 과자 및 다과류 등의 샘플이 들어 있는 쇼핑백과 함께 그에게 보내준 것이 분명했다. 이 일은 너무도 뜻밖의 즐거운 사건이었기에 해먼즈는 그 일을 기사로 썼을 뿐만 아니라(이에 따라 피셔 앤드 레비사는 무료로 잡지에 홍보되었다), 자신이 주최할 다음 행사에 그 출장연회업체를 쓰기로 계획했으며, 다른 동료들에게 자신이 받은 샘플을 나눠주고 그 이야기를 들려주었다. 이에 따라 피셔 앤드 레비사는 한 직원의 재치 있는 친절한 행동에 힘입어 상당한 사업실적을 올렸다.

테레사 아마빌(Teresa Amabile, 2000)은 임기응변 능력이 있고 창의적인 직원을 개발할 수 있는 업무환경의 구체적인 속성을 몇 가지 파악해냈다. 첫째로, 개인적으로 중요하고 의미가 충만한 과업을 수행할 수 있는 기회를 직원에게 제공함으로써 도전의식을 만들어내야 한다. 둘째로, 직원이 업무수행 방식을 직접 결정할 수 있는 기회를 제공하면, 즉 자율성을 부여하면 임기응변 능력의 토대가 마련된다. 셋째로, 상호 독려, 아이디어에 대한 건설적인 피드백, 업무에 대한 공동의 헌신 등 작업 집단이 개인을 지원해주는 분위기를 창출하면 임기응변 능력이 촉진된다. 넷째로, 자유를 허용하면서 지침을 제공하고, 건설적이고 긍정적인 피드백을 제공하며, 개방적인 의사소통과 협업이 이뤄질 수 있는 메커니즘을 제공하는 일 등을 하면서 관리자가 독려할 경우에 임기응변 능력이 자극된다. 다섯째로, 최고경영진으로부터 시작하여 조직 차원에서 독려를 하면 임기응변 역량의 개발에 도움이 된다. 여섯째로, 새로운 아이디어에 대한 극도로 부정적인 비판이나 현상유지에 대한 강조 등과 같은 조직 내의 저해요인을 제거시키면 임기응변 능력을 분명하게 장려할 수 있다. 이러한 요인을 모두 결합시킨다면, 직장 내 문제에 대한 혁신적인 접근방식 개발에 내재된 위험을 감수하도록 개인을 독려하는 환경이 창출될 수 있다.

임기응변 역량의 창출은 인사부서의 역할이 활동과 방침을 제공하던 일에서 프로세스를 조화롭게 통합시키는 일로 변화될 것을 강조한다. 예를 들어, 제록스사에서는 개인 학습과 조직 학습을 촉진시키는 6단계 문제해결 과정이 조직 전체에 걸쳐 활용되고 있다(Garvin, 1993). 채퍼랠 스틸은 안식휴가 프로그램을 제공하고, 실험을 수행하고 평가하는 데 필요한 기술을 직원에게 훈련시키는 것을 통해서, 자사 직원의 광범위한 지식기반을 늘려나간다. 이렇게 함으로써 일이 어떻게 수행되는가를 알 뿐만 아니라(예컨대, 실리콘 입자를 정렬시키기 위해서는 온도와 압력을 어떻게 조절해야 하는가를 아는 것) 일이 왜 그렇게 되는가를 알고 있는(예컨대, 정렬시키는 물리적·화학적 과정을 이해하는 것) 직원이 개발된다. 직원이 새로운 일을 해보고 자신의 성공과 실패를 널리 공유하도록 독려시키는 과정이 필요하다. 인사부서는 3M사에서 운영되는 것과 같이 내부 기술박람회와 어떤 주제에 대해 관심이 있는 사람들이 만나 의견을 주고받는 장소인 '의사결정 공간'을 운영함으로써, 성공과 실패를 공유할 수 있는 기회를 만들 수 있다(Ghoshal & Bartlett, 1995).

필요한 일을 하라

근사한 임원실에 앉아서 시장기회를 이용하기 위한(또는 위협을 물리치기 위한) 계획을 수립하기는 쉽다. 심지어 장군들이 작전상황실에 모여 전장 지도를 펴놓고서 병력을 이동시키는 것과 마찬가지로, 모든 사업부 직원을 한 장소에서 다른 장소로 이동시키는 계획을 세울 수도 있다. 하지만 모든 계획의 유효성은 그것이 얼마나 잘 실행되느냐에 의해 좌우된다. 그리고 실행의 유효성은 직원들에 의해 좌우된다.

업무에 필요한 인력을 신속하게 운용하는 일을 잘 하려면, 필요할 때 필요한 곳에서 노력을 집중할 수 있고(최적 흐름 상태), 높은 수준의 성과

[표 6-5] 신속 인력운용을 위한 인사관리

인사부서의 접근방식	인사부서가 취해야 할 조치
최적 흐름 상태의 배양	• 개인적으로 중요하게 여기고 풍부하며 의미감이 충만한 과업과 도전을 가하면서도 압도하지는 않는 과업에 개별 직원을 배정할 것 • 뚜렷한 목적을 설정할 것 • 끊임없는 피드백을 제공할 것
최고 성과의 육성	• 사람들에게 동기를 유발시키는 프로젝트를 파악할 것 • 프로젝트의 진척상황에 대한 피드백을 제공할 것 • 사람들이 직면한 도전으로부터 배우고 그러한 도전을 이겨내는 방법을 터득할 수 있는 기회를 제공할 것 • 직원에게 다른 사람과 관계를 구축하도록 독려할 것 • 실수는 '경력을 끝장내는 것'이 아니라 학습경험을 제공해주는 중요한 것으로 여겨지는 문화를 촉진시킬 것
내구력의 유지	• 직원에게 끈질긴 태도를 개발시킬 것 - 헌신, 제어력, 도전을 만들어낼 것 • 직원에게 끈질긴 극복 습관을 개발시킬 것 - 직원이 상황에 대해 더 넓은 시각을 취하고 원인을 파악하여 해결방안을 마련하도록 독려할 것 • 직원에게 지속적인 사회적 지원을 개발시킬 것 - 직원이 다른 사람으로부터 격려와 지원을 얻도록 독려할 뿐만 아니라 다른 사람을 지원하고 도와주도록 독려할 것

를 지속할 수 있으며(최고 성과), 그러한 행동을 하면서도 자신의 건강과 행복을 유지할 수 있는(내구력) 직원이 조직에 필요하다([표 6-5] 참조). 앞서 지식경제가 직무를 수행할 새로운 적정 인재를 어떻게 필요로 하는가에 대해 설명했었다. 여기서는 지식경제가 신속하게 운용될 수 있는 직원을 관리하는 새로운 방법을 어떻게 필요로 하는가에 대해 설명한다.

최적 흐름 상태의 배양

미하이 칙센트미하이 *Mihalyi Csikszentmihalyi*는 사람들이 돈이나 명예 또는 기타의 인정을 통해 보상을 받지 않아도 자신이 즐기는 일을 하게 만드는 원인이 무엇인지를 파악하는 연구에 심리학자로서의 자신의 경력 대부분을 바쳤다. 그는 특히 체스 선수, 암벽등반가, 무용가, 작곡가 등을 주로 연구했는데, 이들은 자기 활동에 수많은 시간을 투자하는 사람이다. 그는 사람들이 오랜 시간에 걸쳐 자기가 즐기는 일을 하는 이유는 그러한 활동이 '최적의 흐름 상태 *flow*' 라고 정의된 최적의 성과를 경험하게 해주기 때문이라는 사실을 밝혀냈다. 최적의 흐름 상태란 아래와 같은 특성을 느끼는 상태를 말한다.

- 행동과 의식이 하나로 합쳐짐 : 현재 하고 있는 일에만 의식을 집중하여 초점을 맞춤.
- 의식에서 주의를 산만하게 하는 요소가 없어짐 : 여기 이 순간에 관련 있는 것만을 의식함.
- 실패에 대한 걱정이 없음 : 고도의 집중이 이뤄지기 때문에 실패를 생각할 여유가 없음.

- **자의식이 사라짐** : 의식집중으로 인해 다른 사람에게 자신이 어떻게 비춰질지에 대한 걱정이 최소화됨.
- **시간감각이 왜곡됨** : 일반적으로 시간이 잊혀짐. 즉 짧은 시간 동안 경험한 것이 매우 길게 느껴지거나, 긴 시간 동안 경험한 것이 매우 짧게 느껴짐.
- **활동 그 자체가 목적이 됨** : 활동이 목석을 달성하기 위한 2차적인 것이 아니라, 활동을 수행하는 것 자체가 목적이 됨.

직장에서 이뤄지는 모든 과업이 최적의 흐름 상태와 같은 집중적인 의식몰입을 가져오지는 않지만, 조직과 관리자는 최적의 흐름 상태가 나타나도록 환경을 창출하고 배양하는 몇 가지 조치를 취할 수 있다. 이는 직원들에게 조직의 목표와 한 방향이 되도록 요구하고, 상황의 요구에 맞춰 신속하게 동원배치를 반복하도록 요구해야 할 때 특히 중요하다.

칙센트미하이는 최적의 흐름 상태에 대한 경험이 다음과 같은 활동과 연관되어 있음을 알아냈다(Csikszentmihalyi, 1990). (1)사람들이 지니고 있는 기술에 도전을 가하면서도 압도하지는 않는 활동, (2)모든 단계마다 뚜렷한 목적이 있는 활동, (3)자신의 행동에 즉각적인 피드백을 제공해주는 활동. 첫째로, 사람들이 지니고 있는 기술에 도전을 가하면서도 압도하지는 않는 활동은 오랜 기간 지속되는 노력과 의식집중을 유지하게 한다. 만일 도전이 최소 수준에 머문다면 지루함이 생겨나고, 너무 강력하면 좌절감이 나타날 수 있다. 둘째로, 뚜렷한 목적은 사람들이 자신의 목표를 달성하기 위해 어떤 일을 해야 할지를 정확히 알게 해준다. 예컨대, 외과의사는 수술시 매순간마다 어떠한 절차를 밟아나가야 할지를 알고 있으며, 농부는 파종 계획과 수확 계획을 갖고 있다. 두 가지 경우 모두 결과는 확실하지 않지만, 당사자는 자신이 모든 과정을 통제할 수 있다고 느낀다. 셋째로, 즉각적인 피드백은 사람들이 자기가 얼마나 잘하고 있는지를 정확히 알게 해준다. 이에 따라 성공인지 실패인지 여부가 결정될 수 있으며, 필요할 때에는 수정조치가 취해질 수 있다. 신속 인력운용 전문가로서의 인사부서는 계획되고 집중되며 운용 대상이 되는 직원에게, 도전을 가하지만 압도하지 않는 과업을 배정하고, 뚜렷한 목표를 제시하며, 끊임없는 피드백을 제공하도록 도와줘야 하는 것이다. 그렇게 하는 것은 예컨대, 프로젝트의 마감시한을 맞추려면 직원들이 오랜 시간 동안 일을 해야만 하고 높은 수준의 노력을 기울여야만 하는 상황에서 특히 중요해진다.

최고 성과의 육성

최고 성과*peak performance*란 개인이 최상의 성과 또는 생산성을 내는 상태를 말한다. 운동선수에게는 이러한 결과를 설명하기 위해 '개인 최고기록'이라는 용어가 종종 사용된다. 직장에서의 개인의 최고 성과에 대해서는 찰스 가필드(Charles Garfield, 1986)에 의해 최초의 체계적인 검토가 이뤄졌다. 자신이 컴퓨터 분석가 겸 미 항공우주국*NASA*의 아폴로 11호 프로젝트에 참여한 공학자와 과학자 및 지원인력의 리더로 활동했을 당시에 수행했던 연구에서 시작하여, 가필드는 기업의 높은 성과자에 대한 연구를 계속해서 진행했다. 가필드가 자신의 연구를 통해 개인의 최고 성과를 가져오는 것으로 밝혀낸 다섯 가지 조건은 다음과 같다.

- 동기를 유발시키는 임무 : 자신이 가치 있는 목적을 위해 일한다고 믿을 때 최고의 성과를 낸다.
- 실시간 결과 : 일을 하는 도중에 자기가 노력한 결과를 즉시 볼 수 있을 때 최고의 성과를 낸다.
- 스스로 통달하는 것*self-mastery*을 통한 자율관리 : 자신의 목표를 직접 세우고 여러 가지 도전을 이겨내는 방법을 터득해나갈 때 최고의 성과를 낸다.
- 팀 구축과 팀 활동 : 다른 사람들과 협업을 통해 자기 노력을 극대화시켜 활용할 수 있을 때 최고의 성과를 낸다.
- 경로 수정 : 차질이 빚어지면 그것을 경로 수정의 정보로 받아들이고, 실수를 했을 경우에는 그것을 경로 수정 시점이 되었다는 신호로 받아들일 때, 그리고 기회가 나타났을 때 결단력 있게 행동하는 방법을 알고 있어야 최고의 성과를 낸다.

신속 인력운용 전문가로서의 인사부서는 다음과 같은 일이 이뤄지도록 지원할 수 있다. 프로젝트 내에 사람에게 동기를 유발시키는 목적이 존재하게 만들어야 한다. 개별 직원에게 프로젝트의 진척상황에 대한 피드백을 해주어야 한다. 직면한 도전에서 배우고 그러한 도전을 이겨내는 방법을 터득할 수 있는 기회를 직원에게 제공해주어야 한다. 직원에게 다른 사람과 관계를 구축하도록 독려해야 한다. 실수는 '경력을 끝장내는 것' 이 아니라 학습경험을 제공해주는 중요한 것으로 여기는 문화를 촉진해야 한다.

내구력의 유지

살바토레 매디*Salvatore Maddi*는 공익사업 규제완화로 인해 1970년대에 이뤄진 일리노이 벨 전화사*Illinois Bell Telephone*의 구조조정 이전 시점과 구조조정 시점 및 구조조정 이후 시점에 이 회사의 직원 400명을 대상으로 연구를 수행했다. 그는 모든 직원에게 주어진 외부 조건이 동일했음에도 불구하고, 직원 중 3분의 1은 건강과 행복을 그대로 유지했을 뿐만 아니라 정신적인 쇼크를 경험하는 기간 중에도 사실상 아주 잘 지내고 있었다는 사실을 발견했다. 그 반면, 직원 중 3분의 2는 그러한 변화로 인해 신체에 이상 증세를 느꼈으며 심리적 문제도 경험한 것으로 나타났다. 자신의 연구를 근거로 매디는 역경을 경험하는 동안에도 건강과 행복을 유지하는 사람을 구분해주는 내구력*hardiness*의 속성을 파악해낼 수 있었다. 직원에게 내구력을 길러주는 일은 동원배치를 지속적으로 바꿀 수밖에 없을 때에는 특히 중요하다. 내구력을 길러주지 않으면 직원들은 스트레스와 탈진을 경험할 가능성이 높은데, 그렇게 될 경우 생산성이 떨어지고 목표달성에 실패할 가능성이 크며, 장기적으로 볼 때 직원들에게 육체적·정신적인 손상을 가져올 가능성이 크다.

내구력은 다음과 같은 세 가지 요소로 구성된다. (1) 끈질긴 태도, (2) 끈질긴 극복기술, (3) 지속적인 사회적 지원. 첫째로, 끈질긴 태도는 자신에 대해 강한 태도를 갖고, 세상에 대해 강한 태도를 가지며, 성과와 리더십 및 건강을 향상시키고자 하는 사고와 행동에 관여하도록 동기를 유발시킨다. 또한 그러한 관여를 가능하게 만들어주는 자신과 세상의 상호작용에 대해 강한 태도를 갖는 것을 말한다(Maddi, 2000). 끈질긴 태도에는 다음과 같은 내용이 포함된다. 먼저, 자신이 하고 있는 일에 대한 헌신commitment인데, 이는 자신이 하고 있는 일에 많은 스트레스를 안겨주는 변화가 있다 할지라도, 그 일은 완전히 몰입할 만큼 중요하고 가치 있는 과업이라는 느낌을 갖게 한다. 다음으로, 많은 스트레스를 안겨주는 변화로 인해 무력감에 빠져들고 수동적으로 바뀌기보다는 그러한 변화의 결과에 영향을 미칠 수 있는 방법을 모색하는 제어력control이다. 끝으로, 도전challenge인데, 이는 자신의 상황을 도전으로 간주하고 업무환경과 업무공동체에 대해 개방적인 태도를 유지하면서 문제에 대한 혁신적인 해결책을 모색하는 것이다. 둘째로, 끈질긴 극복기술이란 많은 스트레스를 안겨주는 상황에 대해 더 넓은 관점을 취하는 일(가끔씩 자신을 압도하는 것처럼 보이는 스트레스 상황에 대해 관리가 가능한 것이라고 인식을 전환하는 것)이다. 그리고 그러한 상황을 가져오는 원인을 이해하는 일(스트레스 상황의 원인을 유형적인 요소로 나누어 각각을 해결할 수 있는 방법을 파악하는 것)을 말한다. 셋째로, 지속적인 사회적 지원은 직장 내의 다른 사람에게 사회적 지원을 제공하고 그들로부터 사회적 지원과 개인적 도움 및 격려를 얻어내는 것을 말한다. 직장 내의 관계뿐만 아니라 직장 밖의 관계도 스트레스의 부정적 효과를 크게 줄여준다. 일부 조직은 스트레스가 많은 업무상황이 가져다주는 결과를 직원이 잘 극복하게 만들기 위해, 건강유지 프로그램을 운영하고 여러 가지 유형의 지원방안을 제공하고 있다. 지식경제에서 경쟁에 성공하려면 인력의 신속한 운용이 필요하기 때문에, 직원의 건강과 행복을 유지시키기 위해 자원을 제공하는 기업의 숫자는 더 늘어나야 할 것이다. 인사부서는 직원에게 끈질긴 태도와 끈질긴 극복기술을 육성하고 직원간에 지속적인 사회적 지원을 촉진시키는 역할을 담당해야 할 것이다. 내구력연구소*Hardiness Institute* 같은 곳에서 제공하고 있는 교육훈련 프로그램 (www.hardinessinstitute.com)은 직원에게 그러한 역량을 개발시키는 데 도움이 될 것이다.

신속한 인력운용의 조화로운 실행

고등학교 육상 코치인 스티브 셀*Steve Sell*은 필자들이 만나 본 최고의 신속 인력운용 전문가 중 한 명이다. 그는 한번에 약 100명의 고등학생 육상선수를 모아서 훈련시키고 동기유발시키고 심리적으로 준비시킬 수 있다. 그는 팀의 성과는 개인 성적(예컨대, 개별 선수가 100미터를 얼마나 빠른 속도로 주파하는지)과 집단의 노력 및 성과(예컨대, 계주 팀에서 배턴을 주고받는 것)에 의해 결정된다는 사실을 선수들에게 분명하게 인식시킨다. 주자 한 명이 100미터 단거리 경주에서 우승하여 10점을 얻었다 해도 팀 내의 다른 주자가 입상을 하지 못한다면 별다른 차이가 없다. 셀이 말하듯이 '팀의 성적은 가장 느린 주자에 의해 결정' 되기 때문에 팀 동료선수들은 팀 전체가 이기기 위하여 가장 느린 주자를 의식적으로 자기 앞에 세워 몰아붙인다. 그는 다른 동료를 독려하여 최선을 다하게 만들어주는 선수를 가치 있게 여긴다. 왜냐하면 그러한 선수는 빨리 달리거나 더 높이 뛰는 선수 못지않게 팀 성적에 기여할 수 있기 때문이다.

셀은 효과적인 훈련방법과 자기규율 및 스포츠맨 정신의 귀감이 되고 있지만, 성적이 팀 그 자체로부터 나와야 한다는 사실을 강조한다. 그는 대단히 체계적이면서도 정보를 정확하게 전달하고 책임감을 심어주는데, 이를 통해 모든 선수가 정해진 시간에 적합한 준비를 하고 자신에게 적합한 종목에 출전할 수 있게 만든다. 그는 경기가 진행됨에 따라 선수 부상 상태나 경쟁상대에 맞춰 선수를 다른 종목에 출전하도록 재배정하기도 한다. 그는 장거리 선수에게 경쟁상대를 자신에게 유리하게 활용하는 요령(예컨대, 선두주자를 바짝 뒤따라붙는 요령 등)을 알려준다. 그는 선수들에게 페이스 유지에 관련된 자료를 활용하고 경기가 벌어지는 필드 상태에 대해 정확히 판단할 수 있는 방법을 가르친다. 그는 주자가 스스로 알아서 경주에 임할 수 있게끔 정신적 규율과 자신감을 개발시키고 주의를 산만하게 만드는 영향요인을 무시하고 정신집중을 할 수 있도록 도와준다. 작은 승리(예컨대, 각 선수들이 자신의 최고 기록을 불과 몇 초 앞당기는 일 등)는 트랙 경주에서 팀 순위에 차이를 만들어낼 수 있다.

그가 선수에게 욕을 하거나 언성을 높여가며 꾸짖는 경우는 전혀 없다. 그는 경주가 실망스런 결과로 끝나면 아무 말 하지 않으면서 선수 각자가 자신의 성적에 대해 개인적으로 반성하고 어떻게 해서 최선을 다하지 못하게 되었고 그 원인은 무엇인지를 납득하게 만들곤 한다. 하지만 개인기록을 향상시킨 선수에 대해서는 비록 그가 결승점을 꼴찌로 통과했더라도 자랑스러운 일을 해냈다고 확실하게 칭찬해준다. 그는 몇 가지 규칙을 뚜렷하고 일관되게 시행한다. 그 어느 누구도 연습을 빼먹을 수 없다. 모든 장거리 선수는 연습 때마다 마지막 400미터를 전력으로 질주해야 한다. 팀에 새로 들어온 선수는 연습에 열 번 이상 참여해야만 모교 마크가 새겨진 훈련복을 받을 수 있는 반면에, 예전에 학교 대표였던 선수는 훈련복 재고가 있기만 하면 바로 받을 수 있다.

셸이 자신의 팀을 조화롭게 편성하기 위해 하는 많은 일은 자율관리를 촉진시키기 위한 것이다. 그는 선수에게 자신의 명예를 걸고 정해진 연습을 맞추겠다는 맹세를 하게 함으로써 자기규율과 주인의식을 주입시킨다. 경기에 앞서 그는 모두 고교생인 선수들을 한 명씩 만나서 각 종목별로 개인 목표를 설정하게 하고, 그러한 개인 목표가 팀 전체의 성적에 어떤 결과를 가져올 것인지에 대해 토의하게 한다.

그는 단체정신을 불어넣음으로써 선수들이 개인적 역경(예컨대, 경쟁 상대의 스파이크에 찔리는 부상을 당한다든지, 정강이가 골절된다든지 하는 등)을 극복해내고 팀 전체의 이익을 위해 잘 뛸 수 있게 만들었다. 셸은 올림픽 대표선수 짐 라이언*Jim Ryan*과 같은 학생선수 출신 육상선수를 정기적으로 초청하여 학생들을 분발시킴으로써(때로는 그러한 선수가 학생들과 함께 뛰게 하기도 함), 팀에 대한 헌신을 넘어 자기 학교의 육상훈련 전통에 대해 긍지를 갖고 우수한 성과를 내기 위해 매진하도록 만들고 있다. 스티브 셸이 학생 육상선수를 관리하기 위해 마련한 것과 동일한 방식으로 모든 인사전문가가 효과적인 인재관리 모델을 개발한다면, 모든 기업은 조직의 성공에 필요한 일을 해낼 수 있는 능력을 갖춘 적정인재를, 적정 시간에, 적정 장소에서 운용할 수 있게 될 것이다.

새로운 역할, 새로운 해결책

"산업사회에서는 조직을 통하지 않고서는 아무것도 이뤄질 수 없다.
이는 지성과 의지를 갖춘 인간을 동원하여 에너지를 활용함으로써 명확하게 규정된
일정한 목적을 완수한다는 것을 의미한다."

– 티드와 멧카프 *Tead & Metcalf, 1920*

인적자본 스튜어드, 지식 촉진자, 관계 구축자, 신속 인력운용 전문가 등의 역할은 한동안 인기를 끌었던 만화 〈딜버트*Dilbert*〉에 등장했던 '사악한 인사담당 임원' 인 캣버트*Catbert*와는 매우 상이한 입장을 취한다. 그 만화에 등장하는 우스꽝스러운 모습은 최악의 인사관리 관행을 과장해서 보여주고 있다. 하지만 지금과는 완전히 다른 질문이 제기되었던 세상에서 훌륭한 답을 제공하기 위해 전통적인 인사관리가 기울였던 노력 중 일부가 초점이 잘못되었다는 점을 제대로 강조하고 있다. 전략입안자들은 의도적이고 장기적인 계획수립을 해야 한다는 사고에서 벗어나, 예측 불가능하고 유동적인 21세기의 경쟁 양상을 반영할 수 있도록, 기업가정신이 충만하고 자연발생적이며 임기응변적인 접근방식

을 수용하는 방향으로 사고를 수정하였다. 따라서 인사관리 담당자도 자신이 조직의 유효성을 개선하는 데 공헌하는 방식에 대해 다시 생각을 해보아야 한다.

기업은 새로운 현실에 직면하고 있으며, 그동안 익숙했던 경쟁우위의 원천 중 많은 부분이 무너지고 있다(D'Aveni, 1994). 천연자원을 대체할수 있는 자원이 빠르게 발명되고 있으며, 필수적인 천연자원은 정치적인 협상이나 개발권 양허를 통해 배분되는 경우가 늘고 있다. 기업의 활동범위를 규정할 때에는 국가간 경계보다는 기업간 경계가 더 중요해졌다. 보호를 받는 시장의 수는 줄어들고, 시장공동체 수는 늘어나고 있다. 제품 관련 기술은 제품 수명주기 단축, 비약적 혁신, 기술의 단절적 발전, 생산 소요시간 단축 등을 가져와 순식간에 경쟁우위를 사라지게 하고 있다. 공정관련 기술은 여러 기업과 산업 사이에 광범위하게 확산되고 있다. 자본시장은 범세계화되고, 규모의 경제는 범위의 경제로 대체되었다. 이 모든 요인으로 인하여, 지속적으로 유지 가능한 경쟁우위의 수는 점점 더 줄어들고 있다. 지식경제에서는 경쟁우위가 시장 내에서의 포지셔닝과 지배력에서 나올 뿐만 아니라 자원과 자산, 제휴, 제품과 서비스의 성능, 고객과의 유대, 새롭게 등장하는 다양한 가치창출 원천 등에서 나온다.

기업의 내부 특성과 자원이 가치창출의 근본적인 원천이기 때문에, 전략적 방향을 설정할 때 외부 환경에 대한 평가를 토대로 하기보다는 내부 특성과 자원을 토대로 설정하는 것이 훨씬 더 신뢰성 있고 유용하다는 주장이 설득력을 얻고 있다. 그 이유는 시장변화가 누그러질 기미를 보이지 않기 때문이다(Grant, 1991). 이는 기업이 어떠한 자원과 역량을 보유하고 있으며(또는 창출할 수 있으며) 또한 이러한 자원과 역량을 어떻게 활용하느냐에 따라 기업의 성패가 좌우된다는 것을 의미한다. 기업에 대한 이러한 자원준거 관점은 일부 기업이 다른 기업을 능가하는 이유를 더욱더 명확하고 관리 가능한 방식으로 설명해준다.

인사관리와 기업에 대한 자원준거 관점

자원준거 관점resource-based view은 몇 가지 상호 연관된 개념을 토대로 하고 있다. 로버트 그랜트는 그러한 여러 개념을 가장 유용하게 정의·구분해주고 있다(Robert Grant, 1991). 첫째로, 자원resources은 생산과정에 들어가는 투입물의 기본적인 분석단위를 말한다. 자원의 전형적인 범주에는 재무자원, 물적자원, 인적자원, 기술자원, 명성자원reputational resource, 조직자원 등이 포함된다. 대부분의 자원을 개별적으로 보면, 경쟁력에 기여하는 가치가 상당히 작다. 생산활동과 경쟁활동을 하려면 상이한 범주에 들어 있는 여러 자원을 한데 묶어서 합치거나 조정해서 활용해야 할 경우가 대부분이다. 자원을 한데 묶으면 전략적 역량strategic capabilities이 생겨난다. 역량이란 기업이 할 수 있는 것 -특히 경쟁자보다 더 잘해낼 수 있으리라 기대되는 것-을 말한다. 역량은 "기업이 다양한 활동을 조정하고 자산을 활용할 수 있도록 해주는 것으로서, 조직 내의 다양한 과정을 통해 발휘되는 숙련기술과 축적된 지식의 복합적 총체"라고 정의된다(Day, 1994:37). 자원은 기업이 보유한 역량의 기본적인 원천이며, 역량은 경쟁우위의 주된 원천인 것이다.

조지 스톡과 필립 에번스 그리고 로렌스 슐먼(George Stalk, Philip

Evans & Lawrence Shulman, 1992)은 이러한 논리를 좀더 발전시켰다. 이들은 기업이 장기간에 걸쳐 성공을 거두려면, 다양한 종류의 가치창출에 탁월해야 한다고 주장한다. 즉 고객의 변화하는 욕구에 대한 통찰력, 기술발전에 대한 신속한 대응, 혁신과 뛰어난 제품설계, 능률, 문제에 대한 즉시 대처 등 다양한 영역에서 탁월해야 한다는 것이다. 기업에게 다재다능함과 탁월함이 요구되고 있기 때문에, 전략수립의 논리가 제품과 포지션을 근거로 하던 것에서 기업의 행동역학에 초점을 맞추는 것 (Prahalad & Hamel, 1990; Liedtka, 1999)으로 변화되었다고 그들은 주장한다. 이는 자원과 자산을 조화롭게 구성하여 역량을 창출해내는 프로세스가 전략의 기본 요소라는 점을 의미한다. 이에 따라 성공적인 기업은 자원을 연결시키고 전통적인 기능부서 경계를 초월할 수 있는 하부구조와 프로세스를 만드는 일에 전략적으로 투자한다. 모든 자원을 한데 모아 역량으로 변환시키는 활동이 더 길고 복잡하게 연결되어 있을수록, 그로부터 나타나는 결과를 경쟁업체가 모방하기가 훨씬 더 어려워진다. 한편, 역량이 복잡할수록 그러한 역량을 만들어내거나 그것을 개발한 조직 내부에서 이전시키기가 훨씬 더 어렵다.

그 다음 수준은 핵심 역량이다. 프라할라드와 하멜은 핵심 역량을 기술의 조화와 조직화 업무 그리고 가치전달 등에 관련하여 '조직 내에서 집단적으로 학습된 것' 이라고 정의한다(Prahalad & Hamel, 1990). 핵심 역량은 고객가치에 크게 기여하는 숙련기술·테크놀로지·자원·역량·프로세스의 복합체이다. 핵심 역량은 고객가치에 크게 기여함으로써 경쟁적 독특성을 촉진시킨다. 핵심 역량이 가져다주는 결과물은 다양한 제품과 시장에 광범위하게 적용될 수 있기 때문에, 핵심 역량은 미래시장으로 통하는 관문을 열어준다고 그들은 주장한다. 또한 핵심 역량은 닳아 없어지거나 시간이 경과함에 따라 가치가 줄어들기보다는, 활용할수록 가치가 증대된다. 핵심 역량을 지속적으로 활용한다면, 특정한 핵심 역량을 보유하고 있는 기업의 가치창출 잠재력 및 능력과 경쟁업체의 가치창출 잠재력 및 능력 사이에 존재하는 격차는 더욱 커진다.

특정 시점에 일정한 목표를 달성하려면 어떠한 자원과 전략적 역량 및 핵심 역량이 가치 있게 여겨질 것인지에 내한 기내는 쉽게 바뀌고 때로는 예측 불가능하기 때문에 창조적 긴장이 생겨난다. 전략적으로 가치 있게 여겨지는 대부분의 자원과 전략적 역량 및 핵심 역량은 경로의존적이다. 경로의존적이라는 말은 그러한 것이 과거의 행동과 경험에 의해 결정되며, 통상적으로 개발에 많은 시간이 소요된다는 것을 의미한다. 경로의존성은 암묵지 활용을 통해 강화된다. 예를 들어, 뛰어난 유치원 교사가 교실에서 학생들의 열의와 창의성을 억누르지 않고서도 질서를 유지해내는 능력을 어떻게 확보했을지에 대해 생각해보자. 한편, 전략적인 가치를 갖는 자원은 사회적으로 복잡하다. 이는 그러한 자원들이 서로 조화를 이뤄 일하는 사람을 통해 현실화된다는 것을 의미하는데, 특히 공식적인 직무기술서와 보고관계를 초월하여 호혜적인 상호의존성을 토대로 조화롭게 일하는 것을 통해 현실화된다. 예컨대, 승객, 날씨, 장비, 수화물, 예상 밖의 문제 등이 시시각각 바뀜에도 불구하고, 항상 아주 짧은 시간 내에 비행준비를 완료해내는 사우스웨스트 항공사 직원의 임기응변적인 협업체계를 생각해보자. 경로의존성과 사회적 복잡성은 일관된 행동패턴을 강화시키는 경향이 있다. 특정한 상황을 관리하기 위해 형성된 행동양식의 독특성이 강할수록, 상황이 크게 바뀌었을 때 그러한 행동패턴을 변화시키기가 훨씬 더 어려워진다.

지식경제의 유동적인 시장은 뛰어난 전략적 역량과 핵심 역량을 요구하지만, 그와 아울러 유연성과 다재다능함을 요구한다. 이는 전략적인 가치를 갖는 자원과 전략적 역량 그리고 핵심 역량이 동태적이어야 한 다는 사실을 의미한다. 기업이 보유하고 있는 기초 자원은 그 자체만으 로는 아무런 효과를 내지 못한다. 즉 사람이 개입하지 않고서는 그러한 자원은 아무런 가치도 창출하지 못한다(Schneider, 1997). 또한 사람이 기 여하지 않으면 자원을 한데 모아 전략적 역량으로 만들거나 핵심 역량 으로 전환시키기가 불가능하다. 의사결정자가 없다면 최첨단 의사결정 지원시스템이 무슨 소용이 있겠는가? 영화를 제작하는 사람이 없다면 최신식 필름과 첨단 카메라 그리고 뛰어난 특수효과 장비가 무슨 가치 를 갖겠는가? 사람은 다양한 자원과 전략적 역량 그리고 핵심 역량에 들 어 있는 가치창출 잠재력을 현실화시킬 뿐만 아니라, 동태적 행동을 가 능하게 만들어주는 주된 원천이 된다. 지금까지 설명한 내용은 기업의 인적자본이 가치창출의 출발점이자 연결세포라는 사실을 보여주는 것 이며, 인간의 행동을 조화시키는 것이야말로 기업의 전략활동의 중추라 는 주제를 다시 한 번 반복하는 것이다.

새로운 인사관리에 필요한 인사부서의 새로운 역할

앞서 지적했듯이, 전통적인 인사부서에서 찾아볼 수 있는 관행과 관 점 중 많은 부분은 직무에 사람을 적절히 배치하고, 전략에 맞춰 직무를 설계하고, 직원들이 다양한 공헌을 통해 전문적이고 능률적으로 가치창 출에 기여할 수 있도록 만드는 데 적합하게 되어 있다. 인사부서는 이미

정해진 전략적 의도에 따라 반응하는 데 능숙해졌다. 필자들은 지식경제가 인적자본으로부터 과거와는 다른 공헌을 요구하고 있으며, 이에 따라 과거와는 다른 인사관리를 필요로 하고 있다고 믿는다. 이제는 인사부서가 주도권을 가지고 경쟁력 있는 가치창출 토대를 설계해야 할 때가 되었다. 지식경제의 인사부서는 일관성과 혁신 두 가지 모두를 보상해주고 아울러 집념과 유연성 두 가지 모두를 가치 있게 여기는 환경 속에서, 직원들이 자원을 최대한 활용하고 전략적 역량을 창출하며 핵심 역량을 육성할 수 있게 만들어주는 데 초점을 맞춰야만 한다. 인사관리는 재능 있는 인재를 기존의 과업에 맞춰 배치하는 일보다는 창조적 긴장을 유지시키는 일을 통해 더 큰 기여를 하게 될 것이다. 이는 인사 전문가가 인적자본 스튜어드, 지식 촉진자, 관계 구축자, 신속 인력운용 전문가 등의 네 가지 역할을 적극적으로 포용할 때 가능해질 것이다.

인사부서는 인적자본 스튜어드로서 기업이 보유한 지식, 숙련기술, 능력, 관심, 재능을 개발·활용·갱신·육성하여 전략적 역량에 공헌한다. 인사부서는 개별 직원의 실력과 역량을 파악하고 신장시킴으로써 모든 개별 직원이 부가가치 창출에 기여하도록 도와주어야 한다. 더 나아가 인사부서는 기업의 전략적 역량을 새롭게 만들고 활력을 불어넣는 일이 단발성 행사가 아니라 지속적인 활동이 될 수 있도록 만들어 전략적 역량에 공헌해야 한다. 자원 유연성과 조정 유연성 그리고 장기간에 걸친 적응력을 확보하는 것은 인적자본 스튜어드가 담당해야 할 중요한 책임이다. 인적자본 스튜어드가 이끌어야 할 혁신활동에는 익히 알려진 여러 가지 훈련 및 개발활동이 포함되어 있지만, 지속적 학습과 탐구가 이뤄지고 개인이 책임을 지고 진부화를 예방하는 것이 자리잡힌 문화를 창출하는 일도 포함된다. 인적자본 스튜어드로서의 인사부서는 가치관을 형성시키고 직원이 주도권을 갖고서 유연하고 동태적인 사업환경 속에서 자신의 판단력을 발휘할 수 있는 분위기를 조성시켜주어야 한다. 인사부서는 직원과 인사부서 사이에 의존 관계를 만들어내기보다는, 인적자본을 증대시키는 일, 헌신을 제고시키는 일, 효과를 발휘할 수 있는 기회에 대한 인식력을 확대시키는 일, 그리고 적응력을 향상시키는 일 등에 초점을 맞춤으로써, 직원과 인사부서 사이에 파트너 관계를 형성시키는 역할을 해야 한다.

또한 인적자본 스튜어드는 조정이 가능한 광범위한 인재 풀을 만들어 전략적 역량에 공헌해야 한다. 이를 위해 인사부서는 핵심인력과 전문인력 및 외부연결인력을 적절하게 조합하고, 여기에 공동생산 과정에 기꺼이 참여하여 생산성을 향상시키고자 하는 의지를 지닌 유연채용 인력과 중개 서비스업체, 계약업체, 고객, 공급업체, 기타 인력을 보완시키는 설계방안을 마련해야 한다. 인사부서가 전략적 역량에 중요하게 공헌할 수 있는 부분은 잠재적인 기여자를 실질적인 기여자로 변환시키는 데 있다. 기업은 지적자본을 소유하는 것이 아니라 빌리는 것이라고 가정한다면, 인사부서가 광범위하고 유연하며 의미 있고 맞춤화된 형태의 인센티브 · 보상 · 평가 시스템을 고안해내어, 직원이 최선을 다해 기여하고 높은 성과를 낼 수 있는 기회를 모색할 수 있도록 힘을 불어넣어야 한다는 점이 분명해질 것이다.

고든 맥켄지의 용어를 통해 설명하면(Gordon MacKenzie, 1992), 인적자본 스튜어드십을 수행한다는 것은 직원들이 행동궤도를 유지하게 해주는 것이다.

행동궤도 유지*orbiting*란 책임감 있게 창의성을 발휘하는 것이다. 기업의 사명을 달성하고자 하는 정신을 잊지 않고, 기업 의식구조의 실타래에 휘감기지 않으면서, 다시 말해 '기존의 사고 틀이나 패턴 또는 기준'을 초월하면서, 적극적으로 탐색하고 활동하는 것을 말한다. 기업 의식구조의 실타래에 휘감기지 않고 행동궤도를 만들어낸다는 것은 조직의 관료제에 매몰되지 않으면서도 조직의 물리적·지적·철학적 자원을 활용하는 균형점을 찾아내는 것을 말한다. 어떤 사람이 조직의 일원이 될 때에는 자신만의 신비한 잠재력 arcane potency을 가지고 들어가게 되는데, 그러한 잠재력은 그 사람의 독특성 uniqueness에서 비롯된 것이다. 그러한 잠재력은 독창적이고 측정 불가능하며 모방 불가능한 개인의 역사가 복잡하게 얽혀서 만들어진 것이다. 따라서 어떤 사람이 조직에서 노력을 쏟는다면 그 어느 누구도 할 수 없는 무언가에 공헌할 수 있다. 사람의 독특성 속에 힘power이 있다. …… 하지만 그 사람이 조직문화라는 최면에 걸리면, 자신만의 신비스러운 힘magic과 분리되어 조직의 목적을 달성하는 데 그 힘을 사용할 수 없게 된다. 어떤 사람이 세상에 하나뿐인 자신만의 신비한 힘을 놓치면, 그 사람은 조직의 일개 부품으로 전락하게 된다. 조직문화가 최면을 걸어오는 주문에 귀를 막고, 조직의 목적에 적절한 공헌을 하겠다는 전념 상태를 유지하려면 미묘한 균형감각이 필요하다. 그러나 그러한 균형을 찾아내고 유지할 수만 있다면 행동궤도 유지가 가능하다.

넓은 의미로 보면 지식이 인적자본의 핵심이다. 그렇기 때문에 효과적인 인적자본 스튜어드가 되려면 지식촉진의 명수가 되어야 한다. 이 두 가지 역할은 불가분하게 뒤얽혀 있다. 지식 촉진자로서의 인사전문가는 조직 역량과 핵심 역량의 근원을 개발하는 데 기여해야 한다. 사람들이 알고 있는 것, 사람들이 갈고 닦은 숙련기술, 사람들이 해석한 관측 내용, 사람들이 효과적으로 행동할 수 있는 상황 등은 조직의 전략적 역량과 핵심 역량을 구성한다. 인사부서가 효과적인 지식 촉진자가 되기 위해서는 몇 가지 과제를 수행해야 한다. 즉 데이터와 경쟁업체 동향 정보 및 활용 가능한 정보를 확장시키는 일, 정보를 행동에 활용할 수 있도록 접근성과 분류 및 해석을 촉진하는 일, 목적에 대한 합의를 이끌어내면서 다양한 아이디어를 유지시키는 일 등을 수행해야만 하는 것이다.

지식 촉진자로서의 인사전문가는 개인 수준에서의 통달individual mastery과 집단 수준에서의 기교collective artistry가 요구되는 복잡한 무용을 지휘해야 한다. 지식 촉진자의 역할은 직원들에게 그들이 알아야 할 필요가 있는 것을 가르치는 것이 아니다. 직원들에게 가르치는 일은 기술적 전문성과 특수한 정보를 필요로 하는 경우가 많기 때문에 인사관리의 영역을 벗어나는 경우도 많다. 아트 클라이너는 개인적 통달personal mastery을 다음과 같이 정의한다(Art Kleiner, 1994:194). "결과를 가져오는 역량뿐만 아니라 결과를 가져오는 방법의 저변에 깔려 있는 원칙에 '통달하는' 역량을 말한다. 개인적 통달은 자신을 둘러싸고 있는 여러 영향요인을 이해하고 활용할 수 있는 능력과 의지에서 나온다." 개인 수준에서의 통달을 촉진하려면, 인사전문가는 개인 코치(개발에 대한 투자를 맞춤형으로 설계해줄 수 있어야 한다)가 되어야 하고, 자원을 획득해주어야 하며(학습이 이뤄질 수 있는 환경을 조성해주어야 한다), 적절한 지원을 해주어야 하고(학습이 위험하거나 불편해질 때를 짚어내어 도와주어야 한다), 평가를 해주어야 한다(현재 습득하고 있는 것에 대해 지속적으로 피드백을 해주어야 한다). 집단 수준의 지식경영을 하려면 관계지향적 태도가 필요하다.

인적자본 스튜어드 및 지식 촉진자 역할을 효과적으로 수행하는지 여부는 풍부한 관계망을 개발할 수 있는지 여부에 의해 일부 결정된다. 인적자본 스튜어드 및 지식 촉진자 역할은 관계 구축자 역할과 폭넓게 연결되어 있다. 인적자본 스튜어드와 지식 촉진자 역할은 조직 내의 공동체라는 맥락 내에서 가장 잘 수행될 수 있다. 공동체는 여타 형태의 사회적 집단보다 훨씬 더 활력 있고 능숙하게 환경과 함께 공진화共進化한다(Peck, 1987). 공동체를 구축하려면 어떠한 것이 필요한가? 공동체 인에서 이뤄지는 의사소통과 관계는 많은 직장에서 전형적으로 찾아볼 수 있는 침착의 가면masks of composure을 쓰고 나누는 의사소통이나 관계보다 훨씬 더 깊은 수준에서 이뤄진다. 공동체는 상호의존성과 상호존경이라는 특성을 갖는다(Ghoshal & Bartlett, 1995). 공동체 구성원은 서로 매우 친밀하며, 끊임없는 언어적·비언어적 의사소통을 통해 허심탄회하게 교류한다(Eisenberg, 1990). 공동체 구성원은 공통의 관심사를 갖고 있으며 관계망 내의 다른 사람이 직면하고 있는 문제상황을 함께 해결하는 데 헌신한다(Weick, 1993). 공동체 구성원은 일반적으로 훌륭한 조직시민(Bateman & Organ, 1983)이다. 공동체는 기업 전체에 대한 충성심을 갖게 되어 개인 수준에서의 성과와 집단 수준에서의 행동 사이에 균형을 유지한다(Senge, 1990). 복합적이고 진솔하며 건강한 관계가 공동체를 만들어낸다. 인사부서가 기업 내부 및 외부와 공동체 관계를 형성하면, 자원을 활용하고 역량을 창출하며 핵심 역량을 개발할 수 있는 기반이 조성된다.

주아니타 브라운Juanita Brown과 브라이언 스미스Bryan Smith 그리고 데이비드 아이작스David Isaacs는 조직 내부에 공동체를 구축하는 데 도움을 주기 위해 인사부서가 취할 수 있는 조치에 관련하여 몇 가지 유용한 제안을 하고 있다(Brown et al., 1994). 첫째로, 공동체는 실제 필요와 실제 업무를 중심으로 구축되기 때문에, 관계 구축자는 직원들이 역사적으로 수행해온 활동으로부터 부가가치를 창출시켜주는 업무를 명확하게 파악해냄으로써 가치 있는 기여를 할 수 있다. 둘째로, 단순하고 건전한 활동이 생산성에 가장 크고 다양한 영향을 미치는 경향이 있다. 셋째로, 공동체는 경험을 공유함으로써 형성된다. 따라서 관계 구축자로서의 인사관리자는 직원들이 함께 일하면서 체득할 수 있는 경험을 만들어내야 한다. 넷째로, 인사부서는 직원들이 실제로 가까이 있지 않더라도 동일한 장소에 있는 것처럼 느낄 수 있는 방법을 고안해내야 한다. 대면 접촉은 의미 있게 느껴져 기억에 남을 수 있는 방식으로 이뤄져야 한다. 가상적인 연결은 친밀하고 솔직하며 의미 있는 아이디어를 공유할 수 있도록 설정되어야 한다. 끝으로, 주아니타 브라운과 그 동료들은 조직이 소위 '조이지아 잔디 묘zoysia plugs'를 찾아내고 일구어 나가야 한다고 주장한다.

> 조이지아 잔디는 원산지가 아시아 지역인 초본식물(풀)인데, 잔디밭을 조성하고자 할 때 사용된다. 잔디 묘苗를 일정하게 떼어 산재식재散在植栽한 후 물과 비료를 주면, 수년 내에 지상 및 지하 줄기가 성장·발달하여 지표면을 덮고 잔디밭이 조성된다(잔디는 지하에서 뿌리가 뻗어나가고 지상에서는 줄기가 뻗어나가 서로 뒤엉킴으로써 지표면을 덮어버리는 독특한 특성을 지니고 있다-옮긴이 주). 조직에서 '조이지아 잔디 묘'는 열정을 공유한 사람을 말한다. 이들은 '일을 완수하는 방법'을 알고 있는 비공식적 리더다. 그들이 어디에 있든지 이들을 찾아내어 수단과 방법을 가리지 말고 지원하라. 결국에 어느 정도 수준의 임계질량critical mass에 도달하면, 기업 전체의 분위기가 바뀌었다는 것을 느낄 수 있을 것이다(Brown et al., 1994:527).

따라서 인사전문가는 개별 직원이 강력한 관계망을 구축하는 것을 도와줌으로써, 기업이 자원을 활용하고 전략적 역량과 핵심 역량을 개발하는 능력을 향상시키는 데 기여할 수 있다. 관계망 구축을 도와주는 일 중 일부-실행자 공동체를 만드는 일 등-는 '까다롭고' 지속적으로 이뤄져야 할 일이다. 다른 일은 비교적 느슨하며, 특정한 형태의 교류나 행사에만 초점을 맞춰도 된다.

세 가지 역할(인적자본 스튜어드, 지식 촉진자, 관계 구축자) 각각은 조직의 수용능력과 즉응력을 크게 강조하는 경향이 있다. 지식경제의 인사부서가 필요로 하는 마지막 역할은 행동을 강조하는 역할이다. 신속 인력운용 전문가로서의 인사전문가는 기업의 인적자본과 지식 그리고 관계를 동원하여, 뛰어난 성과를 신속하고 능률적이고 유연하게 달성해야 한다. 인사관리를 담당하는 많은 사람의 입장에서는, 이러한 역할이 현재 자신이 취하고 있는 시각과는 완전히 다를 것이다. 이러한 역할은 조직 전체 수준에서 나타나는 결과에 초점을 맞춘다. 성공에 대한 평가는 인사관리가 제 몫을 다했느냐에 따라 내려지는 것이 아니라, 조직이 전략적 의도를 완수했느냐에 따라 내려진다.

시장에서 취할 수 있는 경쟁력 확보 조치(현상유지에 도전하는 시장중심의 새로운 경쟁활동)의 종류가 늘어나면서 많은 기업은 경쟁이 더욱 공격적으로 바뀌는 현상을 경험하고 있다(Ferrier, Smith & Grimm, 1999). 다베니가 주장하듯이(D´Aveni, 1994), 끊임없이 이뤄지는 다양한 경쟁활동이 전략적 성공을 지속적으로 만들어낼 가능성이 높다. 공격적이고 변화무쌍한 시장에서는, 비교적 단순하고 좁은 범위의 전략적 활동에 의존하는 기업은 성과가 저하될 수밖에 없다(Miller & Chen, 1996). 동태적인 경쟁에서 성공을 거두려면 신속하게 움직이고 상대방이 예상하지 못하는 행동을 결단력 있게 취함으로써 경쟁업체가 혼란을 느끼고 반응을 더디게 만드는 능력을 갖춰야 한다(D´Aveni, 1994). 지식경제는 공격적으로 전개되며, 전례도 찾아볼 수 없고, 가치창출 활동이 매우 다양하게 이뤄진다는 특성을 지니고 있기 때문에, 신속한 인력운용은 경쟁우위의 주된 원천이 된다.

하지만 신속한 인력운용은 인적자본 개발과 관계 구축 및 지식경영과 상호 의존하고 있다. 기업이 다양한 경쟁활동을 축적해나갈수록, 그러한 경쟁활동을 실행에 옮기는 방법에 관련된 새로운 행동 레퍼토리와 관행 그리고 지혜는 늘어난다(Ferrier, Smith & Grimm, 1999). 이와 같이 네 가지 역할은 인사부서가 현재와 미래에 대처하는 기업의 전략적 역량에 공헌할 수 있게 만들어준다. 이러한 네 가지 역할은 건전하다. 엑클스와 노리아의 주장을 빌리자면(Eccles & Nohria, 1992), 건전한 조치는 단기적인 목표를 달성함과 동시에 장기적인 유연성을 확보하게 해준다.

인사부서는 네 가지 역할을 수행함으로써 경로의존적으로 투자해온 것을 활용할 수 있으며, 아울러 인재에 대해 새로운 가능성을 찾고 인재를 창조적으로 활용하는 것을 통해 기업의 과거와 미래를 이어주는 가교가 될 수 있다. 네 가지 역할을 결합시키면 인사부서는 계획수립과 기회 활용을 동시에 포용할 수 있다. 또한 철저한 계획에 따른 결단력 있는 행동과 더불어 새롭게 등장하는 아이디어와 방향에 대한 수용력을 함께 갖출 수 있게 된다. 따라서 조직적 학습과 탐구가 동시에 이뤄지게 된다. 끝으로, 이러한 네 가지 역할은 다양한 활동과 관점 그리고 도전 과제를 포용한다. 이들을 연결시켜주는 고리는, 사람을 경쟁우위의 주된 원천으로 보는 것이다.

인사부서에서 전략적 역량 부서로

전통적인 인사부서가 지식경제의 요구를 충족시키는 데 있어 너무 제한적이라면, 지식경제의 요구에 좀더 잘 대응할 수 있게 만들기 위해서는 인사부서의 틀을 어떻게 짜야 할 것인가? 세인트온지는 인사부서가 지식경제에서 어떻게 빌진될 수 있는가에 관한 청사진을 제시하고 있는데, 캐나다의 클래리카 생명보험사 *Clarica Life Insurance Company*는 그 생생한 사례를 보여주고 있다. 아직은 또 다른 이름을 붙일 단계가 아닌 것 같지만(인사부에서 인적자원관리부로 이름을 바꾸는 데 있어서도 많은 사람이 고통을 느끼고 있기 때문이다), 세인트온지는 새로운 조직 단위에 전략적 역량 부서 *strategic capabilities unit*라는 이름을 붙이고 있다. 이는 모든 인사관리 방침·관행·프로세스·프로그램을 '개인 및 조직의 역량 창출을 고객과 연결시키고 또한 기업의 전반적인 가치창출 전략에 연결시킨다'는 하나의 명확한 초점에 맞춰 통합시키는 것을 말한다. 이러한 조직은 개인과 조직이 상호작용을 하면서 역량을 개발하도록 설계된다. 이렇게 설계된 부서는 전통적인 인사부서와는 현격하게 대비된다. 전통적인 인사부서는 방법과 기법에만 의존함으로써 아무런 파급효과도 없는 '활동만 양산하는 함정'에 빠지게 되는 일이 종종 있으며, 역량을 창출하기보다는 의존적 관계를 촉진시키는 방향으로 통제하는 경향이 있기 때문이다.

인사전문가가 이러한 네 가지 역할을 실행에 옮기면 조직구성원은 개인 수준에서는 자기주도권 *self-initiative*을 갖게 되며, 집단적 수준에서는 주인의식 *ownership*을 갖게 된다. 직원은 자신의 성과와 학습 그리고 경력에 대해 완전한 주인의식을 갖게 된다. 상징적으로 볼 때, 조직은 종업원과 고용계약을 맺기보다는 '구성원 자격 계약 *membership contract*'을 맺게 된다. 구성원 자격 계약은 '내 자신의 주인은 나다'는 원칙과 '나의 안녕은 내 자신이 주도적으로 습득하는 역량에 의해 좌우된다'는 원칙에 기반하고 있다. '구성원 *member*'이라는 개념은 매우 중요하다. 왜냐하면 '피고용인/종업원 *employee*'이라는 단어는 조직과 개인 사이에 전개되는 다면적인 관계를 더 이상 적절히 포착해주지 못하기 때문이다. 기업이 고객에게 가치를 창출하는 것을 돕는 작업에 관여하는 사람은 '구성원'이라고 할 수 있다. 인적자본 스튜어드를 다루면서 기업이 활용할 수 있는 인적자본의 공급원은 수없이 많다고 말했다. 인적자본의 공급원 중 많은 부분은 기업의 경계 밖에서 찾아내야만 한다.

전통적인 인사부서의 명칭을 '멤버십 서비스 *Membership Services*'라는 이름으로 대체하고 있는데, 이 또한 발전하고 있다. 인사 서비스는 직원과 관리자에게 3단계로 제공된다. 1단계는 관리자와 직원이 대부분의 인사행정처리 업무를 인트라넷과 이메일을 통해 수행하게 해준다. 2단계에서는 살아 있는 사람 – 또는 '멤버십 서비스 대행자 *membership service representative*' – 이 (전화를 통하거나 직접) 1단계에서 해결될 수 없는 문제를 해결해준다. 끝으로 3단계에서는 개인 역량 컨설턴트 *individual capability consultants*가 필요할 때 개인적으로 개입하여 좀더 복잡한 문제를 해결해준다.

멤버십 서비스 외에도 조직 전체의 핵심 사업 팀에 소속되어 있는 '조직 역량 컨설턴트'가 있다. 이들은 리더십과 문화, 프로세스, 구조, 전략을 정렬시키는 것(즉 조직 역량의 창출을 촉진시키는 것)을 목적으로 한다. 이들은 변화관리 프로세스가 조직 전체 부서를 보완시켜줄 수 있도록 만들어주는 데 있어 핵심적인 역할을 담당한다. 그들을 또한 조직의 변혁과 쇄신에 필요한 '변화 즉응력'을 확보하는 책임을 진다.

'지식 팀knowledge team'은 기업의 지식자산을 최대한 활용할 수 있도록 기술 시스템과 인적 시스템을 통합시키는 역할을 한다. 이들은 '지식 창고knowledge depot'—조직의 지식 저장소knowledge repository—를 설계할 뿐만 아니라, 실행자 공동체의 형성을 촉진시킨다.

멤버십 서비스와 조직 역량 컨설턴트 그리고 지식 팀은 모두 기업의 전략적 역량을 창출해낸다. 이들의 성공 여부는 고객관계의 개선, 새로운 시장 추세에 대응하는 기민성과 일관성의 향상, 학습의 가속화, 인적자본과 사회자본의 습득 등을 통해 측정될 수 있다. 세인트온지가 말하듯이, 이렇게 함으로써 클래리카 생명보험회사를 '만들어 파는 조직'에서 어떤 경쟁자보다도 빨리 시장추세 변화와 고객의 선호 변화에 대응하는 능력을 갖춘, '감지하고 반응하는 조직'으로 변혁시켰다.

클래리카 생명보험회사는 지식경제의 도전에 직면하여, 과거의 기능부서 장벽을 제거함으로써 인사부서를 변혁시켰다. 그렇게 하여 인적자본 스튜어드, 지식 촉진자, 관계 구축자, 그리고 신속 인력운용 전문가라는 네 가지 새로운 역할을 모두 포용할 수 있었다. 클래리카 생명보험회사의 특이한 조직구조는 지식경제를 살아가는 모든 인사부서의 설계도면이 될 수도 있겠지만(또는 되지 않을 수도 있겠지만), 그러한 조직구조가 기반으로 삼고 있는 심층적인 원칙과 가정은 여간해서 흔들리지 않을 것이 분명하다.

결론적으로, 변화는 우리가 그것을 원하거나 포용할 때 일어난다. 그리고 인사부서에 변화가 닥치게 될 것이다. 변화가 어떠한 영향을 미칠지는 불확실하다. 20세기의 산업화 시대에 효과를 발휘했던 원칙과 방법을 고수하면서 운영한다면 인사전문가의 중요성은 감퇴할 것이며, 인사전문가가 조직의 유효성에 직접적으로 기여할 수 있는 능력도 쇠퇴할 것이다. 하지만 지식경제에 인사관리가 담당해야 할 역할에 대해 다시 한 번 생각해본다면, 인사부서는 과거에 운영되었던 방식과 판이하게 달라질 것이며, 직접적으로 조직의 성공에 크게 기여할 수 있을 것이다.

옮긴이의 말

2003년 4월에 인터넷 서점에서 우연히 이 책의 원서인 Human Resource Management in the Knowledge Economy를 접하게 되었다. 경영학자인 렝닉홀 박사 부부는 각각 인사관리와 전략경영을 전공했기 때문에, 흔히 볼수 있는 공저자는 아니다. 공저자의 특성에 걸맞게 이 책은 "인사관리와 전략경영을 가장 잘 통합시킨 역작"이라는 평가를 받고 있다. 지식경제 시대에 인사관리는 어떠한 역할을 해야 하는가를 명쾌하게 제시한 이 책을 매우 흥미롭게 읽었고 많은 도움을 받았다. 그랬기에, 지식경제라는 새로운 경제체제 내에서 인사를 어떻게 풀어가야 할지 고민하는 인사담당자뿐만 아니라 사람 문제로 고민하는 경영자와 관리자, 그리고 인사관리에 관심을 갖고 있는 학생과 연구자 모두에게 이 책을 번역, 소개해야겠다고 결심했다. 그동안 대학과 대학원에서 인사관리를 강의해왔고 인사관련 컨설팅 작업을 수행했으며 현재 기업에서 인사를 담당하고 있는 옮긴이의 입장에서는, 이 책을 읽고서 강의자와 컨설턴트 그리고 실무자로서 인사관리를 접하고 실행에 옮기면서 아쉽게 느꼈던 부분을 어느 정도 해소했으며 느낀바가 많았다.

강의자로서 보기에, 이 책은 특히 직장 경험이 없는 학생들을 대상으로 강의를 할 때 추가적인 주제로 삼아야 할 내용이 정리되어 있다. 덜 따분하고 학생들도 흥미를 가질 수 있는 인사관리 강의를 할 수 있지 않을까 기대해본다. 컨설턴트로서는, 클라이언트에게 '방법이나 기법(How)' 만을 생각하기에 앞서 새롭고 추가적으로 생각해보아야 할 '주제 영역(What)' 과 '그렇게 해야만 하는 이유(Why)' 를 환기시키고, 꼭 필요한 새로운 '주제 영역' 에 맞춘 솔루션을 찾아내는 데 초점을 맞추어야겠다는 다짐을 해보았다. 인사담당자로서는, 실무에만 매몰되어 있다 보니 잠시 잊고 있었던 '꼭 해야 하지만 제대로 못하고 있는 일' 을 다시 한 번 상기할 수 있는 기회를 얻었으며, 그것을 반드시 해야만 하는 '이유' 를 정리할 수 있었다.

옮긴이는 현재 기업에서 인사를 직접 담당하고 있다. 그러면서도 가능한 한 강의자 그리고 컨설턴트로서의 시각을 잊지 않으려고 노력한다. 그러다 보니 인사관리의 내용과 방법이 많이 바뀌고 있음이 좀더 절실하게 와 닿는다. 우선 내용 면에서, 과거에는 인사부서가 관할하던 업무 중 많은 부분이 현업부서에 이관되거나, 인사 ERP의 모듈로 스며들어가거나, 아웃소싱

되고 있기 때문에 전통적인 업무 영역은 축소되고 있다. 하지만 조직역량 강화, 지식경영, 학습조직, 변화관리, 새로운 정보통신기술 도입 등 인사부서가 관여해야 할 부분이 새롭게 늘고 있다. 방법 면에서는, 과거의 행정 업무 중 많은 부분이 인사 ERP나 관련 소프트웨어를 통해 자동적으로 그리고 훨씬 효율적으로 처리되고 있으며, 그 처리 작업조차도 현업부서에서 진행되는 경우가 많다. 실무 경험에 비추어 보면, 《HR Champions》에서 데이브 얼리치*Dave Ulrich*가 인사전문가의 역할로서 제시한 네 가지 중 행정전문가와 직원옹호자 역할은 (여전히 수행해야만 하는 중요한 역할이긴 하지만) 비중이 점점 줄어들고 있다. 전략적 파트너와 변화주도자라는 나머지 역할을 제대로 수행하지 못할 경우 인사담당자의 위상은 점점 약화될 수밖에 없을 것이며 살아남기 힘들어지리라는 것이 실무를 담당하면서 느낀 점이다.

그렇다면 인사담당자로서 '입지를 강화시키고 살아남기 위해' 새로운 역할을 수행해야 한다는 말인가? 아니다. 단순히 입지를 강화하고 살아남기 위해서가 아니라 조직의 '가치창출에 직접적으로 기여하기 위해' 새로운 역할을 담당해야 한다. 그러면 지금까지 수행되고 있는 전통적인 인사관리 활동의 방향이 잘못되었고 조직의 가치창출에 기여하지 못하고 있다는 말인가? 이 책의 의견을 빌리면, 인사관리는 그동안 산업경제의 요구를 능률적이고 효과적으로 충족시켜왔으며, 지금도 가치창출에 어느 정도 기여하고 있다. 현재 대부분의 조직에서 수행되고 있는 충원·평가·보상·유지·개발 등의 인사관리 기능을 제대로 수행하는 것만으로도 산업경제가 요구하는 수준을 어느 정도는 충족시킬 수 있다. 그러나 저자는 "지식경제가 던지는 도전과제를 포용할 수 있도록 인사관리를 재창조하지 않는다면, 인사관리는 경쟁우위의 중요한 원천이 되기보다는 기업 경쟁력을 잠식하는 제한요인이 될 것"이라고 주장한다.

이 책 전체를 관통하는 주제는 인사담당자가 운영적*operational* 수준 또는 기능적*functional* 수준의 역할만 담당하는 전통적인 역할에서 벗어나야 한다는 것이다. 운영적/기능적 수준의 인사관리 활동은 오늘날에도 반드시 필요한 것이기는 하지만 기업의 직접적인 가치창출과는 동떨어진 경우가 많다. 때문에 인사관리는 과거의 관료적인 모습을 탈피하고 최고의 지성과 사고력을 갖춘 인재들이 지속적으로 몰입할 수 있게 하는 데 초점을 맞추어야 하며, 전략적 수준의 역할을 좀더 적극적으로 활발하게 담당함으로써 가치창출에 직접적으로 기여해야 한다는 것이다. 아울러, 지식경제 인사관리의 과제로서 전략적 역량 구축, 인사관리의 경계 확장, 새로운 역할 관리가 이루어져야 한다고 역설한다. 지식경제의 인사관리는 무형자산을 기반으로 가치를 창출해내는 전략적 역량을 구축하는 데 초점을 맞추고, 인사관리의 대상 영역을 가치사슬 전체로 확장시켜야 한다. 이를 위해서는 인사관리자가 인적자본 스튜어드, 지식 촉진자, 관계 구축자, 신속 인력운용 전문가라는 역할을 수행해야만 한다는 것이다. (여기서 주의해야 할 점은 운영적 또는 기능적 수준의 전통적 인사관리의 역할을 무시하고 네 가지 역할에만 집중하라는 것은 아니라는 점이다. 전통적인 인사관리 기능의 효과적이고 효율적인 수행은 기본요건이며, 이에 '추가적으로' 지식경제가 던져주는 도전과제를 해결해야 한다.)

이 책에 제시된 역할들이 완전히 새로운 것은 아니다. 조직이나 담당자의 특성에 따라 인사담당자가 그러한 역할 중 일부를 수행하는 곳도 있고, 인사가 아닌 다른 부문에서 이러한 역할 중 일부를 수행하는 경우도 있다.

역할 중 일부가 어디선가 수행되고 있는 조직은 그래도 다행인 셈이다. 하지만 기존 인사관리에 추가적으로 그러한 역할을 수행해야만 한다는 사실을 전혀 인식하지 못하고 있거나, 해야 하는 줄 알고 있음에도 실천에 옮기지 못하는 조직은 지금 당장은 어떻게든 버텨낼지 모르지만 조만간 어려움에 처할 것이다. 특히, 산업경제 시대의 패러다임에만 사로잡혀 지식경제 시대의 패러다임을 포용하지 못하는 경영자나 관리자들의 시각에는 그러한 역할 수행이 '쓸데없는 짓'이나 '사치'로 보일 것이다. 무형자산이나 지적자본의 실체를 인정하지 않는 사람들에게는, 그러한 네 가지 역할이 왜 필요한지가 이해되지 않기 때문에 역할의 내용과 수행방법을 설명하는 것 자체가 무의미할 것도 같다.

그런 부정적인 생각이 앞선다 해도, 이 책에서 제시하는 역할 수행을 결코 포기해서는 안 될 것이다. 왜냐하면 지식경제에서 경쟁력을 확보하려면 그러한 역할 수행은 '선택'이 아닌 '필수'이기 때문이다. 누군가 그 역할을 해야 한다면 가장 잘해낼 수 있는 사람이 해야 할 것인데, 그 사람은 바로 인사담당자라는 것이 저자의 주장이다. 하지만 그러한 역할은 인사담당자뿐만 아니라 관리자라면 누구라도 수행해야 할 소임일 것이다. 특히 인사기능 중 많은 부분이 현업으로 이관되어 수행되고 있는 현재의 상황에서는 더욱더 그렇다. 조직의 무형자산으로부터 가치를 창출해내는 일은 모든 관리자들의 책임인 것이다.

조직의 구성원이라면 누구나 가치창출에 기여해야 할 소임이 있다. 가치창출에 간접적으로나마 기여를 하지 못하고 오히려 가치를 파괴하는 사람은 그 조직에 존재가치를 갖지 못한다. 여기서 말하는 '가치'에는 금전 단위로 전환될 수 있는 '유형 가치' 뿐만 아니라 '무형 가치'도 포함된다. 손익 개념에 길들여진 경영자와 관리자들에게 가치 판단은 유형 가치 중심으로 이루어지기 쉽다. 유형 가치를 전혀 창출하지 못하는 임직원은 정말로 조직에 아무런 '가치'도 만들어내지 못하는 것일까? 그렇다면 대차대조표나 손익계산서에 반영될 수 있는 가치를 만들어내지 못하는 소위 '간접 직원overhead staffs'은 조직에 존재 가치가 없는 것일까? 한편, 전년도보다 두 배 높은 매출액을 달성하고 순익을 다섯 배나 신장시킴으로써 유형 가치를 크게 개선시킨 경영자가 있다고 하자. 그 비결이 인원 감축, 임금 삭감, 초과근로와 특근 강요, 교육훈련 폐지 등을 통해 인적자본을 줄이고 사회자본을 파괴시켰거나, 협력업체와 유통업체 및 고객에게 불리한 조건을 관철시켜 고객자본을 파괴시켰거나, 프로세스 개선이나 품질개선 등에 필요한 기업 인프라 투자를 억제시키는 등의 방법에 있었다고 하자. 그렇게 해서 달성한 유형 가치 증가가 무형 가치 파괴를 정당화시킬 수 있을까? 손익이 전부인 사람에게는 개선된 유형 가치만이 보이고, 파괴된 무형 가치는 보이지 않을 것이다ー무형 가치라는 것을 인정할 수 없기 때문에 무엇이 파괴되었는지조차 알 수 없을 것이다. 그래서 경영자는 주주총회를 통해 두둑한 보너스나 스톡옵션을 챙기고, 지친 직원들에게도 황금알을 낳던 거위를 잡아판 대가로 보너스가 돌아갈지 모른다. 하지만 무형자산이나 지적자본 관점에서 판단해보자. 단기성과가 중장기적인 가치창출 역량을 희생시켜 얻은 것이라면 그 경영자는 미래 수익의 원천이 되는 거위(무형 가치)를 희생시켜 황금알(유형 가치)을 얻었으므로, 장기적으로 볼 때 기업에 가치를 창출했다기보다는 파괴시킨 셈이 된다. 이 책은 그러한 패러다임 전환을 토대로 하고 있다.

'무형자산 활용을 통한 가치창조'라는 주제는 머지 않아 '티핑 포인트 *tipping point*'에 이를 것 같다(말콤 글래드웰*Malcom Gladwell*은 아주 작은 눈덩이가 움직이기 시작할 때는 아무 일도 일어나지 않을 것 같지만 결정적인 순간이 되면 눈사태가 일어나듯, 하나의 작은 흐름이 어느 순간 기존의 균형을 깨뜨리면서 걷잡을 수 없는 전염성을 유발해냄으로써 새로운 대세를 이루어내는 지점을 티핑 포인트라고 본다). 그렇게 되면 이 책에서 제시하는 네 가지 역할은 인사담당자뿐만 아니라 모든 경영자와 관리자의 역할이 될 것이다. 지금 자신이 처해 있는 조직 현실이 그러한 역할을 수행할 만한 여건이 되지 않는다 하더라도, 포기하지 말고 꾸준히 노력해가야 할 것이다. 우선은 내가 먼저 그러한 역할을 수행하고 다른 관리자와 경영자에게도 그러한 역할 수행을 요구해야 할 것이다. 그동안 미처 볼 수 없었거나, 알면서도 외면했던 무형자산 가치 관점에서 조직을 들여다보면, 조직의 가치를 진정으로 향상시키는 데 자신이 기여해야 할 내용이 무엇인지 그리고 그것을 왜 해야 하는지가 좀더 명료해질 것이다. 이 책에 언급된 대로 네 가지 역할 모두는 건전한 것이며, 건전한 조치는 단기적인 목표를 달성함과 동시에 장기적인 유연성을 확보하게 해준다. 건전한 역할을 제대로 수행하여 조직의 가치를 올린다면 내 자신의 가치는 자연스럽게 커질 것이다. 건전한 역할을 수행한다면, 유형 가치에만 사로잡혀 부지불식간에 무형 가치를 파괴하는 실수는 피할 수 있을 것이다. 저자의 말대로 "변화는 우리가 그것을 원하거나 포용할 때 일어난다".

이 책은 지식경제가 요구하는 인사관리에 대한 방법론이나 기법보다는, '무엇'을 해야 하고, 그것을 '왜' 해야 하는가를 설명하는 데 더 많은 지면을 할애하고 있다. 이는 아마도 전략경영과 인사관리의 통합이라는 비교적 최근에 개발된 분야를 다루고 있기 때문일 것이다. 물론 역할별로 '방법론이나 기법'이 제시되어 있긴 하나, 실무에서 요구하는 구체적인 수준에는 미치지 못하고 있다. 하지만 그 정도로 구체적인 방법론은 인사관리를 담당하고 관여하는 우리 모두가 아이디어를 짜내고 실천하면서 직접 찾아내야 할 부분일 것이다. 여러 인사실무자들과 컨설턴트들이 현장에서 실행에 옮기며 얻은 지식과 지혜가 어느 정도 임계질량에 도달해야만 소위 새로운 역할의 베스트 프랙티스*best practice*가 나타날 것이다. 또한 수많은 실천과 시행착오를 통해 얻은 지식과 지혜가 실행자 공동체를 통해 공유된 다음에야, 좀더 풍부한 기법과 사례가 담긴 이 책의 후속 편이 나올 수 있지 않을까 싶다. 아쉬운 점이 없진 않지만, 이 책은 인사담당자는 물론, 인사 문제로 고민하고 있는 경영자와 관리자에게 신선한 시각과 통찰력을 제공해줄 것이다. 또한 인사관리를 공부하는 학생이나 강의하는 분들에게는 새로운 연구 영역과 주제를 짚어줄 것이다. 아울러, 컨설팅이나 자문을 하는 분들에게는 새로운 솔루션을 개발할 수 있는 영역과 아이디어를 보여줄 것이다. 이 책을 통해 지식시대의 인사에 대해 새로운 관점과 지식 그리고 지혜를 얻은 독자가 계신 한 이 책을 우리말로 옮긴 보람은 사라지지 않을 것이다.

그다지 많지 않은 분량의 이 책을 번역하는 데도 여러 분들의 지원과 격려가 있었다. 책의 번역 결정 단계에서부터 많은 조언과 지원을 해주신 하나컨설팅의 송경근 대표님, 다소 딱딱한 문체로 되어 있던 초고를 꼼꼼히 읽고 부드럽게 다듬어주신 신언경 선생, 중간 완성본을 읽어보고 귀중한 조언을 해주신 대한민국 공군의 구관모 박사, 인쇄에 앞서 최종 검토를 하고 큰 도움을 주신 천안대학교 경상학부의 임효창 교수. 이 모든 분들의 애정 어린 지원으로 번역을 무사히 마칠 수 있었다. 이 분들의 소중한 도움을 마음속에 간직하고 있다. "번역은 반역"이란 말이 있다. 앞의 모든 분들의 도움은 이 책의 '번역'에만 해당된다. 원저자의 뜻을 제대로 옮겨내지 못한 '반역'이 있었다면 그것은 전적으로 나의 책임임을 밝혀둔다.

아울러, 무겁고 딱딱한 주제의 두터운 전문서적은 잘 읽히지 않는 척박한 현실 속에서도 좋은 책을 번역하도록 흔쾌히 허락해주시고 빡빡한 일정에도 불구하고 편집을 깔끔하게 마무리해주신 한언 측에 깊은 감사를 드린다.

끝으로, 퇴근 이후와 주말에 번역한답시고 컴퓨터 앞에서 씨름할 때마다 "와! 이 많은 내용을 아빠가 (컴퓨터에) 다 치신 거예요?" 하며 호기심 가득한 초롱초롱한 눈망울로 모니터를 들여다보던 나원이와 희주, 한동안 아빠 노릇과 남편 노릇을 게을리 했던 나를 너그러이 이해해주고 무한한 애정으로 감싸준 아내에게 사랑을 전한다.

2004년 7월 권상술

● **Chapter 1**

Berry, L. L. (1995). *On great service : A framework for action.* New York: Free Press.

Fahrenwald, B., Wise, D., & Glynn, D. (2001). *Business Week.* www.businessweek.com/adsections/chain/2.1/chain_index.html.

Huselid, M. A. (1997). Human resource department effectiveness. In L. H. Peters, C. R. Greer, & S. A. Youngblood(Eds.). *The blackwell encyclopedic dictionary of human resource management.* pp. 147~148. Malden, MA: Blackwell Publishers.

Intellectualcapital.org: http://intellectualcapital.org/evolution/main.html. 6/2/01.

Jacobs, J. (1965). *The death and life of great American cities.* London: Penguin Books.

Jacoby, S. M. (1985). *Employing bureaucracy: Managers, unions, and the transformation of work in American industry 1900~1945.* New York: Columbia University Press.

Kaufman, B. E. (2000). *The theory and practice of strategic HRM and participative management : Antecedents in early industrial relations.* Unpublished manuscript, Georgia State University.

Lengnick-Hall, M. L., & Lengnick-Hall, C. A. (1999). Expanding customer orientation in the HR function. *Human Resource Management Journal.* 38 (3), 201~214

Saint-Onge, H. (2001). What Is Knowledge Management? [On-line] Available : http://www.knowinc.com/saint-onge/library/strategic.htm. 5/28/01.

Stewart, T. A. (1997). *Intellectual capital: The new wealth of organizations.* New York : Doubleday.

Stewart, T. A. (July 24, 2000). Water the grass, don't mow, and wait for lightning to strike. *Fortune,* 376~378

Strategic Policy Branch, Industry Canada : http://strategis.ic.gc.ca/SSG/pi00009e.html.

Totty, M. (2001). E-Commerce (A Special Report) : Overview-The next phase : Contrary to rumor, B-to-B e-commerce is showing surprising signs of life. *The Wall Street Journal* (May 21), R8.

Ulrich, D. (1997). *Human resource champions: The next agenda for adding value and delivering results.* Boston : Harvard Business School Press.

● **Chapter 2**

Baird, L., & Henderson, J. C. (2001). *The knowledge engine: How to create fast cycles of knowledge-to-performance and performance-to-knowledge.* San Francisco : Berrett-Koehler.

Bartlett, C. A., & Ghoshal, S. (1993). Beyond the M-Form : Toward a managerial theory of the firm. *Strategic Management Journal,* 14, 23~46.

Bohlander, G., Snell, S. A., & Sherman, A. (2001). *Managing human resources.* (12th ed.). Cincinnati, OH : South-Western College Publishing.

Botkin, J. (1999). *Smart business: How knowledge communities can revolutionize your business.* New York : Free Press.

Boyette, J. H., et al., (2001, March). HR in the new economy : Trends and leading practices in human resource management. *PeopleSoft White Paper Series.*

Burton-Jones, A. (1999). *Knowledge capitalism: Business, work, and learning in the new economy.* New York : Oxford University Press.

Cortada, J. W., & Woods, J. A. (Eds.). (1999). *The knowledge management year book 1999~2000.* Boston : Butterworth-Heinemann.

Coy, P. (2000). Which compaines will thrive in the coming years? Those that value ideas above all else. *Business Week* (August 28), 76~82.

Daft, R. L. (1999). *Leadership: Theory and practice.* Ft. Worth, TX: Dryden Press.

Doz, Y., Santos, J., & Williamson, P. (2001). *From global to metanational: How companies win in the knowledge economy.* Boston: Harvard Business School Press.

Garvin, D. A. (1993). Building a learning organization. *Harvard Business Review,* 71 (4), 78~91.

Hamel, G., & Prahalad, C. K. (1993). Strategy as stretch and leverage. *Harvard Business Review,* 71 (2), March-April, 75~84.

Hecker, Daniel E. (2001). Occupational employment projections to 2010. *Monthly Labor Review.* Bureau of Labor Statistics: http://www.bls.gob/opub/mlr/2001/11/art4exc.htm.

Huang, K.-T. (1998). Capitalizing on intellectual assets. *IBM Systems Journal,* 37 (4). (Reprinted in J. W. Cortada & J. A. Woods (Eds.). *The knowledge management yearbook 1999~2000.* Boston: Butterworth-Heinemann.)

Kaplan, Robert S., & Norton, David P. (2001). *The strategy-focused organization: How balanced scorecard companies can thrive in the new business environment.* Boston: Harvard Business School Press.

Miles, R. E., et al. (1997). Organizing in the knowledge age: Anticipating the cellular form. *Academy of Management Executives,* 11 (4), 7~24.

Pascale, R. T. (1999). Surfing the edge of chaos. *Sloan Management Review,* 40 (3), 83~94.

Sartain, L. (2001). The future of HR. In *Workplace visions: Exploring the future of work.* (page 7.) Alexandrea, VA: Society for Human Resource Management.

Shipper, F., & Manz, C. C. (1992). Employee self-management without formally designated teams: An alternative road to empowerment. *Organizational Dynamics.* 20 (3), 18~61.

Tapscott, D. (1996). *The digital economy: Promise and peril in the age of networked intelligence.* New York: McGraw-Hill.

Ulrich, D. (1997). *Human Resource champions: The next agenda for adding value and delivering results.* Boston: Harvard Business School Press.

Ulrich, D. (1999). Integrating practice and theory: Towards a more unified view of HR. In P. M. Wright, L. D. Dyer, & J. W. Boudreau (Eds.). *Strategic human resources management in the twenty-first century* (Supplement 4). New York: Elsevier Science.

• Chapter 3

Barney, J. B. (1995). Looking inside for competitive advantage. *Academy of Management Executives*, 9 (4), 49~61.

Becker, G. S. (1964). *Human capital: A theoretical and empirical analysis*. New York: National Bureau of Economic Research.

Block, P. (1993). *Stewardship: Choosing service over self-interest*. San Francisco : Berrett-Koehler.

Bohlander, G., Snell, S. A., & Sherman, A. (2001). *Managing human resources*. (12th ed.). Cincinnati, OH: South-Western College Publishing.

Burton-Jones, A. (1999). *Knowledge capitalism: Business, work, and learning in the new economy*. New York: Oxford University Press.

Coleman, J. S. (1998). Social capital in the creation of human capital. *American Journal of Sociology*, 94, S95~S120.

Cortada, J. W., & Woods, J. A. (Eds.). (1999). *The Knowledge management yearbook 1999~2000*. Boston: Butterworth-Heinemann.

Curry, A., & Cavendish, S. (1998). Intellectualcapital.org: http://intellectualcapital. prg/evolution/main.html.

Daft, R. L. (1999). *Leadership: Theory and practice*. Ft. Worth, TX: Dryden Press.

Davenport, T. H. (1999). Human capital. *Management Review, 88* (11), 37~42.

Dess, G. G., & Pickens, J. C. (1999). *Beyond productivity : How leading companies achieve superior performance by leveraging their human capital*. New York : American Management Association.

Edvinsson, L., & Malone, M. S. (1997). *Intellectual capital : Realizing your company's true value by finding its hidden roots*, New York : Harper Business.

Hamel, G., & Prahalad, C. K. (1993). Strategy as stretch and leverage. *Harvard Business Review*, March-April, 71 (2), 75~84.

Kaplan, R. S., & Norton, D, P. (2001). *The strategy-focused organization : How balanced scorecard companies thrive in the new business environment*. Boston : Harvard Business School Press.

Kerzner, H. (1989). *Project management: A systems approach to planning, scheduling, and controlling* (3rd ed.). New York: Van Nostrand Reinhold.

Lawler, E. E. (1989). What's wrong with point-factor job evaluation. *Compensation and Benefits Review*, 18 (2), 20~28.

Lengnick-Hall, C. A., & Lengnick-Hall, M. L. (1988). Strategic human resources management : A review of the literature and a proposed typology. *Academy of Management Review, 13.*

Lepak, D. P., & Snell, S. A. (1999). The human resource architecture : Toward a theory of human capital allocation and development. *Academy of Management Review, 24* (1), 31~48.

Lev, B. (2002, Jan. 22). Too gray for its own good. The Wall Street Journal, p. A12.

Manville, B. (2002). Talking human capital with Professor Gary S. Becker, Nobel Laureate. *Linezine* : http://linezine.com/7.1/interviews/gbbmthc/htm.

Spector, P. E. (1997). KSAOs. In L. H. Peters, C. R. Greer, & S. A. Youngblood(Eds.). *The Blackwell encyclopedic dictionary of human resource management.* (p. 197.) Malden, MA : Blackwell Publishers.

Stewart, T. A. (1997). *Intellectual capital : The new wealth of organizations.* New York : Doubleday.

Ulrich, D. (1998). Intellectual capital = competence × commitment. *Sloan Management Review*, Winter, 15~26.

Wiener, D. J. (1996). *Burns, falls, and crashes: interviews with movie stunt performers.* Jefferson, NC : McFarland.

Wright, P. M., & Snell, S. A. (1998). Toward a unifying framework for exploring fit and flexibility in strategic human resource management, *Academy of management Review*, 23 (4), 756~772.

● Chapter 4

Argote, L. (2000). Knowledge transfer : A basis for competitive advantage in firms. *Organizational Behavior and Human Decision Processes*, 82 (1), 150~169.

Barth, S. (2000, July 4). Defining knowledge management. *CRM Magazine.* http://www.destinationcrm.com/articles/default.asp?ArticleID=1400.

Buckman, R. H. (1997). Lions and tigers and bears : Following the road from comman and control to knowledge sharing. Company white paper, Buckman Laboratories International, Inc.

Burton-Jones, A. (1999). *Knowledge capitalism : Business, work, and learning in the new economy.* New York : Oxford University Press.

Cohen, D. (1997). *Managing knowledge for business success : A conference report.* (Report number 1194-97-CH). New York: The Conference Board, Inc.

Cortaga, J. W., & Woods, J. A. (Eds.). (1999). *The knowledge management yearbook 1999~2000.* Boston: Butterworth-Heinemann.

Davenport, T. H. (2000). *Mission critical: Realizing the promise of enterprise systems.* Boston: Harvard Business School Press.

Davenport, T. H., & Prusak, L. (1998). *Working knowledge: How organizations manage what they know.* Boston: Harvard Business School Press.

Davenport, T. H., & Prusak, L. (1999). Working the watercooler. *Across the board.* New York: The Conference Board, Inc.

Doz, Y., Santos, J., & Williamson, P. (2001). *From global to metanational : How companies win in the knowledge economy.* Boston: Harvard Business School Press.

Fell, D. (2001, Sept.). Knowledge management: Bringing the human resorces leader to the table. *The next frontier.* Available: www.worldatwork.org/Content/ Inforcentral/info-periodicals-frame.html.

Hackett, B. 2000. *Beyond knowledge management : New ways to work and learn,* New York: The Conference Board, Inc.

Hamel, G., & Prahalad, C. K. (1993). Strategy as stretch and leverage. *Harvard Business Review,* 71 (2) 75~84.

Huang, K.-T. (1998). Capitalizing on intellectual assets. *IBM Systems Journal,* 37 (4). (Reprinted in J. W. Cortada, & J. A. Woods (Eds.). *The knowledge management yearbook 1000~2000.* Boston: Butterworth-Heinemann.)

Koskiniemi, M. (2001). The human resources role in knowledge management: http://www.worldatwork.org.

Leonard, D., & Sensiper, S. (1998). The role of tacit knowledge in group innovation. *California Management Review, 40* (3): 112~132

Leonard-Barton, D. (1996). *Wellsprings of knowledge: Building and sustaining the sources of innovation.* Boston: Harvard Business School Press.

Martinez, M. N. (1998, Feb.). The collective power of employee knowledge. *HRMagazine* (Reprinted in J. W. Cortada, & J. A. Woods (Eds.). *The knowledge management yearbook 1999~2000.* (pp. 319~325). Boston: Butterworth-Heinemann.)

Neilson, R. E. (2001). Knowledge management: A timeless concept? *The Military Engineer,* 93 (611), 35~36.

Prahalad, C. K., & Hamel, G. (1990). The core competence of the corporation. *Harvard Business Review*, May-June, *68* (3), 70~91

Saint-Onge, H. (1998). *The Antidote*, issue 11. From CSBS: heep://www.knowinc.com/saint-onge/articles.htm.

Saint-Onge, H. (2001). Knowledge Management. Available: http://www.knowinc.com/saint-onge/library/strategic.htm.

Salz, P. (2001). Global management for the digital revolution: The 21st century enterprise. *Fortune (July 23)*. http://www.fortune.com/sitelets/sections/fortune/corp/2001_07global.html.

Snowden, D. (1998). A method for achieving symbiosis among intellectual assets. (Reprinted in J. W. Cortada & J. A. Woods (Eds.). *The knowledge management yearbook 1999~2000*. (pp.221~232). Boston: Butterworth-Heinemann.)

Stewart, T. A. (1997). *Intellectual capital: The new wealth of organizations*. New York: Doubleday.

Stewart, T. A. (2000, July 24). Water the grass, don't mow, and wait for lightning to strike. *Fortune. 142* (3), 376~377.

Sveiby, K. E. (1998). Tacit knowledge. (Reprinted in J. W. Cortada, & J. A. woods (Eds.). *The knowledge management yearbook 1999~2000*. (pp. 18~27) . Boston: Butterworth-Heinemann.)

Ulrich, D., (1998). Intellectual capital = competence × commitment. *Sloan Management Review*, Winter, 15~26.

Ulrich, D., (1998). A new mandate for human resources. *Harvard Business Review*, 76 (1), 124~135.

Warren, S. (2002, January 14). I-spy: Getting the lowdown on your competition is just a few clicks away. *The Wall Street Journal*, p. R14.

Webber, A. M. (1993). What's so new about the new economy? *Harvard Business Review*, 71 (1), 24~34.

● **Chapter 5**

Adler, P. S., & Borys, B. (1996). Two types of bureaucracy: Enabling and coercive. *Administrative Science Quarterly, 41* (1), 61~89.

Adler, P. S., & Kwon. S. (2000). Social capital: The good, the bad, and the ugly.

In E. L. Lesser (Ed.). *Knowledge and social capital: Foundations and applications.* (pp. 89~115). Boston: Butterworth-Heinemann.

Ancona, D., & Caldwell, D. (2000). Compose teams to assure successful boundary activity. In Edwin A. Locke (Ed.). *The blackwell handbook of principles of organizational behavior*, Malden, MA: Blackwell Publishers, Inc.

Brown, J. S., & Duguid, P.(2000). Organizational learning and communities of practice: Toward a unified view of working, learning, and innovation. In E. L. Lesser, M. A. Fontaine, & J. A. Slusher (Eds.). *Knowledge and communities.* (pp. 99~122). Boston: Butterworth-Heinemann.

Brown, S. L., & Eisenhardt, K. M. (1998). *Competing on the edge: Strategy as structured chaos.* Boston: Harvard Business School Press.

Capra, F. (1996). *The web of life: A new scientific understanding of living systems.* New York: Anchor Books.

Cohen, D. (1997). *Managing knowledge for business success: A conference report.* (Report number 1194-97-CH). New York: The Conference Board, Inc.

Cohen, D., & Prusak, L. (2001). *In good company: How social capital makes organizations work.* Boston: Harvard Business School Press.

Eisenberg, E. M. (1990). Jamming: Transcendence through organizing. *Communication Research,* 17, 139~164.

Granovetter, M. S. (1973). The strength of weak ties. *American Journal of Sociology,* 78, 1360~1380.

Greenhalgh, L. (2001). *Managing strategic relationships: The key of business success.* New York: Free Press.

Lengnick-Hall, M. L., & Lengnick-Hall, C. A. (1999). Expanding customer orientation in the HR function. *Human Resource Management Journal,* 38 (3), 201~214.

Lesser, E., & Prusak, L. (2000). Communities of practice, social capital and organizational knowledge, In E. L. Lesser, M. A. Fontaine, & J. A. Slusher (Eds.). *Knowledge and communities.* (pp. 123~132). Boston: Butterworth-Heinemann.

Lussier, R. N., & Achua, C. F. (2001). *Leadership: Theory, application, skill development.* (pp. 236~237). South-Weston College Publishing.

MacKenzie, G. (1996). *Orbiting the giant hairball: A corporate fool's guide to surviving with grace.* New York: Penguin.

Matson, E., (1997). You can teach this old company new tricks. *Fast Company*, vol. 11(Oct.~Nov.), 44~46.

Pascale, R. T., Millemann, M., & Gioja, L. (2000). *Surfing the edge of chaos: the laws of nature and the new laws of business*. New York: Random House.

Rivera, P. V. (2001, Sept. 10). 'Boomerang' workers return. *San Antonio Express-News*, p. E1.

Rousseau, D. (1998). Why workers still identify with organizations. *Journal of organizational behavior, 19*, 217~233.

Stewart, T. A. (July 24, 2000). Water the grass, don't mow, and wait for lightning to strike. *Fortune*. 142 (3), 367~378.

Uhl-Bien, M., Graen, G. B., & Scandura, T. A. (2000). Implications of leader-member exchange (LMX) for strategic human resource management systems: Relationships as social capital for competitive advantage. In G. R. Ferris (Ed.), *Research in personnel and human resource management*: Vol. 18. (pp. 137~185). New York: JAI Press.

Wenger, E. (2000). Communities of practice. In E. L. Lesser, M. A. Fontaine, & J. A. Slusher (Eds.). *Knowledge and communities*. (pp. 3~22). Boston: Butterworth-Heinemann.

● Chapter 6

Amabile, T. M. (2000). Stimulate creativity by fueling passion. In E. A. Locke (Ed.). *Handbook of principles of organizational behavior*. (pp. 331~341). Oxford, U.K.: Blackwell Publishers, Ltd.

Barney, J. B. (1995). Looking inside for competitive advantage. *Acacdemy of Management Executives, 9* (4), 49~60.

Borman, W. C., & Motowidlo, S. J. (1993). Expanding the criterion domain to include elements of contextual performance. In Neal Schmitt, Walter C. Borman, and Associates (Eds.). *Personnel Selection in Organiaztions*. (pp. 71~98). San Francisco: Jossey-Bass.

Bowen, D. E. (1986). Managing customers as human resources in service organizations, *Human Resource Management, 25* (3), 371~384.

Bowen, D. E., Ledford, G. E., Jr., & Nathan, B. R. (1991). Hiring for the organization, not the job. *Academy of Management Executives*, 5 (4), 35~47.

Campbell, J. P., et al. (1993). A theory of performance. In Neal Schmitt, Walter C. Borman, and Associates (Eds.). *Personnel Selection in Organizations,* (pp. 35~70). San Francisco: Jossey-Bass.

Carbonara, P. (1996). "Hire for attitude: Train for skill," *Fast Company, 4,* 73.

Csikszentmihalyi, M. (1990). *Flow: The psychology of optimal experience.* New York: HarperCollins.

Crampton, C. D. (2000, August 6~9). Achieving co-production through interorganizational teams: An intergroup perspective. Presented at the annual Academy of Management meetings in Toronto, Canada.

D'Aveni, R. A. (1994). *Hypercompetition: Managing the dynamics of strategic maneuvering.* New York: Free Press.

Dyer, L. (1984). Linking human resource and business strategies. *Human Resouce Planning, 7,* 79~84.

Dyer, L., & Shafer, R. A. (1999). From human resource strategy to organizational effectiveness: Lessons from research on organizational agility. *Research in personnel and Human Resources Management* (Suppl. 4), 145~174. Stamford, CT: Jai Press.

Eisenhardt, K. M., & Tabrizi, B. N. (1995). Accelerating adapative process: Product innovation in the global computer industry. *Administrative Science Quarterly, 40* (1), 84~111.

Fine, C. H. (1998). *Clockspeed: Winning industry control in the age of temporary advantage.* Reading, MA: Perseus Books.

Garfield, C. A. (1986). *Peak performers: The new heroes of American Business.* New York: William Morrow & Company.

Garvin, D. (1993). Building a learning organization. *Harvard Business Review, 71* (4), 78~91.

Ghoshal, S., & Bartlett, C. A. (1995). Changing the role of top management: Beyond structure to processes. *Harvard Business Review, 73* (1), 86~96.

Gibson, J. W., & Blackwell, C. W. (1999). Flying high with Herb Kelleher: A profile in charismatic leadership. *The Journal of Leadership Studies, 6,* 120~137.

Hamel, G., & Prahalad, C. K. (1993). Strategy as stretch and leverage. *Harvard Business Review, 71* (2), 75~85.

Hammonds, K. H. (2001). A heartbreaking gesture of staggering kindness. *Fast Company.* (March) http://www.fastcompany.com/lead/lead_feature/good_

service.html.

Kaplan, R. S., & Norton, D. P. (2001). *The startegy-focused organization: How balanced scorecard companies can thrive in the new business environment.* Boston: Harvard Business School Press.

Lengnick-Hall, C. A. (1996). Customer contributions to quality: A different view of the customer-oriented firm. *Academy of Management Review, 21* (3), 791~824.

Lengnick-Hall. C. A., & Lengnick-Hall, M. L. (1988). Strategic human resources management: A review of the literature and a proposed typology. *Academy of Management Review, 13,* 454~471.

Lengnick-Hall, M. L., & Lengnick-Hall, C. A. (1999). Expanding customer orientation in the HR *function. Human Resource Management Journal, 38* (3), 201~214.

MacDuffie, J. (1995). Human resource bundles and manufacturing performance: Organizational logic and flexible-production systems in the world auto industry. *Industrial and Labor Relations Review, 48,* 197~221.

Manz, C. C., & Sims, H. P. Jr. (1980). Self-management as a substitute for leadership: A social learning perspective. *Academy of Management Review, 5,* 361~367.

Matson, E. (1996). Speed kills (the competition). *Fast Company, 4:* 84.

Mills, P. K., Chase, R. B., & Margulies, N. (1983). Motivating the client/employee system as a service production strategy. *Academy of Management Review, 8,* 301~310.

Pfeffer, J., & Veiga, J. F. (1999). Putting people first for organizational success. *The Academy of Management Executives, 13,* 37~48.

Pulakos, E. D., et al. (2000). Adaptability in the workplace: Development of a taxonomy of adaptive performance. *Journal of Applied Psychology, 85,* 612~624.

Salter, C. (2000). Built to scale. *Fast Company, 36:* 348~353.

Schneider, B. & Bowen, D. E. (1995). *Winning the service game.* Boston: Harvard Business School Press.

Shafer, R. A., et al. (2001). Creating a human resource strategy to foster organizational agility: A case study. *Human Resource Management, 40* (3), 197~211.

Simons, Anna. J. (1997). *The company they keep: Life inside the U.S. Army special forces.* New York: Avon Books.

Snow, C. C., & Snell, S. A. (1993). Staffing as strategy. In N. Schmitt, W. C. Borman, & Associates (Eds.). *Personnel selection in organizations.* (pp. 448~478). San Francisco: Jossey-Bass Publishers.

Tapscott, D. (1995) *The digital economy : Promise and Peril in the age of networked intelligence.* New York: McGraw-Hill.

United States Marine Corps (1989). *Warfighting: The U. S. Marine Corps book of strategy.* New York: Currency Doubleday.

Volberta, H. W. (1996). Toward the flexible form: How to remain vital in hypercompetitive environments. *Organization Science,* 7 (4), 359~373.

Vroom, V. H., & Jago, A. (1988). *The new leadership: Managing participation in organizations.* Englewood Cliffs, NJ: Prentice_Hall.

Weick, K. (1984). Small wins. *American Psychologist, 39,* 40~49.

Wright, P. M., & Snell, S. A. (1998). Toward a unifying framework for exploring fit and flexibility in strategic human resource management. *Academy of Management review,* 23 (4): 756~772.

● **Chapter 7**

Bateman, T. S., & Organ, D. W. (1983). Job satisfaction and the good soldier: The relationship between affect and employee "citizenship." *Academy of Management Journal, 26,* 587~595.

Brown, J., Smith, B., & Isaacs, D. (1994). Operating principle for building community. In P. M. Senge, C. Roberts, R. B. Ross, B. J. Smith, & Kleiner (Eds.). *The fifth discipline fieldbook: Strategies and tools for building a learning organization.* New York: Currency Doubleday.

D'Aveni, Rchard A. (1994). *Hypercompetition: Managing the dynamics of strategic maneuvering.* New York : Free Press.

Day, G. (1994). The capabilities of market-driven organizations. *Journal of Marketing, 58,* 37~52.

Eccles, R. G., & Nohria, N. (1992). *Beyond the hype : Rediscovering the essence of management.* Boston: Harvard Business School Press.

Eisenberg, E. M. (1990). Jamming: Transcendence through organizing. *Communication Research, 17,* 139~164.

Ferrier, W. J., Smith, K. G., & Grimm, C. M. (1999). The role of competitive action in market share erosion and industry dethronement: A study of industry leaders and challengers. *Academy of Management Journal*, 42 (4), 372~388.

Ghoshal, S., & Bartlett, C. A. (1995). Changing the role of top management: Beyond struture to process. *Harvard Business Review*, 73 (1), 86~96.

Grant, R. M. (1991). The resource-based theory of competitive advantage. *California Management Review*, 33, 3.

Kleiner, A. (1994). Mastery. in P. M. Senge, C. Roberts, R. B. Ross, B. J. Smith, & A. Kleiner (Eds.). *The fifth discipline fieldbook: Strategies and tools for building a learning organization.* New York: Doubleday.

Liedtka, J. (1999). Linking competitive advantage with communities of practice. *Journal of Management Inquiry*, 8 (1), 5~16.

MacKenzie, G. (1992). *Orbiting the giant hairball: A corporate fool's guide to surviving with grace.* New York: Penguin Putnam Inc.

Miller, D., & Chen, M. (1996). The simplicity of competitive repertoires: An empirical analysis. *Strategic Management Journal*, 17, 419~440.

Peck, M. S. (1987). *The different drum.* New York: Simon & Schuster.

Schneier, R. (1997). People value added the new performance measure. *Strategy and Leadership*, 25 (2), 14~18.

Senge, P. M. (1990). *The fifth discipline: The art and practice of the learning organization.* New York: Doubleday.

Stalk, G., Evans, P., & Shulman, L. E. (1992). Competing on capabilities: the new rules of corporate strategy. *Harvard Business Review*, 70 (3), 57~69.

Prahalad, C. K., & Hamel, G. (1990). The core ompetence of the corporation. *Harvard Business Review*, 68 (3), 70~91.

Weick, K. (1993). The collapse of sensemaking in organizations: The Mann Gulch disaster. *Administrative Science Quarterly*, 38, 628~652.

찾아보기

지은이 소개 ▪

마크 렝닉-홀(Mark L. Lengnick-Hall) **박사**는 텍사스 대학교 샌안토니오 캠퍼스의 경영대학 경영학과 교수이다. 민간 기업체와 주 정부에서 인사관리를 담당했던 경험이 있는 마크 렝닉-홀 박사는 여러 조직체를 컨설팅하고 교육을 담당해왔다.

저서로는 신시아 렝닉-홀과 함께 작업한《보상 의사결정 : 컴퓨터 기반 접근*Compensation Decision Making : A Computer-Based Approach*》(Dryden, 1994)과《상호작용적 인적자원관리와 전략적 기획*Interactive Human Resource Management and Strategic Planning*》(Quorum, 1990)과, 이외에도 몇 권의 책이 있다.

그는 현재 전략적 인적자원관리, 장애인 근로자와 관련된 고용 문제, 조직 내의 정보기술 구현 등에 관심을 갖고 연구 중이다.

신시아 렝닉-홀(Cynthia A. Lengnick-Hall) **박사**는 텍사스 대학교 샌안토니오 캠퍼스의 경영대학 경영학과 교수이다. 민간 기업체와 고등교육 행정기관을 컨설팅하고 관리했던 경험이 있는 신시아 렝닉-홀 박사는 여러 조직을 컨설팅했으며 임원교육을 담당해왔다.

그녀의 관심 연구 분야는 전략 분석, 초고속 환경(high-velocity)에 있어서의 전략적 우위 달성, 적응력을 갖춘 복잡한 조직의 설계, 사회적 자본을 개발하는 기반으로서의 정보기술 활용, 전략적 인적자원 관리 등이다.

옮긴이 소개 ▪

권상술 : 서강대학교 경영학과 졸업 후 동 대학원에서 경영학 석·박사 학위를 받고, 대학 및 대학원에서 인사관리·조직행동·조직론·리더십·경영관리·산업심리학 등을 강의하였으며, 민간기업 및 공기업을 대상으로 조직·인사진단, 인사시스템 설계, 평가 및 보상 시스템 설계, 조직문화 개발, 조직설계, 지식경영, 지적자본의 측정과 관리, 리더십 모형 정립, 리더십 역량확대 프로그램 개발 등의 컨설팅 작업을 수행했다. 미래경영개발연구원 연구위원을 거쳐 현재 터보테크(주)의 경영지원실장으로 재직 중이며 미래경영개발연구원 객원 연구위원으로도 활동 중이다.

무형자산 및 지적자본 활용극대화를 통한 기업가치 창출, 조직문화 변혁, 리더십 역량 개발, 개인과 조직을 상생시키는 인사전략 등을 연구하면서 이론과 실무를 접합시키려는 노력을 하고 있으며, 논문으로는 "상사의 변형적 리더십과 거래적 리더십이 조직구성원의 태도 및 지각에 미치는 영향", "변형적·거래적 리더십과 행동적 복합성의 관계에 대한 연구", "연봉제의 설계 및 운용에 관한 소고" 등이 있으며, 역서로는《HR Champions》,《경영의 기본으로 승부하라》,《지식의 진화》(근간),《지적자본》(근간),《살아 있는 지식경영》(근간)이 있다.

한언의 사명선언문

Our Mission

一. 우리는 새로운 지식을 창출, 전파하여 전 인류가 이를 공유케 함으로 써 인류문화의 발전과 행복에 이바지한다.

一. 우리는 끊임없이 학습하는 조직으로서 자신과 조직의 발전을 위해 쉼 없이 노력하며, 궁극적으로는 세계적 컨텐츠 그룹을 지향한다.

一. 우리는 정신적, 물질적으로 최고 수준의 복지를 실현하기 위해 노력하며, 명실공히 초일류 사원들의 집합체로서 부끄럼없이 행동한다.

Our Vision   한언은 컨텐츠 기업의 선도적 성공모델이 된다.

저희 한언인들은 위와 같은 사명을 항상 가슴 속에 간직하고
좋은 책을 만들기 위해 최선을 다하고 있습니다.
독자 여러분의 아낌없는 충고와 격려를 부탁드립니다.

- 한언가족 -

HanEon's Mission statement

Our Mission

—. We create and broadcast new knowledge for the advancement and happiness of the whole human race.

—. We do our best to improve ourselves and the organization, with the ultimate goal of striving to be the best content group in the world.

—. We try to realize the highest quality of welfare system in both mental and physical ways and we behave in a manner that reflects our mission as proud members of HanEon Community.

Our Vision   HanEon will be the leading Success Model of the content group.